Einführung in die Christliche Theologie

Einführung in die Christliche Theologie

Christlicher Glaube und Praxis

Don Thorsen

DTL Offene Ressourcen für die globale theologische Ausbildung

DTL

Library of Congress Cataloging-in-Publication Data
Katalogisierungsdaten der Library of Congress

Don Thorsen
[What's True about Christianity? An Introduction to Christian Faith and Practice]
Einführung in die Christliche Theologie: Glaube und Christliche Praxis / Don Thorsen

226 + ix pp. cm. 15.24 x 22.86
ISBN 979-8-89731-894-0 (Taschenbuch)
ISBN 979-8-89731-149-1 (ebook)
ISBN 979-8-89731-153-8 (Kindle)

    1. Theologie, populäre dogmatische Werke
    2. Christentum – Wesen, Geist, Natur
    3. Christliches Leben

BT77 .T4818 .S6 2025

Dieses Buch ist in mehreren Sprachen verfügbar unter:
www.DTLPress.com

Titelbild: Antikes Chi-Rho-Schnitzwerk in Katakomben außerhalb von Rom gefunden.
Bildnachweis: DTL-Mitarbeitende

DTL

In liebevoller Erinnerung an meinen Bruder,
Norman Thorsen

Inhalt

Teil Fünf - "Damit jeder, der glaubt, nicht verloren geht"

Teil Sechs - "Aber ewiges Leben haben"

Vorwort zum Buch und zur Reihe

Die Mission der Digital Theological Library (DTL) besteht darin, allen Menschen zu helfen, sich sowohl auf eine selbstkritische Reflexion ihres eigenen Glaubens einzulassen als auch in einen demütigen Dialog mit jenen zu treten, die anderen Traditionen angehören. In unserer Arbeit mit theologischen Ausbildungsstätten in Entwicklungsländern haben wir einen klaren Bedarf an theologisch fundierten Lehrbüchern in anderen Sprachen als Englisch festgestellt — Bücher, die sowohl akademisch glaubwürdig als auch leicht verständlich und erschwinglich sind. Dieses Buch (und alle künftigen Werke, die in dieser Reihe veröffentlicht werden) wurde entwickelt, um diesem tiefen Bedürfnis zu begegnen.

Dieses Werk soll, wie der Titel andeutet, als einführendes Lehrbuch für angehende Theologinnen und Theologen dienen. Die Genialität dieses Buches liegt in der Verwendung eines möglicherweise bekanntesten Verses der gesamten Heiligen Schrift — Johannes 3,16 — als didaktisches Werkzeug zur Einführung in die Theologie.

Aufmerksame Leserinnen und Leser werden außerdem bemerken, dass im Impressum kein Übersetzer genannt wird. Deshalb möchten wir darauf hinweisen, dass dieses Werk — wie alle von der DTL übersetzten Bücher — größtenteils durch künstliche Intelligenz übersetzt wurde. Wir vertrauen darauf, dass diese Abhängigkeit von künstlicher Intelligenz zu einer Übersetzung geführt hat, die dem englischen Originaltext von Dr. Thorsen würdig ist.

Abschließend möchten wir betonen, dass Dr. Thorsen, ein angesehener Gelehrter und talentierter Professor innerhalb der wesleyanischen theologischen Tradition, großzügig zugestimmt hat, dass dieses wertvolle Werk kostenlos an interessierte Leserinnen und Leser weitergegeben werden darf. Wir möchten ihm für diesen Akt der Großzügigkeit unseren aufrichtigen Dank aussprechen. Wir hoffen sehr, dass dieses Werk ein breites und aufgeschlossenes Publikum findet — wo auch immer auf der Welt es gelesen wird.
DTL-Team

Teil Eins
Johannes 3,16

Kapitel 1
Alle sind willkommen!

Vor zweitausend Jahren lebte in einer trockenen und staubigen Gegend ein Mann namens Nikodemus. Nikodemus war ein Anführer seiner Gemeinde, die ihre einzigartige Kultur und Tradition in einer sich ständig verändernden Welt bewahren und schützen wollte. Reiche stiegen und fielen, doch diese Gemeinde blieb bestehen. Dennoch widersetzte sie sich (wie so viele Menschen) dem Wandel. Als also ein neuer Mensch in der Stadt auftauchte – jemand, der Wunder vollbrachte und Lehren verbreitete, wie sie noch nie jemand zuvor gehört hatte –, beschloss Nikodemus, mehr darüber zu erfahren. Eines Abends, nachdem sich der Himmel verfinstert und die Luft kühl geworden war, machte sich Nikodemus allein auf den Weg, um diesen Mann zu finden.

Viele Menschen kennen den Vers Johannes 3,16, aber nur wenige kennen Nikodemus. Er gehörte der pharisäischen Denkrichtung an und war Mitglied des Sanhedrin, einer Versammlung jüdischer Führer mit politischer und religiöser Autorität. Daher ist es bemerkenswert, dass Nikodemus Jesus suchte.

Nikodemus besuchte Jesus nachts, was Christen im Laufe der Jahrhunderte dazu veranlasste, Nikodemus' Absichten zu hinterfragen. Warum kam er nachts? Hatte Nikodemus Angst? Wovor fürchtete er sich: vor Spott? Vor religiöser Ächtung? Vor politischem Ruin? Vor gewaltsamer Vergeltung? Schließlich war Jesus sowohl ein politischer Aktivist als auch ein religiöser Führer gewesen. Im Kapitel vor Johannes 3 berichtet Johannes – der angebliche Autor des Johannesevangeliums –, wie Jesus mit einer Geißel aus Stricken Geldwechsler aus dem jüdischen Tempel vertrieb, Tische umwarf und Geld auf den Boden streute (Johannes 2,13-22). Diese sogenannte "Reinigung" des Tempels war mehr als ein religiöser Akt; sie widersprach den sozialen, politischen und wirtschaftlichen Strukturen des alten Israel.

Nikodemus kam möglicherweise auch als Sprecher anderer zu Jesus. In Johannes 3,2 sagt Nikodemus: "Rabbi, wir wissen, dass du ein Lehrer bist..." Siehe auch Jesu Antworten an Nikodemus, wobei er die Pluralform von "ihr" im griechischen Original verwendet, in dem dieser Teil der Heiligen Schrift verfasst wurde (Verse 7, 11, 12). Unabhängig davon, ob Nikodemus für sich selbst oder für andere sprach, bleibt die Frage, warum er nachts kam, bestehen.

Zu oft habe ich Prediger gehört und Bibelkommentare gelesen, die Nikodemus für sein nächtliches Kommen kritisierten, und doch hieß Jesus ihn willkommen. Jesus hieß ihn willkommen! Johannes liefert keine Hinweise darauf, dass Jesus Nikodemus' Besuch kritisierte. Im Gegenteil, die beiden Männer führten ein lebhaftes Gespräch, aus dem einige der denkwürdigsten Worte Jesu hervorgingen.

Wahrscheinlich kam Nikodemus, um Jesus zu preisen, ihn als einen Lehrer zu bezeichnen, der von Gott gekommen sei, und bemerkte, dass Jesus Zeichen vollbrachte, die Gottes Gegenwart bestätigten. Es ist unklar, wie kenntnisreich oder ernsthaft Nikodemus diese Behauptungen aufstellte. Jedenfalls wechselte Jesus schnell das Thema. Jesus wollte nicht über Zeichen und Wunder sprechen, sondern über die tiefgründigen spirituellen Aspekte seiner Evangeliumsbotschaft. Jesus hinterfragte Nikodemus' Absichten nicht, warum oder wann er gekommen war. Jesus hieß ihn willkommen! Nikodemus hätte Jesus wahrscheinlich überall, zu jeder Zeit und mit den schäbigsten Absichten begegnen können, und Jesus hätte ihn willkommen geheißen.

Jesus hieß alle willkommen

In der gesamten Heiligen Schrift hieß Jesus immer wieder Menschen willkommen, auch solche, die aus gesellschaftlichen Gründen geächtet waren – aus spirituellen, physischen, sozialen und kulturellen Gründen. Betrachten wir zunächst diejenigen, die aus religiösen Gründen geächtet wurden. Jesus hieß Sünder willkommen. So verurteilte er beispielsweise eine Frau nicht, die beim Ehebruch ertappt und von einer rachsüchtigen Menge zu Jesus gebracht worden war (Johannes 8,1-11). (Ungerechterweise wurde nur die ehebrecherische Frau gebracht, nicht aber der ehebrecherische Mann.) Jesus erzählte auch Gleichnisse über die Aufnahme von Sündern, wie zum Beispiel die Aufnahme eines verlorenen Sohnes, der das Erbe seines Vaters verschwendet hatte (Lukas 15,11-32).

Betrachten wir nun diejenigen, die aus physischen, sozialen und kulturellen Gründen ausgegrenzt wurden und nicht, weil sie Sünder waren. Jesus sagte insbesondere, er habe die Prophezeiungen Jesajas erfüllt, weil er gekommen sei, um den Armen die frohe Botschaft zu bringen, den Gefangenen die Freilassung zu verkünden, die Blinden zu heilen und die Unterdrückten freizulassen (Lukas 4,16-21). Diese Menschen litten nicht unbedingt wegen Sünde, sondern auch aus physischen, sozialen und kulturellen Gründen. Jesus hieß die Armen, Verkrüppelten und Blinden willkommen, die gesellschaftliche Außenseiter waren (Lukas 12,33; vgl. 14,12-14). Er hieß Frauen willkommen, die gesellschaftlich ausgegrenzt waren, wie die Samariterin am Brunnen (Johannes 4,1-42). Jesus hieß Zöllner willkommen, die als wirtschaftliche und politische Unterdrücker galten, wie Zachäus (Lukas 19,1-10). Jesus hieß diejenigen willkommen – und lobte sie sogar –, die nicht dem jüdischen Glauben angehörten: römische Hauptleute (Lukas 7,1-10), kanaanäische Frauen aus Syrophonien (Matthäus 15,21-28) und Samariter, die als kultische Ketzer und ethnische Mischlinge galten (Lukas 17,11-19). Er hieß Nikodemus willkommen, der sowohl die religiöse als auch die politische Führung Israels repräsentierte (Johannes 3,1-17). Jesus sagte sogar, wir sollten unsere Feinde lieben und für sie beten (Matthäus 5,43-44). Wenn also eine Botschaft aus Jesu Begegnung mit Nikodemus zu lernen ist, dann die, dass alle willkommen sind, zu ihm zu kommen.

Warum sich Menschen unwillkommen fühlen

Warum ist das Christentum so oft als abweisend, verurteilend und diskriminierend bekannt? Eine gängige Anekdote besagt, dass die Menschen Jesus mögen, aber nicht seinen "Fanclub". Wer ist dieser sogenannte Fanclub? Gemeint sind Christen, Kirchen, Konfessionen und andere selbsternannte Anhänger Jesu. Die meisten Menschen sind sich der langen Geschichte des Unrechts bewusst, das anderen im Namen Jesu, Gottes und des Christentums angetan wurde: Religiöse Verfolgung? Kreuzzüge? Inquisition? Kolonialismus? Rassismus? Segregation? Diskriminierung? Frauenfeindlichkeit? Homophobie? Bigotterie?

Auf diese Fragen der Ungerechtigkeit können Christen antworten, dass solche Missstände nur der Vergangenheit angehören oder gegenwärtig sind und auf "schlechte Presse", "Fake News" oder

"Missgunst" ihrer Kritiker zurückzuführen sind. Dennoch bleiben diese Fragen bestehen – sowohl innerhalb als auch außerhalb der Kirchen – und das aus gutem Grund. Es ist wichtig, sich daran zu erinnern, dass das schlechte Verhalten von Christen nicht widerspiegelt, was die Heilige Schrift zu sagen hat.

Betrachten wir ein Beispiel: Rassismus. Christen sprechen nicht gerne über Rassismus, da er in der Heiligen Schrift nicht explizit erwähnt wird oder weil es sich um einen "Ismus" handelt, der eher von der modernen Verhaltenswissenschaft als von historischen christlichen Ethikern geschaffen wurde. Viele Christen behaupten, nicht an rassistischen Einstellungen oder Verhaltensweisen beteiligt zu sein, obwohl Rassismus nach wie vor einer der Hauptbereiche ist, in denen Christen nicht die gleiche freundliche Haltung zeigen, die Jesus gegenüber Nikodemus zeigte. Die Heilige Schrift sagt viel über rassistische Vorurteile und Diskriminierung, trotz heutiger Bemühungen, sie zu ignorieren.

In der Apostelgeschichte beispielsweise geht es viel um die Herausforderungen, die sich aus der Eingliederung einer schnell wachsenden Zahl nichtjüdischer (d. h. heidnischer) Konvertiten unter die vorherrschenden jüdischen Konvertiten ergaben. In Apostelgeschichte 6 wurde eine Gruppe dienstleistungsorientierter Leiter namens Diakonat eingerichtet – nicht aufgrund eines Verwaltungsversehens, sondern aufgrund diskriminierender Praktiken gegenüber hellenischen (d. h. griechischen) Christen. Hebräische christliche Witwen wurden bei der täglichen Essensausgabe der Kirche berücksichtigt, die hellenischen christlichen Witwen jedoch vernachlässigt. Warum? Die Schrift sagt es nicht, aber es hatte wahrscheinlich mit ihrer anderen Ethnie oder Rasse, ihrer anderen Sprache oder einem anderen Unterschied zu tun – eine Ungerechtigkeit, die die Kirche rasch korrigierte. Sofort wurden Diakone ernannt, um eine gerechte Verteilung von Nahrungsmitteln und Geldern bei der Verteilung all dessen zu fördern, was die frühen Christen gemeinsam hatten (Apostelgeschichte 6,1-6, vgl. 2,43-47).

Allzu oft werden Christen und Kirchen weiterhin als Verursacher rassistischer, ethnischer und kultureller Unempfindlichkeit oder Schlimmerem angesehen. Sicherlich sind dies keine leicht zu lösenden Probleme, und religiöse Einstellungen sind nur ein Faktor, der Rassismus verursacht. Christen täten jedoch gut daran, Martin Luther Kings bekannte Kritik an den Kirchen zu beherzigen, als er sagte, die elfte Stunde am Sonntagmorgen sei die Stunde mit der stärksten Rassentrennung in den Vereinigten Staaten. Rassismus ist kein leicht zu diagnostizierendes und zu lösendes Problem, doch wenn Christen die Auswirkungen von Rassismus verharmlosen oder ignorieren (also bewusst ignorieren), zeigen sie, dass sie Jesu herzliche Haltung gegenüber Menschen – allen Menschen – missachten.

Und wie steht es mit Sündern? Heißte Jesus sie gleichermaßen willkommen? Ja, das tat er. Tatsächlich wurde Jesus von seinen Kritikern als Freund der Sünder verurteilt (Matthäus 11,16-19). Jesus erkannte Sünden und ermahnte die Menschen, sie nicht zu begehen. Sünden umfassen Verstöße gegen die von Gott offenbarten biblischen Gesetze, aber Sünden haben mehr mit dem Verstoß gegen Gott zu tun – mit der Ablehnung der Beziehung zu Gott oder der Versöhnung mit ihm. Jesus hörte nicht auf, Sünder willkommen zu heißen, und er nutzte ihre Fehler nicht aus, um sie zu erniedrigen.

Allzu oft fixieren sich Christen auf bestimmte Handlungen, die als Sünde gelten, und nutzen dies als Vorwand, andere auszuschließen. Christen und Kirchen handeln verurteilend und diskriminierend und handeln selbstgerecht, indem sie den Splitter im Auge anderer betrachten und den Balken im eigenen Auge ignorieren (Matthäus 7,3-5). Dies ist oft beim Thema Homosexualität der Fall. Betrachten wir dieses derzeit spaltende Thema: Homosexualität.

Was die Heilige Schrift über Homosexualität sagt und was nicht, ist im letzten Jahrhundert unter Christen und Kirchen zunehmend Gegenstand von Debatten geworden. Zunächst einmal gibt es nicht viele Bibelverse, die sich mit homosexuellem Verhalten befassen. Zudem führt der historische und literarische Kontext dieser Verse nicht immer zu den eindeutigen Schlussfolgerungen, die Christen früherer Zeit unbekümmert behaupteten. Darüber hinaus behandelt die Heilige Schrift keine Fragen der homosexuellen Orientierung, der gleichgeschlechtlichen Ehe oder von Trans- und Intersexuellen. Vor diesem Hintergrund betrachten manche – wenn nicht die meisten – Christen homosexuelles Verhalten als Sünde. Sie stufen diese Sünden jedoch möglicherweise als schlimmer ein als andere Sünden, selbst heterosexuelle Sünden, beispielsweise die

biblischen Verbote von Ehebruch, Scheidung und Wiederverheiratung.

Allzu oft gehen Christen, Kirchen und christliche
Organisationen vehement gegen das vor, was sie als sexuelle Sünden
betrachten, und fördern Kirchendisziplin und politische Gesetze
gegen Menschen, die sich selbst als LGBTIQ bezeichnen. Sie bleiben
jedoch gleichgültig oder akzeptieren diejenigen, die heterosexuelle
Sünden begehen, darunter sexuelle Belästigung, Übergriffe und
Vergewaltigung. Wenn Christen in ihrer moralischen Empörung und
dem Ausschluss sexueller Sünder um der moralischen Reinheit
willen konsequent bleiben, dann haben sie vielleicht Grund, sich
empört zu fühlen, wenn sie als diskriminierend, hasserfüllt und
unterdrückend gegenüber anderen kritisiert werden. Wenn sie
jedoch Homosexuelle aus der Kirche ausschließen und sie in der
Gesellschaft diskriminieren, während sie gleichzeitig nicht in
ähnlicher Weise gegen diejenigen vorgehen, die sich heterosexueller
Unmoral schuldig gemacht haben, dann sind sie eindeutig ebenso
heuchlerisch wie diejenigen, die Jesus in der Heiligen Schrift
verurteilte, weil sie Teile, aber nicht alle Lehren Gottes erfüllten
(siehe Matthäus 23,23-24). Christen sollten sich an die erste Lektion
erinnern, die wir aus der Geschichte von Nikodemus lernen: Alle
sind willkommen!

Persönliche und soziale Herausforderungen

Christen wollen die moralische Reinheit ihres Lebens und
ihrer Kirchen bewahren, und die Heilige Schrift unterstützt dieses
Ziel. Das Problem liegt in inkonsistenten, unfairen oder
diskriminierenden Praktiken. Warum ist das so? Es gibt eine Reihe
möglicher Ursachen für diese Ungerechtigkeiten, natürlich
persönlicher und sozialer Art. Christen konzentrieren sich
typischerweise auf persönliche Ursachen: Götzendienst, Stolz,
Egozentrik und so weiter. Soziale Ursachen haben sie jedoch
möglicherweise nicht ausreichend berücksichtigt. In den Vereinigten
Staaten beispielsweise werden die Bürger des Landes seit langem
dafür kritisiert, eine Art "Zivilreligion" zu haben. Zivilreligion ist ein
soziologisches Konzept, das beschreibt, wie die Menschen in den
Vereinigten Staaten ihre Nation als untrennbar mit ihrem
Gottesverständnis verbunden betrachten: Gott und Vaterland. Im
engeren Sinne betrachten sie möglicherweise ihre politische

Parteizugehörigkeit als untrennbar mit Gott verbunden: Gott und die Republikanische Partei oder Gott und die Demokratische Partei. Obwohl die meisten Christen theoretisch sagen würden, dass Gott weder Republikaner noch Demokrat ist, handeln sie in der Praxis möglicherweise anders. Enge Verbundenheit zwischen Gott und einer Nation oder zwischen Gott und einer politischen Partei führt zur Vernachlässigung der Heiligen Schrift. Menschen glauben, Worte der Heiligen Schrift zu sprechen, während sie in Wirklichkeit Worte einer bestimmten sozialen Gruppe sprechen – einer gesellschaftlichen Schicht, einer Rasse oder ethnischen Gruppe oder sogar einer politischen Partei. Diese kulturell geprägte Sichtweise von Religion verleitet Christen und Kirchen zu einer Art Selbsttäuschung. Sie glauben, moralisch rein zu sein, während sie in Wirklichkeit Menschen oder Gruppen diskriminieren, die sich weniger gut gegen Verletzungen ihrer moralischen und bürgerlichen Rechte wehren können.

Gewiss, Jesus war gegenüber bestimmten Menschen kritisch eingestellt. Manchmal sogar sehr kritisch! So kritisierte er beispielsweise die Heuchelei der Menschen, und seine größte Kritik richtete sich oft gegen die Heuchelei der religiösen und politischen Führer Israels. In Matthäus 23 verurteilte Jesus die Schriftgelehrten und Pharisäer als Heuchler, blinde Führer und weißgetünchte Gräber, deren Beispiel man nicht folgen sollte. In der Heiligen Schrift konfrontierte Jesus wiederholt die Heuchelei jüdischer Führer, die sich trotz ihrer Autorität und religiösen Privilegien nicht zurückhielten.

Manchmal berufen sich Christen auf Bibelverse, die scheinbar blinden Gehorsam gegenüber Führungspersönlichkeiten in Kirche und Staat fordern. Ihre Heuchelei ist jedoch für alle – wenn nicht für sie selbst – offensichtlich, wenn sie Gehorsam nur dann befürworten, wenn ihre bevorzugten kirchlichen und politischen Führer an der Macht sind. Sie sind oft die Schnellsten, die diese Führungspositionen verurteilen, sobald ihre bevorzugten kirchlichen und politischen Führer nicht mehr an der Macht sind. Kein Wunder, dass Heuchelei einer der am häufigsten genannten Gründe dafür ist, dass immer mehr Menschen weder die Kirche mögen noch sie besuchen!

Abschließende Kommentare

"Was sollen wir nun tun?" Diese Frage stellten Neubekehrte Johannes dem Täufer, einem weiteren Jünger Jesu (Lukas 3,10). Johannes gab ihnen konkrete Ratschläge: Teilt, betrügt nicht, erpresst kein Geld und seid zufrieden mit eurem Lohn. Ähnliche Ratschläge könnten am Ende dieses Kapitels gegeben werden, wenn es darum geht, wie Christen, wie Jesus, andere willkommen heißen sollten. Die Gemeindemitglieder sollten sich darauf konzentrieren, gastfreundlicher, gastfreundlicher und liebevoller zu werden – so wie sie selbst geliebt werden möchten. Obwohl es gut ist, sich an Jesu Lehren zu halten, sollten wir dies unvoreingenommen tun und keine bestimmte Person oder Gruppe ausschließen oder diskriminieren, insbesondere nicht die Machtlosen, Ausgestoßenen oder Leidenden.

Ich sage jedem: Willkommen, so wie Jesus dich willkommen heißt. Das Christentum sollte dafür bekannt sein, alle Menschen willkommen zu heißen, unabhängig davon, ob sie Sünder sind oder nicht, und unabhängig von Rasse, ethnischer Zugehörigkeit, Geschlecht, sexueller Orientierung, sozialer Schicht, Sprache, Nationalität und religiösem Hintergrund. Diese Botschaft der Gastfreundschaft mag zu schön erscheinen, um wahr zu sein, und in Wirklichkeit ist sie unter Christen und Kirchen nicht immer der Fall. Aber bei Jesus ist sie immer wahr! Jesus heißt jeden willkommen, so wie er Nikodemus in jener dunklen Nacht willkommen hieß.

Kapitel 2
Wiedergeboren? Neu? Von oben?

Ich erzähle oft die Geschichte von meinem Gespräch mit einem Mann während eines Linienfluges. Der Mann saß neben mir, und ich erinnere mich nur daran, dass er Zahnarzt war. Er sprach mich zuerst an, bemerkte, dass ich ein Buch von C.S. Lewis las, und fragte: "Sind Sie wiedergeboren?" Ich war damals Theologiestudentin und weiß nicht genau, warum ich so reagierte. Vielleicht schreckte ich vor meinem meiner Meinung nach zu engen Verständnis von Johannes 3,3 zurück. Dort heißt es in der New Revised Standard Version der Heiligen Schrift, dass man "von oben geboren" werden muss, um das Reich Gottes zu sehen (das heißt, erlöst zu werden). In anderen Übersetzungen heißt es manchmal "von neuem geboren", und in der populären King-James-Bibel (und anderen Übersetzungen) der Heiligen Schrift heißt es in Johannes 3,3, dass man "von neuem geboren" werden muss. Ich fragte mich, ob der Mann mich auf die Probe stellte und von mir verlangte, einen anerkannten Slogan zu verwenden, um sein Verständnis von Christsein zu akzeptieren.

Ich antwortete, ich hätte "lebendiges Wasser" getrunken. Der Mann schien etwas verwirrt und stellte die Frage erneut: "Sind Sie wiedergeboren?" Diesmal antwortete ich etwas anders und sagte, ich hätte das "Brot des Lebens" gegessen. Inzwischen war der Mann beunruhigt. Also erzählte ich ihm, ich hätte Jesu Vergleiche für die Erlösung aus Johannes 4 ("lebendiges Wasser", Vers 10) und Johannes 6 ("Brot des Lebens", Vers 35) verwendet, statt des Geburtsvergleichs aus Johannes 3. Der Mann fand meine Argumentation anstößig und bestand darauf, von Erlösung als "Wiedergeburt" zu sprechen. Ich sagte, ich könne seiner Terminologie zustimmen, wenn er akzeptiere, dass die Heilige Schrift viele Möglichkeiten bietet, über Erlösung zu sprechen.

Am Ende des Fluges verabschiedeten wir uns freundschaftlich. Der Mann gab mir seine Visitenkarte und versprach, für mich zu beten. Er vermittelte mir jedoch den Eindruck, dass seine Gebete eher für meine Rettung als für gegenseitiges Verständnis oder mein Wohlergehen gedacht seien.

Erlösung

Für viele Menschen stellt die Rede von der Erlösung von Sünde und Tod und das Versprechen ewigen Lebens mit Gott im Himmel – durch Gnade durch Glauben – den Höhepunkt der Evangeliumsbotschaft Jesu dar. Im Markusevangelium, das oft als das älteste der vier Evangelien über Jesus angesehen wird, heißt es im ersten Kapitel: "Jesus kam nach Galiläa und verkündete das Evangelium Gottes und sprach: Die Zeit ist erfüllt, und das Reich Gottes ist nahe gekommen. Tut Buße und glaubt an das Evangelium!" (Markus 1,14-15). Was ist dieses Evangelium? Das Evangelium oder Evangelium kommt vom griechischen Wort *euangelion* ("gute Nachricht, gute Geschichte"), von dem sich auch die Wörter Evangel und evangelisch ableiten. Die Begriffe "gute Nachricht" und "Evangelium" können synonym verwendet werden. Sie können sich allgemein auf das Leben und die Lehren Jesu beziehen oder auf die gesamte Heilige Schrift. Sie können auch spezifischer in Bezug auf bestimmte Auslegungen der Heiligen Schrift oder spätere kirchliche Traditionen verwendet werden, die großen Wert auf Gottes Bereitstellung der Erlösung durch Jesus und ihre Verkündigung legen.

Für unsere Zwecke werde ich über die gute Nachricht von Jesus – dem Christus (griechisch *christos*; hebr. *mashiah* – "der Gesalbte") – im Kontext von Johannes 3 sprechen. Sehen wir uns an, wie Johannes Jesu Verständnis von der Erlösung darstellt, wie es sich in seinem Gespräch mit Nikodemus entfaltete.

Was bedeutet es, erneut von oben neu geboren zu werden?

Es gibt erwartungsgemäß unterschiedliche Interpretationen von Jesu Gespräch mit Nikodemus, da es um eine so zentrale christliche Lehre geht. Jesus sagte zu Nikodemus: "Wahrlich, wahrlich, ich sage dir: Wenn jemand nicht von oben geboren wird, kann er das Reich Gottes nicht sehen" (Johannes 3,3). Sprach Jesus wörtlich? Sprach er symbolisch? Meinte er es ironisch? Oder verwendete Johannes mehrere literarische Bilder, um die Erlösung zu vermitteln?

Nikodemus scheint von Jesu Worten verwirrt zu sein und weiß nicht genau, wie er sie verstehen soll. Auch an anderen Stellen im Johannesevangelium kommt es immer wieder zu Missverständnissen der Worte Jesu (z. B. 2,19–21; 4,10–15.31–38; 11,11–13). Nikodemus antwortet also wörtlich und fragt: "Wie kann jemand geboren werden, wenn er alt geworden ist?" (Johannes 3,4). Manchmal ist eine wörtliche Auslegung der schlechtesten Art, die Heilige Schrift auszulegen! Diese Aussage schockiert manche Christen, da sie naiverweise denken, wörtliche Auslegungen seien am faktengetreuesten, frommsten und somit wünschenswertesten. Trotz dieser Theorie wenden in der Praxis nur wenige Christen einen durchgängig wörtlichen Ansatz zur Bibelauslegung an. Wie sollten sie sonst einige der Weisheitswerke, Psalmen, Hymnen und Gedichte des Alten Testaments interpretieren? Wie würden sie beispielsweise Jesaja 55,12 interpretieren: "Denn ihr sollt mit Freuden ausziehen und in Frieden geführt werden. Berge und Hügel sollen vor euch her jubeln, und die Bäume auf dem Felde sollen in die Hände klatschen."? Und wie würden sie einige der Gleichnisse, übertriebenen Predigten und Lehren sowie die apokalyptische Literatur des Neuen Testaments interpretieren? Denken Sie an die Worte Jesu: "Wenn dein Auge dich ärgert, reiß es aus und wirf es weg." Wie oft sieht man selbstverblendete Christen (Matthäus 18,9)?

Jesus unterhält sich weiterhin mit Nikodemus über komplexe theologische Themen. Es ist offensichtlich, dass Nikodemus mit dem Religionsstudium seiner jüdischen Gemeinde vertraut ist. Ihr Gespräch enthält einige Wörter und Begriffe, die modernen Christen geläufig, Nichtchristen jedoch verwirrend erscheinen: Wasser, Geist, Fleisch, Menschensohn. Der Begriff "Menschensohn" ist eine Selbstbezeichnung Jesu und unterstreicht, dass Jesus ein Mensch war und daher die Realität verstand, mit der Menschen wie Nikodemus konfrontiert sind. Doch trotz seiner Menschlichkeit weist er Nikodemus immer wieder auf spirituelle Dinge hin. "Der Wind weht, wo er will, und du hörst sein Sausen, aber du weißt nicht, woher er kommt und wohin er geht. So ist es mit jedem, der aus dem Geist geboren ist", sagt Jesus.

Im weiteren Verlauf ihres Gesprächs beginnt Jesus vom ewigen Leben zu sprechen. Er bringt dies im Kontext der Geschichte von Mose und der Schlange in der Wüste zur Sprache, die aus dem Buch Numeri im Alten Testament stammt. In dieser Geschichte hatte

Mose gerade das Volk Israel aus Ägypten geführt, wo es als Sklaven gehalten worden war. Doch auch nach der Flucht aus Ägypten kämpften sie weiter in der Wüste. In einer dieser Geschichten vom ewigen Leben hält Mose eine Schlangenfigur auf einem Stock vor den Menschen, um sie zu heilen (aus dieser Geschichte stammt das gängige Symbol für Medizin, eine um einen Stab gewickelte Schlange). Obwohl Christen diese Geschichte nicht unbedingt so gut kennen wie Nikodemus zu seiner Zeit, können wir uns vorstellen, dass sie viel mit Heilung und der Erlösung von Prüfungen und Leid zu tun hat. Wir sollen diese Assoziation mit Heilung haben, wenn Jesus vom ewigen Leben spricht.

Dann erreichen wir den Höhepunkt dieser Passage – Johannes 3,16, "Denn so sehr hat Gott die Welt geliebt, dass er seinen eingeborenen Sohn gab, damit jeder, der an ihn glaubt, nicht verloren geht, sondern ewiges Leben hat." Viele Jahre lang war es in den sogenannten "roten" Ausgaben der Heiligen Schrift üblich, diese Worte als von Jesus selbst gesprochen abzudrucken. Viele Gelehrte glauben jedoch, dass der Vers die Worte von Johannes enthält, der die Geschichte von Jesus und Nikodemus erzählte. Unabhängig davon, wer die Worte gesprochen hat, betrachten viele Christen Johannes 3,16 als das "Evangelium in aller Kürze".

Worte Jesu

Wie erkennen wir die wörtlichen Worte Jesu, wenn wir Bibelausgaben betrachten, die die angeblichen Worte Jesu in roter Schrift wiedergeben? Wir wissen, dass das Neue Testament ursprünglich in *Koine* -Griechisch verfasst wurde, doch Jesus sprach wahrscheinlich Aramäisch – die gebräuchliche Sprache der antiken semitischen Welt. Gelehrte schließen auf diesen Sprachgebrauch, da vereinzelt von Jesus gesprochene Worte in der Heiligen Schrift auf Aramäisch festgehalten sind, ohne Übersetzung ins Griechische. Natürlich las und sprach Jesus wahrscheinlich Hebräisch, die historische jüdische Sprache. Daher wurden die Worte Jesu höchstwahrscheinlich zuerst vom Aramäischen oder Hebräischen ins Griechische und dann vom Griechischen ins Englische (oder in andere Sprachen) übersetzt.

Zudem wurden die vier Evangelien über das Leben und die Lehren Jesu historischen Belegen zufolge wahrscheinlich bis zu 30 bis 60 Jahre nach Jesu öffentlichem Wirken verfasst. Die Gelehrten sind sich uneinig über den Grad der Genauigkeit, mit der die Evangelisten die Worte Jesu wiedergaben. Manchmal wird zwischen "der Stimme" (lat. *ipsissima vox)* Jesu und "den Worten" (lat. *ipsissima verba)* unterschieden. Es ist wahrscheinlicher, dass die Evangelien größtenteils die "Stimme" Jesu wiedergeben, da sie Jahrzehnte später und in einer anderen Sprache als der von Jesus verfasst wurden. Einige Worte Jesu könnten wortwörtlich wiedergegeben worden sein; Christen glauben jedoch, dass Gottes Heiliger Geist Bedeutung in beide Richtungen vermitteln kann. Folglich war das Gespräch zwischen Jesus und Nikodemus wahrscheinlich eher eine Zusammenfassung der wichtigsten Bemerkungen als die Gesamtheit ihres wortwörtlichen Gesprächs.

Diese historische Beobachtung liefert eine hilfreiche Unterscheidung, insbesondere aufgrund der unterschiedlichen Worte, die Jesus in parallelen Evangelienberichten zugeschrieben werden. Selbst wenn die Evangelisten einige Worte Jesu genau wiedergegeben hätten, stünde ihre Bedeutung immer noch vor der Herausforderung, sie in mehrere Sprachen zu übersetzen – zunächst ins Griechische und dann ins Englische (oder andere moderne Sprachen). Obwohl wir die genauen Worte Jesu nicht kennen, glauben wir, dass die Heilige Schrift die Essenz der Worte Jesu enthält – mit anderen Worten: die "Stimme" Gottes.

Christen glauben im Allgemeinen, dass die Heilige Schrift von Gott inspiriert, d. h. von Gott eingegeben (2. Timotheus 3,16-17), und von Menschen geschrieben wurde, die vom Heiligen Geist bewegt wurden (2. Petrus 1,20-21). Daher gilt die Heilige Schrift weithin als die wichtigste religiöse Autorität für christliche Glaubenssätze, Werte und Praktiken. Ihre Autorität ist eine Frage des Glaubens, genau wie andere Aussagen über Gott, Erlösung und ein tugendhaftes Leben. Näheres zu Art und Umfang der Autorität der Heiligen Schrift wird in Kapitel 15 erläutert.

Herz des Johannes 3,16

Am wichtigsten ist der Inhalt von Johannes 3,16 – der Kern der Erlösung. Der Vers spricht von Gottes Liebe, von Gottes Opfer für die Menschheit und vom ewigen Leben für alle, die glauben. Diese Erlösung ist keine Frage menschlichen Handelns (oder "Werke"). Sie geschieht durch Gnade, durch Glauben; es geht nicht darum, sich die Erlösung durch gute Werke zu verdienen (Epheser

2,8-9). Das Wort Gnade bezeichnet im Wesentlichen ein freiwillig gegebenes Geschenk, das rettenden Glauben ermöglicht. Erlösung ist ein Geschenk Gottes: Sie wird durch göttliche Gnade eingeleitet, durch göttliche Gnade aufrechterhalten und durch göttliche Gnade vollendet. Menschen sind jedoch nicht passiv, wenn sie Erlösung empfangen; sie müssen sich entscheiden, an Jesus und seine Lehren zu glauben.

Christen neigen im Allgemeinen zu einem von zwei Ansätzen der Gnade. Der erste ist, wie Gnade im Leben der Menschen präventiv wirkt. Präventive Gnade wird als göttliche Ermächtigung oder Bevollmächtigung definiert, die Menschen bei ihrer Entscheidung unterstützt, Gottes Geschenk der Erlösung anzunehmen oder abzulehnen. Es ist, als ob Gott den Menschen das Geschenk der Erlösung in die Hand hält. Gott lädt die Menschen ein, das Geschenk anzunehmen, und Gott wird ihnen helfen, es anzunehmen. Gott möchte jedoch, dass sie selbst entscheiden, ob sie etwas mit Gott und seiner Erlösung zu tun haben wollen.

Christen haben im Laufe der Kirchengeschichte unterschiedliche Auffassungen über Gottes Rolle bei der Erlösung vertreten. Einerseits schenkt Gott gnädig Erlösung; andererseits wird angenommen, dass die Menschen dafür mitverantwortlich sind. Alle Christen sind sich einig, dass letztlich nur Gott für die Erlösung der Menschen sorgen kann. Dennoch sind sich Christen auch einig, dass die Menschen eine gewisse Verantwortung für ihren Glauben, vielleicht auch für ihre Reue, ihre Taufe und für den Empfang des Geschenks der Erlösung tragen. Unterschiede im christlichen Glauben zwischen den Kirchen hängen damit zusammen, inwieweit die Menschen Verantwortung für ihre Reaktion tragen, insbesondere für den Glauben an Jesus, der sie erlöst.

Kein (oder nur sehr wenige) Christ glaubt, dass Christen völlig passive Empfänger der Erlösung sind und keinerlei Verantwortung für Gottes Geschenk des ewigen Lebens tragen. Ebenso glaubt kein (oder nur sehr wenige) Christ, dass Menschen ihre Erlösung allein durch natürliche Fähigkeiten verdienen müssen. Die überwiegende Mehrheit der Christen bewegt sich irgendwo zwischen Gottes Geschenk und menschlichem Handeln. Selbst der Glaube der Menschen wird als gnadenbegünstigt angesehen, durch vorausgehende oder ermöglichende Gnade. Mit anderen Worten: Glaube ist nur die erste Reaktion in einer Kette von Ereignissen, die durch die Gnade zur Annahme von Gottes Geschenk des ewigen Lebens ermöglicht werden.

Der zweite Ansatz zur Gnade legt mehr Wert auf das wirksame oder unwiderstehliche Wirken der göttlichen Gnade. Diese Sichtweise betont Gottes Souveränität und seine zwingende Rolle, anstatt die verantwortliche Entscheidungsrolle der Menschen zu berücksichtigen. Aus dieser Perspektive sollen wir Gott alle Ehre geben und sagen, wir hätten nichts getan. Menschen haben natürlich immer noch Glauben, aber ihr Glaube ist durch Gottes Erwählung (oder seinen Ratschluss) bestimmt, dass sie erlöst werden. Ihr Glaube mag zwar mit Gottes Erwählung vereinbar sein, aber es gibt keine Bedingung ihrerseits, die die Erlösung rechtfertigt. Um die Analogie zu verwenden: Gott hält den Menschen das Geschenk der Erlösung in seiner Hand, und die Menschen empfangen es tatsächlich, weil Gott ihre Hände dazu lenkt. Es ist herrlich, dass Gott solche Menschen erlöst, obwohl sie seiner Erwählung nicht widerstehen konnten. Theoretisch – also theologisch gesehen – ist diese Sichtweise der göttlichen Gnade sehr ansprechend, da sie Gott die ganze Verantwortung zuweist und den Menschen keine. Sind Menschen nicht endlich? Sind sie nicht sündig verdorben und unfähig, irgendetwas zu tun, das zur Erlösung führt? Gläubige sagen fromm: Gott hat alles getan, ich habe nichts getan! In der Praxis handeln Christen jedoch so, als ob ihre Entscheidungen einen Unterschied machen würden und sie in ihrer Beziehung zu Gott nicht völlig passiv wären.

Gewiss, es gibt Geheimnisse, die mit dem Verständnis der Wege Gottes verbunden sind, einschließlich der Frage, wie Gott den Menschen ewiges Leben schenkt. Diese theologischen Unterschiede sind so wichtig, dass sie in diesem Buch immer wieder erörtert werden, da die Menschen ständig fragen, was Gott von ihnen erwartet, so wie sie auch fragen, was sie von Gott erwarten können. Insbesondere die Rolle Gottes für die Erlösung und die Rolle der Menschen werden in Kapitel 16 erörtert.

Abschließende Kommentare

Die segensreiche Hoffnung der Menschen ist die Verheißung ewigen Lebens – der Erlösung – durch den Glauben an Jesus Christus, die Teilhabe an Jesu Leben und seiner Auferstehung. Diese Erlösung kommt nicht durch unsere Taten, Verdienste oder

Würdigkeit zustande. Im Gegenteil, die meisten Menschen sind sich ihrer Schwächen, ihrer Misshandlung anderer und ihrer Selbstverleugnung – ihrer Sünde, ihrer Trennung von Gott und ihres Heilungsbedarfs – sehr bewusst.

Johannes 3,16 berichtet uns von der guten Nachricht der Erlösung. Wir müssen an Jesus und seine Gabe des ewigen Lebens glauben. Jeder ist willkommen zu glauben! Jeder ist willkommen, Gottes Geschenk der Erlösung anzunehmen. Jeder ist willkommen, an der größten Hoffnung teilzuhaben, die man sich vorstellen kann, mit der Gott uns hier und jetzt und in Ewigkeit segnen möchte.

Kapitel 3
Keine Verurteilung

Als ich auf die High School kam, besuchte ich in der Kirche einen Sonntagsschulunterricht für Jugendliche. Ein Laie namens Mike bot sich an, den Unterricht zu leiten, obwohl seine Kinder in der Grundschule waren. Am ersten Tag des Unterrichts sagte Mike, wir könnten jede Frage stellen. Es sei egal, was wir fragten! "Wirklich?", dachte ich zweifelnd.

Mike sagte, wir könnten sowohl aktuelle als auch religiöse Themen befragen. Wir könnten auch Tabuthemen ansprechen, die die Kirche normalerweise vermeidet, wie Sex, Alkohol und Krieg. Damals war der Vietnamkrieg auf seinem Höhepunkt, und in diesem Krieg wurden junge Männer wie einige (und bald auch ich) aus der Klasse eingezogen. Es war eine beängstigende Zeit! Mike sagte sogar, wir könnten über Ansichten sprechen, die der Lehre und Politik der Kirche widersprechen. Er würde sein Bestes tun, um zu antworten. Unsere Fragen würden nicht verurteilt. Mike sagte, wenn Christen keine Fragen stellen können und die Kirche nicht bereit ist, darüber zu diskutieren, was nützt dann die Kirche? Was nützt dann das Christentum? Obwohl Mike keine theologische Ausbildung hatte, studierte er eifrig die Heilige Schrift. Mike sagte, er würde Antworten finden, auch wenn sie für uns nicht vollständig oder vielleicht auch nicht zufriedenstellend seien.

Für mich war der Unterricht lehrreich, befreiend und befriedigte ein tiefes Bedürfnis! Das galt auch für andere in der Klasse. Ich befand mich in einer prägenden Phase meines Lebens – intellektuell, emotional, beziehungsmäßig und spirituell. Daher fühlte ich mich von der offenen, vorurteilsfreien Atmosphäre der Sonntagsschulklasse angezogen. Die Kursteilnehmer stellten Fragen: viele Fragen! Fragen, die tiefgründig waren! Schwierige Fragen! Ehrlich gesagt kamen die meisten Fragen von den Älteren, vor allem von denen, die kurz vor dem Wehrdienstalter standen. Aber ich freute mich jede Woche auf den Unterricht, weil ich wusste, dass ernste, reale Themen besprochen werden würden.

Natürlich reagierten nicht alle in der Klasse so positiv auf das Format wie ich. Manche wollten keine schwierigen Fragen stellen. Sie empfanden sie als bedrohlich, möglicherweise antichristlich. Mike wich den Klassenmitgliedern nicht aus. Doch als sich Klassenmitglieder bei ihren Eltern beschwerten, die sich wiederum beim Pfarrer beschwerten, wurden Mike und der Klasse Grenzen gesetzt. Im Unterricht protestierten die meisten, und wir teilten diese Proteste unseren Eltern mit! Die Kirchenleitung – sowohl die Pfarrer als auch die Laien – war jedoch mit der Freiheit, die Mike den Teenagern in der Klasse ließ, nicht einverstanden. Doch die von der Kirchenleitung gesetzten Grenzen konnten nicht völlig verhindern, dass der Unterricht zu einer lebensverändernden und stärkenden Erfahrung für mich wurde.

Keine Verurteilung?

Der Vers nach Johannes 3,16 lautet: "Denn Gott hat seinen Sohn nicht in die Welt gesandt, dass er die Welt richte, sondern dass die Welt durch ihn gerettet werde" (V. 17). Jesu Mission bestand nicht darin, Menschen zu verurteilen. Seine Mission war es, ihnen Erlösung zu bringen, sie mit Gott zu versöhnen, ihre Schuld zu lindern, den Heilungsprozess einzuleiten und sie nach Gottes Ebenbild wiederherzustellen, ihnen ein Vorbild für ein gerechtes und heiliges Leben zu geben und die irdischen Folgen von Tod und dämonischen Mächten zu überwinden.

Hast du dich schon einmal von jemandem verurteilt oder beurteilt gefühlt? Das ist kein gutes Gefühl. Menschen können so unsensibel und beleidigend sein. Worte tun weh, auch wenn Klischees etwas anderes behaupten! Man beurteilt dich nach deinem Aussehen, deiner Art zu reden oder wie klug (oder dumm) du bist. Natürlich sind wir nicht perfekt. Aber es fühlt sich an, als würden wir häufiger verurteilt als von anderen akzeptiert oder geschätzt.

Wenn Menschen an Jesus denken, sollte ihnen nicht als Erstes Verurteilung in den Sinn kommen. Leider ist dies nicht immer der Fall, nicht wegen Jesus, sondern hauptsächlich wegen der Art und Weise, wie Christen und Kirchen Jesus darstellen – in dem, was sie sagen und tun. Sicherlich sind einige Theologien entstanden, die Jesus als distanziert, unnahbar, verurteilend und verdammend darstellen. Vielleicht noch problematischer ist, dass das Handeln von Christen und Kirchen zu mehr schlechter Presse, Ressentiments und offenem Hass auf Jesus geführt hat – wiederum nicht wegen ihm, sondern wegen der Art und Weise, wie seine Anhänger Jesus und das Evangelium falsch dargestellt haben.

Gerechtigkeit und Urteil

Bedeutet das, dass Gott die Menschen nicht richtet, dass es keine Gerechtigkeit gibt – weder jetzt noch in Zukunft? Nein, das stimmt nicht. In den folgenden Versen erinnert Johannes 3 die Leser daran, dass das Gericht kommen wird und dass die Verurteilung gerecht sein wird. Die meisten Menschen wünschen sich Gerechtigkeit, auch wenn sie in diesem Leben nicht eintritt. Wer möchte schon, dass Ungerechtigkeit ungestraft bleibt?

Letztlich beruhen die Urteile und Verdammnisse der Menschen auf ihrem Unglauben an Gott, ihren bösen Taten und der Vertuschung ihrer sündigen Reaktionen gegenüber Gott (Johannes 3,18-20). Bedenken Sie, dass Gott sowohl Gerechtigkeit als auch Rechtfertigung betont – gerechte Behandlung in diesem Leben und Barmherzigkeit im ewigen Leben.

Ohne auf die vielfältigen Auffassungen menschlicher Gerechtigkeit einzugehen (z. B. Vergeltung, Wiederherstellung usw.), sprechen sowohl das Alte als auch das Neue Testament von der Bedeutung der Gerechtigkeit. Die Heilige Schrift macht deutlich, dass Gerechtigkeit sowohl für Gott als auch für Christen wichtig ist, die gerecht und liebevoll gegenüber anderen handeln sollen. Obwohl Gott Gerechtigkeit am Herzen liegt und er die Menschen gerecht richtet, bestand Jesu Mission darin, allen Menschen die Möglichkeit zur Erlösung, zur Vergebung ihrer Sünden und zur Versöhnung mit Gott zu geben und nicht darin, die Erlösung der Menschen durch Verdammnis zu verhindern.

Ein Teil des Problems bei der Anerkennung der nicht verurteilenden Mission Jesu hat damit zu tun, wie Menschen, einschließlich Christen, das Christentum auffassen. Allzu oft haben Menschen eine entpersonalisierte Sicht auf den christlichen Glauben, die ein auf Aussagen basierendes Gottesverständnis mit sich bringt. Darüber hinaus sollten sie eine dynamischere, personalisiertere Sichtweise in Betracht ziehen, die ein auf Beziehungen basierendes Gottesverständnis beinhaltet. Harold Englund sprach in seiner Abhandlung über das Christentum über diesen Unterschied. Aus einer entpersonalisierten Sichtweise des christlichen Glaubens betrachten Menschen (1) Sünde als Gesetzesbruch, (2) Buße als Eingeständnis der Übertretung, (3) Glauben als Akzeptanz von Aussagen (z. B. Glaubens-bekenntnissen) und (4) das christliche Leben als Gehorsam gegenüber Gottes Gesetzen. Obwohl es für diese Sichtweise sicherlich biblische Präzedenzfälle gibt, repräsentiert sie Jesus und das Evangelium nur teilweise. Aus einer personalisierten Sichtweise christlicher Glaubenssätze denken Menschen eher über (1) Sünde als Verrat an einer Beziehung nach, (2) Reue als Bekenntnis, verbunden mit Trauer über den Verrat und dem Entschluss, die Gemeinschaft zu erneuern, (3) Glauben als Vertrauen in Gott und (4) das christliche Leben als Freude an Gott, mit dem man persönlich verbunden ist. Auch für diese personalisierte Sichtweise gibt es zahlreiche biblische Präzedenzfälle.

Eine entpersonalisierte Sichtweise christlicher Glaubenssätze ist unzureichend, wenn sie von der personalisierten Sichtweise getrennt wird. Ebenso ist eine personalisierte Sichtweise unzureichend, wenn sie von der entpersonalisierten Sichtweise getrennt wird. Es handelt sich nicht um eine "Entweder-oder"-Sackgasse, sondern um eine "Sowohl-als-auch"-Lösung. Beide Sichtweisen tragen zu einem umfassenderen Verständnis von Gott und der Heiligen Schrift bei.

Manche Menschen können Jesus und das Christentum verwechseln oder sich regelrecht abstoßen – nicht unbedingt wegen der Identität von Jesus und den Christen, sondern wegen ihrer Karikaturen. Es könnte ein Problem des sogenannten "Entweder-oder"-Denkens sein: Sie versuchen, die Welt und vielleicht auch Gott mit einfachen Mitteln zu verstehen. Bis zu einem gewissen Grad ist das auch zu erwarten, denn die Welt ist zu komplex, um sie vollständig zu verstehen. Wir brauchen sinnvolle Kategorien, um eine sich ständig verändernde Welt zu ordnen und zu benennen. Doch Entweder-oder-Kategorisierungen können uns sowohl am erfolgreichen Denken als auch am erfolgreichen Leben hindern. Wir müssen unser Verständnis erweitern. Sicherlich kann dieser erweiterte Lernansatz herausfordernd und manchmal beängstigend sein, aber es ist eine Frage des Erwachsenwerdens. Wenn wir erwachsen werden wollen, sowohl in unserem Denken als auch in unserem religiösen Verständnis, müssen wir über vereinfachende Etikettierungen hinausgehen. Wie Richard Foster sagte, bedeutet die biblische Ermahnung zu einem einfachen, kindlichen Glauben nicht, simplifizierend zu sein (siehe Matthäus 18,3).

Schuld und Scham

Jesus sprach von der Sündenschuld, also der Verantwortung für sündige Gedanken, Worte und Taten. Wenn Menschen sündigen, müssen sie Buße tun. Gott vergibt den Menschen gnädig ihre Sünden, und Jesus kam, um durch seinen Tod und seine Auferstehung für ihre Sünden zu sühnen. Die Heilige Schrift spricht eine klare Sprache: Der Zustand der Sünde ist ein schrecklicher Zustand, in dem das Gewissen gequält wird und Trauer und Reue zu Recht auftreten. Wer also sündigt, muss mit dem quälenden Gefühl der Schuld rechnen. Vielleicht kennen Sie das auch aus Ihrem eigenen Leben. Es ist kein schönes Gefühl, wenn man weiß, dass man etwas Falsches getan oder jemanden schlecht behandelt hat. Sie kennen die Terminologie der Sünde vielleicht nicht, aber Sie wissen wahrscheinlich, wie es ist, sich schuldig zu fühlen. Es ist das unausweichliche Gefühl, das man hat, wenn man etwas Falsches tut!

Scham ist nicht dasselbe wie Schuld. Sie können gleichzeitig auftreten, sind aber nicht dasselbe. Scham hat eher mit dem Gefühl zu tun, die eigenen Erwartungen nicht erfüllt zu haben oder sich sozial blamiert zu fühlen. So können sich Menschen für begangene Sünden schämen. Doch Schamgefühle unterscheiden sich von Schuldgefühlen, auch wenn beide fälschlicherweise miteinander verwechselt werden können.

Es gibt viele Gründe, warum sich Menschen schämen, und manchmal liegt es an Dingen, auf die sie keinen Einfluss haben. In der Gesellschaft schämen sich Menschen manchmal, weil sie arm oder ungebildet sind oder "auf der falschen Seite der Gesellschaft leben". Andere schämen sich vielleicht aufgrund ihrer Rasse, Ethnie, ihres Geschlechts, ihrer sexuellen Orientierung, ihrer Sprachkenntnisse, ihrer Nationalität oder ihrer Religionszugehörigkeit. Leider verwechseln viele Menschen diese Schamgefühle mit Schuldgefühlen, was nicht stimmt. Sie fühlen sich schlecht, aber nicht aufgrund eigener Schuld! Trotzdem leiden sie vielleicht und haben das Gefühl, Verurteilung verdient zu haben.

Helfen Kirchen Menschen, die lähmenden Auswirkungen von Scham zu überwinden? Ich wünschte, das wäre so. Christen können genauso abfällig, verurteilend und ausgrenzend sein wie jeder andere. Kirchen und die Christen in ihnen können die Auswirkungen von Scham sogar fördern, indem sie Menschen vereinfachend (oder eigennützig) für ihre Größe (oder Kleinwüchsigkeit), ihre Armut, ihre ethnische Zugehörigkeit, ihre Sprachkenntnisse (oder Sprachunfähigkeit), ihr Alter oder was auch immer verantwortlich machen, obwohl die Menschen in Wirklichkeit nichts Unrechtes getan haben.

Betrachten wir ein Beispiel: Armut. Es gibt Bibelverse darüber, wie wichtig harte Arbeit für den Erfolg ist und wie Faulheit zu Armut führen kann (z. B. Sprüche 10,4; 14,23-24). Doch jeder mit gesundem Menschenverstand weiß, dass Armut nicht immer selbstverschuldet ist. Menschen können aufgrund ihrer wirtschaftlichen Situation, gesellschaftlicher Vorurteile gegenüber ihrer sogenannten Klasse (einschließlich Rasse oder Ethnizität), Erbkrankheiten oder tragischer Unfälle oder Unglücksfälle, auf die sie keinen Einfluss hatten, verarmen. Solche Situationen verarmen Menschen finanziell und auch anderweitig. Es ist bemerkenswert, dass in der Heiligen Schrift manchmal die Frage aufgeworfen wird, warum bestimmte Menschen arm, krank oder von Dämonen besessen sind. Mit anderen Worten: Haben sie es verdient? Jesus stellte solche Fragen jedoch nicht. Er kümmerte sich um die Armen, heilte die Kranken und trieb Dämonen aus, ohne Rücksicht darauf, ob die Betroffenen für ihre jeweilige Verarmung verantwortlich waren oder nicht.

Heute sollten Menschen zwischen Schuld und Scham unterscheiden, um nicht unnötig durch die Verwechslung zu leiden. Wer schuldig ist, sollte sich zu Recht schlecht fühlen und Buße tun. Leiden sie jedoch unter Scham, müssen sie erkennen, dass Reue, insbesondere Reue ohne triftigen Grund, nicht die Lösung für ihr Leiden ist. Statt Reue zu üben, müssen sie vielleicht ihre Einstellung ändern und sich von einem Freund oder Berater ermutigen lassen. Sie sollten jedoch ermutigt werden, nicht mit einem falschen Schuldgefühl weiterzumachen. Darüber hinaus hoffe ich, dass Christen und Kirchen Menschen helfen, dieser Falle falsch diagnostizierter Scham zu entkommen, anstatt Salz in die Wunden der Scham zu streuen, die Menschen unverdient erleiden.

Eltern-Kind-Analogie

Eine gängige Analogie, die Jesus und andere in der Heiligen Schrift verwendeten, um über Gottes Beziehung zu den Menschen zu sprechen, ist die von Eltern und Kind – von Vater und Kind oder von Mutter und Kind. Jesus sprach oft von seinem himmlischen Vater, seinem *Abba,* was ein aramäischer Begriff für kindliche Intimität war. Anhand dieser Analogie können wir Johannes' Aussage besser verstehen, dass Jesus nicht gekommen sei, um zu verurteilen. Die Heilige Schrift sagt, dass Gott Jesus sandte, um den Menschen zu dienen, sie zu retten und sie in ein erfülltes Leben zu führen, sowohl jetzt als auch für die Ewigkeit. Wie ein Elternteil möchte Gott die Menschen – Gottes Kinder – nicht verurteilen. Aber manchmal disziplinieren Eltern ihre Kinder, damit sie reifer heranwachsen und das erreichen, was die Heilige Schrift als Christusähnlichkeit bezeichnet.

Als meine Kinder klein waren, hatte jedes Kind Aufgaben, die ich am Kühlschrank in der Küche aushängte. Ich habe drei Töchter, und wenn ich eine von ihnen dabei erwische, wie sie ihren Aufgaben absichtlich aus dem Weg geht, hat das Konsequenzen. Ein Geständnis meiner Tochter würde nicht ausreichen. Da mir ein persönliches Verständnis christlicher Glaubenssätze wichtig ist, reicht ein Schuldeingeständnis allein nicht aus, da Menschen, die erwischt werden, zu einem Geständnis gezwungen werden können. Stattdessen wollte ich, dass meine Tochter über den persönlichen Verrat ihres Vergehens trauert und verspricht, ihren Aufgaben nicht wieder aus dem Weg zu gehen. Als Vater konnte ich meine Tochter verurteilen und bestrafen, und manchmal tat ich das auch bei meinen Töchtern. Ich konnte auch auf die Verurteilung und Bestrafung meiner Tochter verzichten, und manchmal tat ich das auch. Ähnlich verhält es sich mit der Erlösung der Menschheit: Gott sorgte durch Jesu Leben, Tod und Auferstehung dafür, dass Menschen Barmherzigkeit erfahren und im Glauben Gottes Vergebung erlangen.

Eltern sind oft verständnisvoller und akzeptieren ihre Kinder mehr, als andere Menschen sie akzeptieren. Diese Güte ist vergleichbar mit Gottes Umgang mit uns – mit uns, die wir unvollkommen sind, mit uns, die wir vielleicht nicht gut genug, gehorsam genug, ehrlich genug oder politisch korrekt (oder inkorrekt) genug sind.

Kirchen täten gut daran, Menschen gegenüber offener zu sein, statt sie auszuschließen, insbesondere gegenüber Menschen, die anders sind und vielleicht von der Gesellschaft verurteilt werden. Als Familie Gottes können Kirchen denen gegenüber gastfreundlich sein, die von der Gesellschaft ausgegrenzt werden und denen oft am liebsten wären, sie würden einfach verschwinden. Doch die Heilige Schrift erinnert uns daran, dass Gott alle liebt. Jeden. Jeden! Gott gibt uns nie auf, warum sollten Kirchen also "die Geringsten" (Matthäus 25,40) aufgeben?

Abschließende Kommentare

Als Teenager besuchte ich die Sonntagsschule und habe es sehr geschätzt und profitiert, dass ich mich nicht verurteilt oder verurteilt fühlte, nur weil ich eine Frage hatte. Es spielte keine Rolle, ob meine Frage dumm war oder auf Unwissenheit beruhte. Mein Lehrer ging auf meine Frage ein und versuchte, sie einfühlsam, biblisch und vernünftig zu beantworten. Meine Tochter Dana ist eine besonders engagierte Verfechterin der Bedeutung von Empathie, und ich finde, sie hat völlig Recht!

Jesus kam nicht, um Menschen zu verurteilen, sondern um sie zu retten. Wenn wir Jesus als gemeinen und rachsüchtigen Menschen betrachten, egal aus welchem Grund, dann haben wir den Sinn seiner Mission verfehlt. Jesus kam, um zu retten, zu vergeben, zu umarmen und den Menschen eine weitere Chance zu geben, all die Segnungen zu empfangen, die Gott für uns vorgesehen hat – sowohl für das jetzige Leben als auch für die Ewigkeit.

Teil Zwei
"Denn Gott hat so geliebt"

Kapitel 4
Ja, Gott existiert

Während meines Studiums wollte ein Freund mit mir über die Existenz Gottes diskutieren. Ich wusste nicht, was ich sagen sollte. Also fragte ich, ob ich einen Bekannten namens Dan, der in der Campus-Seelsorge arbeitete, zum Gespräch einladen könnte. Mein Freund war einverstanden.

Dan kam und diskutierte über eine Stunde lang mit meinem Freund über Argumente für die Existenz Gottes. Meiner Meinung nach war das Gespräch ein Fiasko. Mein Freund war nicht überzeugt. Natürlich fragte ich mich, ob er überhaupt jemals überzeugt werden konnte. Dan, der Campus-Seelsorger, wirkte selbstzufrieden und glaubte, er habe "den Glauben verteidigt". Aber um welchen Preis?

Irgendwann in meinem frühen Erwachsenenleben zweifelte ich an der Existenz Gottes. Das war kein gutes Gefühl. Es war ein Tiefpunkt für mein geistiges und intellektuelles Wohlbefinden. Ich erinnere mich, wie ich in meiner Wohnung saß und über die Sinnlosigkeit des Lebens verzweifelte. Ich fühlte mich niedergedrückt und hatte kaum Aussicht auf Glück. Ironischerweise war es ein jüdischer Philosophieprofessor, der mir am meisten half, indem er mich auf christliche Literatur aufmerksam machte, die mir half, meine wichtigsten Fragen über Gott zu klären.

Im Laufe meines Lebens habe ich mich oft mit der Existenz Gottes auseinandergesetzt. Meiner Meinung nach wurden diese Diskussionen noch komplexer, wenn man die Herausforderungen postmoderner und moderner Kritik an historischen christlichen Argumenten für die Existenz Gottes berücksichtigt. Ich bin zunehmend zu dem Schluss gekommen, dass solche Argumente die Existenz (oder Nichtexistenz) Gottes nicht beweisen. Sie mögen Christen zwar hilfreich sein, um über ihren Glauben an Gott zu sprechen, aber letztlich bleibt es ein Glaube – keine rationale oder empirische Schlussfolgerung.

Ich spreche weiterhin über Argumente für die Existenz Gottes und spreche ausführlich mit Menschen darüber, die sich für das Thema interessieren. Ich benutze diese Argumente jedoch nicht, um

Menschen von der Existenz Gottes zu überzeugen. Das ist meiner Meinung nach Gottes Aufgabe! Wenn Menschen nicht an Gott glauben, dann hat das wahrscheinlich eher mit ethischen Bedenken oder spiritueller Apathie zu tun als mit intellektuellen Behinderungen.

Die Heilige Schrift scheint sich nicht besonders mit Argumenten für die Existenz Gottes zu befassen. Solche Argumente lassen sich zwar aus der Heiligen Schrift herauslesen, doch die Überzeugung der Menschen von Gottes Existenz scheint eher mit der gnädigen Initiative Gottes zu tun zu haben. Genauer gesagt, geht es eher um das Wirken des Heiligen Geistes als um die Verdienste christlicher Apologetik.

Gott existiert

Ja, ich glaube, dass Gott existiert. Ich glaube außerdem, dass Gotteserkenntnis, d. h. zumindest rettende Gotteserkenntnis, nicht durch menschliche Argumentation entsteht, sondern durch Gottes gnädiges Wirken im Leben der Menschen. Daher interessieren mich Argumente für die Existenz Gottes, aber nicht, um jemanden zum Christentum zu bewegen. Die Kenntnis solcher Argumente hilft mir, die Heilige Schrift besser zu verstehen und meine Überzeugungen über Gott in Worte zu fassen.

Die Menschen in biblischen Zeiten kannten die Argumente gegen die Existenz Gottes. Es gab Animisten, Polytheisten, Henotheisten, Monisten, Skeptiker und Atheisten. Wir sollten daher nicht anmaßend annehmen, die Autoren der Heiligen Schrift hätten nicht gewusst oder sich nicht darum gekümmert, wie die Menschen die Existenz Gottes verstanden.

Im Laufe der Geschichte sind immer wieder Argumente gegen die Existenz Gottes aufgetaucht. In jüngster Zeit haben atheistische Vertreter die Logik oder Beweise für die Existenz Gottes in Frage gestellt und für eine naturalistische Ablehnung des Theismus plädiert. Ludwig Feuerbach argumentierte beispielsweise, Gott sei eine soziologische Projektion von Menschen, die sich unzulänglich fühlen. Karl Marx argumentierte, Gott sei eine politisch-ökonomische Projektion von Menschen, die sich verarmt fühlen. Sigmund Freud argumentierte, Gott sei eine psychoanalytische Projektion des menschlichen Unterbewusstseins. In jüngerer Zeit wurde der Theismus mit wissenschaftlichen

Argumenten angeprangert. Solche atheistischen Anfechtungen beruhen auf dem Glauben, dass die Wissenschaft letztlich alle Fragen der Menschen beantworten wird. Doch die Wissenschaft hat noch nicht alle Fragen beantwortet! Daher ist eine wissenschaftliche Weltanschauung ebenso vom Glauben abhängig wie eine religiöse Weltanschauung.

Als Weltanschauung erfordert die Wissenschaft (oder der Szientismus) ebenso viel Glauben wie der Theismus, obwohl Wissenschaftler eher die Sprache der Voraussetzungen, Postulate und Axiome als des Glaubens verwenden. Argumente für die Existenz Gottes sind rational und empirisch ebenso sinnvoll wie eine atheistische Weltanschauung, sofern man nach rationaler und empirischer Legitimation für seine Argumentation sucht. Christen argumentieren jedoch, dass ihre Weltanschauung auf mehr als nur rationaler und empirischer Argumentation beruht. Sie beruht auch auf Gottes gnädigem Wirken in und durch ihr Leben. Dieses Wirken befreit die theistische Diskussion nicht vollständig von Logik und evidenzbasierten Kriterien, doch die Bestätigung der Existenz Gottes lässt sich nicht auf diese reduzieren.

Historische Argumente

Es gibt verschiedene historische Argumente für die Existenz Gottes, die als Grundlage der christlichen Apologetik gelten. Apologetik befasst sich mit der Verteidigung christlicher Glaubenssätze, Werte und Praktiken, üblicherweise durch Berufung auf Philosophie und Wissenschaften zur Verteidigung des Christentums. Betrachten wir einige der historischen Argumente für die Existenz Gottes.

Im elften Jahrhundert entwickelte Anselm das ontologische Argument, also das rational begründete Argument für die Existenz Gottes. Er argumentierte, dass der Glaube an Gott logisch sei und dass es eines größeren Glaubens bedürfe, logisch zu behaupten, dass Gott nicht existiere. Schließlich sei es sinnvoll anzunehmen, dass die Idee Gottes – die größte vorstellbare Idee – real existiere und nicht nur in der Vorstellung.

Im 14. Jahrhundert vertrat Thomas von Aquin kosmologische Argumente, also Argumente, die auf empirischen Beweisen basierten. So argumentierte er beispielsweise, dass es in der Welt eine erste Ursache oder einen unbewegten Beweger geben müsse, um physikalische Phänomene zu erklären. Wenn sich etwas bewegt, muss es schließlich von etwas oder jemandem bewegt worden sein!

Das teleologische Argument war Thomas' wichtigstes Argument. Es besagt im Wesentlichen, dass die Welt zu komplex ist, um durch Zufall entstanden zu sein. Wie konnten komplexe Phänomene wie Augäpfel, Blutkreislauf und sexuelle Fortpflanzung durch Zufall entstehen? Stattdessen muss es einen Schöpfer gegeben haben, nämlich Gott, der Menschen, Tiere und Pflanzen schuf, die zu komplex sind, um durch zufällige Entwicklung erklärt zu werden. Das teleologische Argument – manchmal auch als Argument für intelligentes Design bezeichnet – ist wahrscheinlich die häufigste Art und Weise, wie Christen für die Existenz Gottes argumentieren.

Charles Darwins Evolutionstheorie lieferte eine wissenschaftliche Beschreibung der biologischen Veränderungen der Arten, spekulierte jedoch nicht über die Entstehung des Lebens an sich. Dennoch bleibt Darwins Theorie eine der bekanntesten alternativen Theorien zur biologischen Entwicklung des Lebens und ersetzt die Annahme, dass Gott existiert und die Komplexität von Menschen, Tieren und Pflanzen geschaffen hat.

Varianten des teleologischen Gottesbeweises umfassen nahezu alle Argumente, die eine übernatürliche (oder supranatürliche, übernatürliche) Erklärung erfordern. Beispielsweise erfordern Appelle an religiöse Erfahrungen, Gebetserhörungen, Wunder und die Allgegenwärtigkeit der Moral, dass Gott diese weit verbreiteten Phänomene untermauert. Natürlich behaupten die meisten Religionen der Welt ähnliche übernatürliche Ereignisse. Auch hier beruht die christliche Gottesbezeugung letztlich auf Glauben und nicht auf rationalen oder faktischen Beweisen.

Ich kenne Christen, die sich nicht vorstellen können, dass andere Menschen nicht an die Existenz Gottes glauben. Sie sagen zum Beispiel, sie hätten Gott gespürt, Gebete erhört und vielleicht Wunder erlebt. Wie könnte jemand Gottes Existenz so leugnen? Obwohl Christen Gott auf diese Weise tatsächlich erfahren können, ist ihre Erfahrung nicht die gleiche wie die anderer Menschen. Christen können nicht davon ausgehen, dass ihr Weg zu Gott derselbe ist wie der anderer.

Was ist mit der Heiligen Schrift?

Für manche Christen gilt: "Die Schrift sagt es. Ich glaube es. Damit ist die Sache geklärt." Wenn die Schrift von der Existenz Gottes spricht, auf welche andere religiöse Autorität sollte man sich dann verlassen? Das Thema religiöse Autorität ist jedoch komplexer, unabhängig davon, ob man sie kennt oder nicht. Laut der Schrift liegt die Quelle religiöser Autorität letztlich in Gott. Doch auf welche anderen Autoritäten können sich Menschen in dieser komplexen Welt noch berufen?

Für viele Christen stellt die Heilige Schrift die rationale und empirische Grundlage dar, die alle anderen Wahrheitsansprüche – religiöse wie säkulare – legitimiert. Ihr Anspruch auf Gewissheit stützt sich jedoch auf modernistische Logik. Das heißt, auf der Suche nach Gewissheit beruft sich modernistisches Denken auf rationale und empirische Beweise, um die Überzeugungen, Werte und Praktiken der Menschen zu untermauern. Es ist tröstlich, sich zur Verteidigung der Heiligen Schrift auf rationale und empirische Argumente zu berufen, aber es spielt das Vertrauen auf Gott und die Beziehung der Menschen zu Gottes Geist, der in ihnen und durch sie wirkt, herunter. Heutzutage mögen Christen intellektuellen Trost darin finden, sich auf modernistische Argumente zu berufen, um ihre religiösen Ansprüche zu untermauern, beispielsweise über die Wahrheit der Heiligen Schrift. Christen haben jedoch eine zunehmend säkularisierte Welt nicht überzeugt, die die Heilige Schrift weder als rational noch empirisch verlässliche Autorität akzeptiert.

Zu Jesu Lebzeiten staunten die Menschen über seine Autorität. Er sprach im Gegensatz zu religiösen Führern, die sich in ihren Verkündigungen regelmäßig auf andere Autoritäten beriefen (z. B. Markus 1,22; Matthäus 7,29). Jesus übertrug seinen Jüngern Autorität für den Dienst und die Leitung der Kirche (z. B. Markus 6,7; Matthäus 10,1; Lukas 9,1). Ihre Autorität änderte sich in der Apostelgeschichte, als das Konzil in Jerusalem Debatten unter den frühen Christen entschied (Apostelgeschichte 15). Bemerkenswerterweise wurde das Konzil von Jakobus, einem Ältesten, und nicht von den Jüngern geleitet (Apostelgeschichte 15,13-21).

In den folgenden fünfzehn Jahrhunderten lag die religiöse Autorität vor allem bei den Kirchenführern im Osten wie im Westen. Diese entschieden über den Inhalt der frühen Glaubensbekenntnisse und den Kanon des Neuen und Alten Testaments. Somit stellten die Kirchenführer, einschließlich der durch ihre Konzile und Entscheidungen der Kirchenoberen entstandenen Traditionen, sowohl chronologisch als auch logisch die höchste religiöse Autorität der Christen dar. Diese christlichen Gruppen sammelten jüdische Schriften (Hebräische Schriften) und Schriften über Jesus (Christliche Schriften) und schufen einen biblischen Kanon, eine einheitliche Zusammenstellung heiliger Schriften. Dies ist die Bibel, wie wir sie heute kennen. Danach gewann die kanonische Schrift zunehmend an Autorität, doch die Kirchenführer bestimmten ihre Auslegung.

Während der Reformation argumentierte Martin Luther, die Führung der katholischen Kirche – des wichtigsten westlichen Zweigs des Christentums – sei korrupt geworden und ihre Traditionen nicht mehr vertrauenswürdig. Stattdessen berief sich Luther auf die Heilige Schrift als einzige religiöse Autorität für Christen. Der Slogan *"sola scriptura"* (lat.: "allein die Schrift") wurde in Kontinentaleuropa bestimmend für das Verständnis der Protestanten von christlichen Glaubensvorstellungen, Werten und Praktiken.

Entwicklung religiöser Autorität

Auch in Großbritannien kam es zur Reformation mit der Gründung der Church of England, der Anglikanischen Kirche. Im Gegensatz zu Luther und der kontinentalen Reformation wollten die Anglikaner einen *"via media"* (lat. "Mittelweg") zwischen den Traditionen des Katholizismus und der protestantischen Betonung der Heiligen Schrift beschreiten. Sich allein auf die Autorität der Kirche oder die Heilige Schrift zu berufen, erschien zu einfach. Stattdessen bekräftigten die Anglikaner den Vorrang der biblischen Autorität neben den sekundären, wenn auch echten religiösen Autoritäten der kirchlichen Tradition und Vernunft. Die Vernunft galt als gottgegebene Gabe, die es den Menschen ermöglichte, zwischen konkurrierenden religiösen Autoritäten zu unterscheiden. Daher stellten Heilige Schrift, Tradition und Vernunft sozusagen einen "dreibeinigen Hocker" dar, auf dem christliche Entscheidungen am besten getroffen werden konnten.

Während der Aufklärung erlebten pietistische Erweckungsbewegungen in Europa und den amerikanischen Kolonien ihren Höhepunkt. Sie betonten die Erfahrungsdimension der Bekehrung und des christlichen Lebens, die ihrer Ansicht nach biblisch begründet war, aber bislang ignoriert worden war. Erweckungsprediger wie John Wesley betonten die Notwendigkeit, Erfahrung, Tradition und Vernunft als echte religiöse Autoritäten anzuerkennen, die in Wechselwirkung mit der Heiligen Schrift – der primären religiösen Autorität – standen. Spätere Methodisten bezeichneten dieses vierfache Verständnis religiöser Autorität als das "Wesleyanische Viereck", das Heilige Schrift, Tradition, Vernunft und Erfahrung umfasst. Dennoch war die Heilige Schrift stets die wichtigste Autorität. Wesley erkannte jedoch, dass Tradition, Vernunft und Erfahrung unsere Sicht der Heiligen Schrift beeinflussen. Das war gut zu wissen!

Die Anerkennung der Rolle der Erfahrung in der menschlichen Erkenntnistheorie ist für den zeitgenössischen Dialog zwischen Christen und Nichtchristen von entscheidender Bedeutung. Inwieweit wird unser Wissen von unserer Erfahrung, also von unserem Kontext, beispielsweise unserer besonderen soziokulturellen Situation, beeinflusst? Inwieweit beeinflussen unsere persönliche Erziehung oder unser ethischer, politischer und wirtschaftlicher Hintergrund, was wir als wahr bezeichnen? Und wie beeinflusst unsere Erfahrung unsere Interpretation der Heiligen Schrift? Indem wir die Heilige Schrift interpretieren, müssen wir uns sozusagen auch selbst interpretieren. Es existiert ein hermeneutischer Zirkel, der sowohl Selbstprüfung als auch die Auseinandersetzung mit biblischen Texten umfasst.

Diese Fragen zur Kontextualität führen nicht zwangsläufig zum Relativismus, zeigen aber, dass menschliche Wahrheitsansprüche einer historischen und kritischen Prüfung unterliegen. Sie zwingen Christen zudem, sich daran zu erinnern, dass sie aus dem Glauben leben und nicht aus der rationalen und empirischen Legitimation ihrer Überzeugungen, Werte und Praktiken.

Natur des Glaubens

In der Heiligen Schrift wird angenommen, dass der Glaube an die Existenz Gottes sowohl durch göttliche Gnade als auch durch den menschlichen Verstand begünstigt wird. Christen sollten sich nicht schämen, sich in ihrem religiösen Verständnis auf den Glauben oder auf Mysterien und Paradoxe zu berufen. Keine andere

Weltanschauung, einschließlich der Wissenschaft (oder des Szientismus), hat alles erklärt. Sie mögen sich auf Voraussetzungen, Postulate oder Axiome berufen, aber diese Begriffe offenbaren ihre eigenen Glaubensverpflichtungen, auch wenn sie diese Terminologie nicht verwenden. Beispielsweise geht die Wissenschaft davon aus, dass sie letztendlich alles erklären wird – die Welt, die Menschen, Spiritualität, Werte, Ethik, Liebe, Loyalität und so weiter. Bislang war die Wissenschaft jedoch nicht in der Lage, alle oben genannten Phänomene durch biologische, elektrochemische oder verhaltenswissenschaftliche Erklärungen zu erklären.

Der Glaube an Gott ist jedoch kein blinder Vertrauensvorschuss. Diese Vorstellung eines blinden Vertrauensvorschusses wird fälschlicherweise mit dem dänischen Theologen Søren Kierkegaard in Verbindung gebracht, der Glauben als einen "Vertrauensvorschuss" beschrieb – als leidenschaftliches, existenzielles Vertrauen in Gott, der persönlich ist. Doch Glaube ist nicht blind. Mittelalterliche Christen sprachen davon, dass Glaube mindestens drei Komponenten hat: Wissen, Zustimmung und Vertrauen. Daher haben Christen Wissen über Jesus und nicht über eine andere religiöse Figur. Sie stimmen dem Wissen über das Leben, den Tod und die Auferstehung Jesu zu und vertrauen ihr Leben der Person Jesu und dem Evangelium an. Christen glauben darüber hinaus, dass biblische Aussagen über Gott als Schöpfer und Erlöser ebenso vernünftig sind wie alternative Weltanschauungen. Dieser Glaube beweist zwar nicht die Wahrheit der biblischen Weltanschauung (oder Weltanschauungen), aber er beweist, dass der christliche Glaube ein vernünftiger Glaube ist und kein blinder, unbegründeter oder vereinfachender Glaube.

Abschließende Kommentare

Ich habe oft an meinen Studienfreund gedacht, der bereit war, mit mir und meinem Kollegen aus der Campus-Seelsorge über die Existenz Gottes zu sprechen. Ich weiß nicht, ob mein Freund jemals an Gott glaubte, aber seine Dialogbereitschaft gibt mir Hoffnung für ihn.

Meiner Meinung nach ist es gut, über Gottes Existenz und die dafür verwendeten Argumente zu sprechen. Es liegt jedoch nicht in unserer Verantwortung, Gottes Existenz zu beweisen. Ich denke, es liegt eher in Gottes Verantwortung als in unserer. Es liegt jedoch in unserer Verantwortung, mit allen uns zur Verfügung stehenden Mitteln – Heilige Schrift, Tradition, Vernunft und Erfahrung – ein tieferes Verständnis von Gott zu erlangen. Christen glauben, dass Gottes Heiliger Geist stets gegenwärtig ist und im Leben der Menschen wirkt – sowohl der Nichtchristen als auch der Christen. Wenn Gott möchte, dass die Menschen glauben, müssen sie dazu bereit sein. Gott steht allen gnädig bei, die an Gott glauben wollen, sowohl als Existenz als auch als ihren Retter und Herrn.

Kapitel 5
Gott ist Liebe

Als ich jung war, hörte ich mehrere christliche Redner sagen, ich solle Bibelverse persönlich betrachten. Denken Sie zum Beispiel an Johannes 3,16. Statt "Denn so sehr hat Gott die Welt geliebt" usw. sollte ich lesen: "Denn so sehr hat Gott mich geliebt, dass er seinen eingeborenen Sohn gab, damit ich, wenn ich an ihn glaube, nicht verloren gehe, sondern ewiges Leben habe." Diese persönliche Betrachtung der Liebe Gottes zu mir war erhellend und ermutigend zugleich.

Es ist nicht unwichtig, dass Johannes 3,16 sich auf Gottes Liebe konzentriert. Die Heilige Schrift erwähnt Gott auf vielfältige Weise, und Christen haben im Laufe der Kirchengeschichte noch mehr Beschreibungen von Gott gegeben. Ich denke jedoch, dass die Liebe Gottes im Vordergrund stehen sollte. Natürlich ist es wichtig, auch in anderen Zusammenhängen über Gott nachzudenken, zum Beispiel als souverän, heilig, gerecht, ewig und so weiter.

Der erste Johannesbrief spricht viel über Gott als Liebe. Obwohl er Ähnlichkeiten mit dem Johannesevangelium aufweist, wurde er wahrscheinlich von jemand anderem im Auftrag derer verfasst, die die johanneische Tradition bekräftigten. Der erste Johannesbrief sagt eindeutig: "Gott ist Liebe" (1. Johannes 4,8.16). An anderer Stelle fasste Jesus das "größte Gebot" als Liebe zusammen:

> Einer der Schriftgelehrten kam hinzu und hörte, wie sie miteinander stritten. Als er sah, dass er [Jesus] ihnen gut antwortete, fragte er ihn: Welches Gebot ist das erste von allen? Jesus antwortete: Das erste ist: Höre, Israel, der Herr, unser Gott, ist der einzige Herr. Du sollst den Herrn, deinen Gott, lieben von ganzem Herzen, von ganzer Seele, von ganzem Gemüt und von allen deinen Kräften. Das zweite ist: Du sollst deinen Nächsten lieben wie dich selbst. Größer als diese beiden ist kein anderes Gebot. (Markus 12,28-31)

Darüber hinaus spricht der Apostel Paulus über mehrere christliche Tugenden: Glaube, Hoffnung und Liebe. Zu diesen Tugenden sagt Paulus: "Nun aber bleiben Glaube, Hoffnung, Liebe, diese drei; aber die Liebe ist die größte unter ihnen" (1. Korinther 13,13). Liebe ist eindeutig ein entscheidendes Thema sowohl für das Verständnis Gottes als auch für das Herz des Christentums.

Sprache über Gott

Wenn Christen über Gott sprechen, haben sie schon lange erkannt, dass die menschliche Sprache nicht ausreicht, um die Fülle Gottes zu vermitteln. Da Gott die Welt, einschließlich des menschlichen Weltverständnisses, transzendiert, bleibt die Fülle Gottes letztlich ein Mysterium. Das bedeutet nicht, dass das Gerede der Menschen über Gott unsinnig oder bedeutungslos ist. Im Gegenteil: Christen glauben, dass Gott uns viel über seine Person und andere religiöse Themen offenbart hat, insbesondere in der Heiligen Schrift. Christen müssen jedoch hinsichtlich ihrer konkreten Aussagen über Gottes Identität demütig sein.

Christen betrachten die Sprache über Gott daher als symbolisch. Der symbolische Charakter der Gottesrede bedeutet nicht, dass unsere Sprache nicht genügend Informationen über Gott vermittelt, und schon gar nicht, dass sie unsinnig oder bedeutungslos ist. Es bedeutet lediglich, dass Gott über allem steht, was wir uns vorstellen können. Wenn das der Fall ist, wie kann unsere Sprache dann nicht in gewissem Maße symbolisch sein?

Zwei Aspekte, die mir helfen, über die symbolische Natur unserer Gottesrede nachzudenken, haben mit der Unterscheidung zwischen analogen und metaphorischen Gottesbeschreibungen zu tun. Einerseits geht es bei analogen Gottesbeschreibungen darum, zu sagen, wem Gott ähnlich ist. Diese sogenannte kataphatische Theologie verwendet positive Begriffe zur Beschreibung des Göttlichen. So wird Gott in der Heiligen Schrift beispielsweise verschiedentlich als vater- oder königsähnlich beschrieben. Natürlich wird angenommen, dass die Vorzüge Gottes als Vater oder König unsere menschliche Erfahrung übersteigen, sowohl aufgrund der Endlichkeit unserer Welt als auch aufgrund der Auswirkungen der Sünde auf sie. Schließlich haben Menschen manchmal schlechte Väter oder schlechte Könige (oder Herrscher), die nachlässig, missbräuchlich oder gewalttätig sind.

Metaphorische Beschreibungen Gottes hingegen beschreiben, wer oder was Gott nicht ist. Diese sogenannte apophatische Theologie verwendet eine negative Terminologie, die unsere

Grenzen für die Beschreibung des Göttlichen aufzeigt. In der Heiligen Schrift wird Gott beispielsweise als ewig, heilig, unendlich, souverän und unergründlich beschrieben. Diese Begriffe sind uns vertraut, und doch gehen sie vermutlich über unser volles Verständnis hinaus. Die Sprache der Menschen und ihr Wissen über Gott sind begrenzt, wiederum aufgrund der menschlichen Endlichkeit – einer Endlichkeit, die durch verschiedene Auswirkungen der Sünde zusätzlich beeinträchtigt wird, welche das gesamte menschliche Verständnis, einschließlich christlicher Gottesbeschreibungen, beeinflusst.

Die Kontextabhängigkeit menschlichen Verständnisses – sowohl global als auch national und regional – erschwert die Aussagen von Christen über Gott zusätzlich. Wir können Gott nur durch unsere eigene, einzigartige menschliche Linse verstehen. Christen glauben oft, über ausreichendes Wissen zu verfügen, einschließlich besonderer Offenbarungen Gottes, um sinnvoll über Gott sprechen zu können. Doch diese Aussagekraft beruht eher auf Glauben als auf Gewissheit. Wie der Apostel Paulus sagt: "Jetzt sehen wir nur durch einen Spiegel, nur trübe … Jetzt erkenne ich nur Stückwerk" (1. Korinther 13,12). Unser Verständnis von Gott wird immer etwas verschwommen sein, aber es kann dennoch Licht ins Dunkel bringen und anderen Licht bringen.

Traditionelle Eigenschaften Gottes

Christen sprechen auf vielfältige Weise über die Eigenschaften Gottes. Es gibt keine einheitliche Vorgehensweise. Manche sprechen von den kommunikativen und inkommunizierbaren Eigenschaften Gottes; andere von den immanenten und transzendenten Eigenschaften. Anders ausgedrückt: Wie charakterisieren wir Gott so, dass sowohl seine Nähe (Immanenz) als auch seine Göttlichkeit (Transzendenz) zum Ausdruck kommen? Diese Kategorisierungen beziehen sich auf unsere analogen und metaphorischen Varianten der symbolischen Sprache für Gott. Einige der Beschreibungen, die wir verwenden, um Gott zu verstehen, stammen direkt aus der Heiligen Schrift, andere werden als implizit in der Heiligen Schrift angenommen. Manche Beschreibungen greifen auf philosophische Kategorien zurück, um über Gott zu sprechen. So sprechen manche Christen beispielsweise von den sogenannten Omnis: Allmacht (allmächtig), Allwissend

(allwissend) und Allgegenwärtig (allgegenwärtig). Obwohl diese Begriffe sehr eindrucksvoll klingen, können sie irreführend sein, sowohl im Hinblick auf biblische Beschreibungen Gottes als auch im Hinblick darauf, wie Menschen folglich in Beziehung zu Gott leben. Sie spiegeln möglicherweise ebenso sehr oder sogar mehr die Vorstellungen der alten hellenistischen Menschen von Gott wider als die Heilige Schrift.

Die Heilige Schrift beschreibt viele ebenso beeindruckende und direkter erkennbare Eigenschaften Gottes: gütig, mitfühlend, beständig, treu, sanftmütig, gnädig, unparteiisch, gerecht, barmherzig, geduldig, beharrlich, geistreich, weise und so weiter. Diese letztgenannten Eigenschaften repräsentieren traditionelle oder vertraute Arten, über Gott zu sprechen, und sie sind im Allgemeinen eine große Ermutigung für Menschen, die an Gott denken, insbesondere wenn sie Gott in Bezug auf sich selbst betrachten. Sie führen uns oft zurück zu der Wahrheit, die dem Titel dieses Kapitels entspricht: Gott ist Liebe.

Nicht-traditionelle Eigenschaften Gottes

Obwohl Christen dazu neigen, sich bei der Beschreibung Gottes auf traditionelle Eigenschaften zu konzentrieren, offenbart ein genauerer Blick in die Heilige Schrift einige Eigenschaften, die trotz ihrer biblischen Herkunft im Allgemeinen vernachlässigt oder abgelehnt werden. Ich nenne diese nicht-traditionellen Eigenschaften Gottes, da sie Gott auf möglicherweise beunruhigende Weise beschreiben. Gott wird beispielsweise als zornig, wütend und rachsüchtig beschrieben. Tatsächlich gibt es in der Bibel mehr Hinweise auf den Zorn Gottes als auf den Zorn der Menschen. Im Alten Testament befiehlt Gott den Völkermord an Menschen, darunter an Männern, Frauen, Kindern und manchmal auch an Tieren; Gott ermöglicht die Sklaverei; Gott wird als Verursacher von Unheil und möglicherweise Bösem beschrieben. Zumindest scheint Gott sich zu ändern oder Entscheidungen zu widerrufen und manchmal Entscheidungen zu bereuen (oder zu bereuen, je nach Übersetzung). Im Buch Hiob scheint Gott gegenüber Satan – dem "Ankläger" – mit Hiob zu prahlen, was zu einer Art Wette oder Glücksspiel mit Satan führte, was böse Folgen für Hiob und seine Familie hatte.

Wie gehen Christen mit diesen nicht-traditionellen Eigenschaften um? Zunächst einmal sind sich die meisten Christen ihrer nicht einmal bewusst. Oft sind es nicht die Menschen, die die Heilige Schrift nicht kennen, die mit ihrem Inhalt Schwierigkeiten haben, sondern diejenigen, die sie und ihre "Schreckenstexte ", wie die jüdische Gelehrte Phyllis Trible sie nennt, kennen. Manchmal tun Christen Gottes nicht-traditionelle Eigenschaften als Anthropomorphismen ab. Sie behaupten, diese negativen Eigenschaften seien lediglich Beispiele dafür, wie Menschen ihr Gottesverständnis mit ihrem eigenen Ballast belastet hätten. Dabei geht es jedoch oft darum, sich herauszupicken, welche Texte Christen wörtlicher und welche sie eher anthropomorphisch interpretieren wollen. Auch wenn es uns vielleicht besser fühlen lässt, ist dies keine ehrliche Art, die Heilige Schrift zu lesen. Wieder andere Christen berufen sich auf die Gattung solcher Texte oder auf ihren historischen und literarischen Kontext. Doch diese Interpretationsakrobatik wird der Realität der Heiligen Schrift als Ganzem nicht immer gerecht.

Doch nicht alle nicht-traditionellen Eigenschaften Gottes sind negativ. Manche Christen mögen überrascht sein, dass die Heilige Schrift überraschend viele Beschreibungen Gottes bietet, die sich weiblicher und auch tierischer Bilder bedienen. Dies sind kraftvolle Metaphern und Analogien, die uns helfen können, Gott auf neue, überraschende Weise kennenzulernen. Virginia Mollenkott stellt beispielsweise fest, dass Gott im Alten Testament vielfältig als Hausfrau, Näherin, Mutter, Hebamme, Geliebte, Stillende und als jemand mit einer Gebärmutter beschrieben wird. An anderen Stellen wird Gott auch als Bär, Adler und Pelikan beschrieben. Was ist nun mit dieser Bildsprache anzufangen? Eine häufige Antwort lautet, dass die meisten dieser Bezüge in der Weisheitsliteratur, den Psalmen und Hymnen vorkommen und somit eher poetische Freiheiten nutzen, als Gott präzise zu beschreiben. Dasselbe gilt jedoch auch für die sogenannten traditionellen Eigenschaften Gottes, die ebenfalls in der Weisheitsliteratur, den Psalmen und Hymnen zu finden sind.

Die nicht-traditionellen Eigenschaften Gottes sollten zumindest ein Weckruf für Menschen, insbesondere Christen, sein, die in ihrer Art, über Gott zu sprechen, bestenfalls unwissend oder schlimmstenfalls irreführend sind. Tatsächlich verlassen sich solche

Menschen – für ihr Verständnis von Gott – möglicherweise genauso stark oder sogar stärker auf ihren eigenen sozialen, kulturellen und religiösen Hintergrund als auf die offensichtlichen Lehren der Heiligen Schrift. Demut sollte die Antwort von Christen auf die biblische Charakterisierung Gottes sein. Wie sähe eine unzensierte Betrachtung der Eigenschaften Gottes in der Bibel aus? Wir müssen diese Frage stellen und gleichzeitig die Notwendigkeit historischer und kritischer Interpretationen der Heiligen Schrift anerkennen, anstatt uns vereinfachend mit sogenannten traditionellen Lehren über die Eigenschaften Gottes abzufinden.

Geschichten von Gott

Die Heilige Schrift enthält die Geschichte Gottes, genauer gesagt: Geschichten von Gott. Christen beunruhigt die Erkenntnis, dass es konkurrierende Geschichten gibt, die erkennbar aus der Heiligen Schrift stammen. Es gibt Geschichten über Gott, die schon vor dem Christentum existierten, und auch heute noch entstehen immer wieder Geschichten über Gott, sowohl innerhalb als auch außerhalb des Christentums. Zweifellos lernen wir aus anderen Geschichten über Gott – Geschichten, die internationale Kulturen widerspiegeln, Geschichten, die ungewohnte Ausgrenzung, Unterdrückung und Gewalt widerspiegeln, und Geschichten, die inspirierende Leistungen, Befreiung und Wiederherstellung widerspiegeln. Westliche Christen sollten nicht nur darüber nachdenken, wie sie anderen weltweit helfen können, sondern auch darüber, wie globale Christen ihnen helfen können.

Jeder Mensch hat seine eigene, einzigartige Geschichte über Gott, egal ob er einen christlichen oder nicht-christlichen Hintergrund hat, ob er einen spirituell positiven oder einen spirituell negativen (oder vielleicht neutralen) Hintergrund hat. Wie Menschen Gott sehen, kann von Faktoren abhängen, die nicht direkt in der Heiligen Schrift zu finden sind. Beispielsweise können Menschen ihr Gottbild aufgrund ihres irdischen Vaters sehen, was zu einem sehr lieblosen, zwanghaften und unerwünschten Gottesbild geführt haben kann. Menschen können ihr Gottbild auch aufgrund schlechter Erfahrungen mit Christen und Kirchen sehen, denen sie begegnet sind. Wer weiß? Aber wir sollten nicht zulassen, dass unser Hintergrund, unser Kontext oder unsere besondere Lebenssituation unsere Gotteswahrnehmung völlig dominieren. Es gibt so viele weitere Ressourcen auf der Welt, aus denen wir schöpfen können, wie tiefe Brunnen der Gotteserkenntnis.

Obwohl die Heilige Schrift voller Beschreibungen Gottes als allmächtig, allwissend und allgegenwärtig ist, behaupte ich, dass die Liebe die vorherrschende Beschreibung Gottes ist. Ob man Gott nun als liebenden Vater, Freund oder Mentor betrachtet, die Heilige Schrift präsentiert ihn als jemanden, der liebevolle Gemeinschaft mit Menschen pflegen möchte – der vergibt, wiederherstellt und Menschen von allem heilt, was sie bedrückt. Gott ist immer noch souverän; Gott ist immer noch heilig; Gott verkörpert immer noch all die anderen Eigenschaften, die die Heilige Schrift für Gott verwendet – die nicht-traditionellen wie die traditionellen. Die Heilige Schrift erzählt keine erschöpfende Geschichte, aber sie erzählt ausreichend Geschichten, wenn man den zusätzlichen Glauben berücksichtigt, dass Gottes Heiliger Geist weiterhin in und durch die Menschen wirkt, um das Evangelium in ihrem Leben zu verwirklichen, individuell und kollektiv.

Abschließende Kommentare

Ich habe Bibelverse gern persönlich gestaltet und empfehle den Lesern, es selbst zu versuchen. Es hilft zum Beispiel zu sagen: "Denn Gott hat mich so sehr geliebt, dass er seinen einzigen Sohn für mich hingab!"

Weil Gott Liebe ist, ist es wichtig, dass Gott den Menschen die Freiheit gibt, zu wählen – das Evangelium anzunehmen oder abzulehnen, Gottes Liebe anzunehmen oder abzulehnen, das ewige Leben anzunehmen oder abzulehnen. In gewisser Weise ging Gott ein großes Risiko ein, indem er den Menschen die Freiheit gab, gut oder schlecht zu wählen. Analog dazu ist es wie bei Eltern, die Kinder zur Welt bringen und wissen, dass ihre Liebe zu ihren Eltern mit zunehmendem Alter vielleicht nachlässt. Obwohl menschliche Vergleiche bei der Beschreibung Gottes letztlich nicht mehr funktionieren, geben sie uns doch einen Hinweis auf die Liebe Gottes zu den Menschen. Genauer gesagt, geben sie uns einen Hinweis auf die Freiheit, die Gott den Menschen zur Wahl gegeben hat, auf das Risiko, dass sich nicht jeder mit Gott versöhnt, und zugleich auf die Freiheit, die Segnungen zu genießen, die Gott ihnen zugedacht hat – in diesem Leben wie im ewigen Leben.

Kapitel 6
Die Beziehung zwischen Vater, Sohn und Heiligem Geist

Jesus hatte eine sehr gute Beziehung zu Gott, seinem himmlischen Vater. Die Heilige Schrift geht nicht näher auf väterliche Vorbilder ein. Dennoch betete Jesus lange und oft zu Gott (Matthäus 14,23; Lukas 6,12), behauptete, mit seinem himmlischen Vater "eins" zu sein (Johannes 10,30) und sprach in intimen Worten von Gott. Warum nannte Jesus Gott *"Abba"*? (Markus 14,36)? *Abba* ist ein aramäisches Wort, das Vater bedeutet, aber auch eine vertrautere Beziehung zu "Papa" oder "Vati" vermittelt. Jesu Verwendung dieses Namens ist aus mehreren Gründen bedeutsam. Erstens deutet es darauf hin, dass Jesu Muttersprache Aramäisch war, die Muttersprache des alten Nahen Ostens, und nicht Griechisch oder gar Hebräisch. Zweitens deutet *Abba* auf eine innigere Beziehung zwischen Gott und einem Menschen hin, als sie vor Jesus je offenbart worden war. Drittens deutet es auf eine Beziehung hin, die nicht nur das erste Jahrhundert, sondern länger bestand. Viel länger.

Die frühen Christen glaubten, dass Jesus göttlich und nicht nur menschlich war. Wenn ja, welche Beziehung hatte er dann zu Gott, dem Vater? In der Heiligen Schrift bezeichnet Jesus Gott regelmäßig als Vater, und er lehrte seine Jünger, zu Gott als Vater zu beten. Im sogenannten Vaterunser lehrte Jesus seine Jünger, wie folgt zu beten:

> Betet also: Unser Vater im Himmel! Dein Name werde geheiligt. Dein Reich komme. Dein Wille geschehe, wie im Himmel so auf Erden. Unser tägliches Brot gib uns heute. Und vergib uns unsere Schulden, wie auch wir unseren Schuldnern vergeben haben. Und führe uns nicht in Versuchung, sondern erlöse uns von dem Bösen (Matthäus 6,9-13).

Der Wortlaut des Vaterunsers hat sich im Laufe der Jahrhunderte verändert, wurde erweitert und abgewandelt. Doch die Grundbedeutung ist geblieben. Wir werden ermutigt, zu Gott zu beten, wie man inniger zu einem himmlischen Vater beten würde.

Einige zeitgenössische Christen stellen die Verwendung ausschließlich männlicher Sprache in Bezug auf Gott in Frage. Übersteigt Gott nicht schließlich männliche und weibliche Bilder, da alle nach seinem Bild geschaffen sind, und werden in der Heiligen Schrift nicht weibliche Bilder zur Beschreibung Gottes verwendet? Beide oben genannten Aussagen sind wahr, und Christen täten gut daran, sich sowohl der Vorteile als auch der Nachteile bewusst zu sein, die sich daraus ergeben, ihre Gottesvorstellungen zu eng an Männlichkeit und Weiblichkeit oder an andere kontextuelle Besonderheiten ihres Gottesbildes zu knüpfen. In der Theologie gibt es jedoch das, was manchmal als "Skandal der Besonderheit" bezeichnet wird: Wir sind – vielleicht skandalös – in Bezug auf die Besonderheiten der Gottesoffenbarung in der Heiligen Schrift eingeschränkt. Beispielsweise lebte Jesus als Mann, Jude und Single. Das bedeutet jedoch nicht, dass er nicht der Retter und Herr derer sein kann, die nicht männlich, jüdisch und Single sind. Obwohl es angesichts der kontextuellen Natur des menschlichen Wissens ein gewisser Skandal bleiben mag, Gott als Vater zu betrachten, bedeutet das nicht, dass solche Vorstellungen ein universelleres Evangelium ausschließen, das für alle Menschen, zu allen Zeiten und an allen Orten gilt.

Eine der radikalsten Ideen, die Jesus seinen Anhängern regelmäßig vermittelte, ist, dass wir uns Gott als mehr als nur einem souveränen, allmächtigen Despoten nähern können, der uns in seiner himmlischen Majestät fernsteht. Wir können uns Gott in einer der innigsten Beziehungen nähern, die man sich vorstellen kann: der Beziehung zwischen Eltern und Kind. Auch wir können uns Gott als *Abba* nähern!

Vater, Sohn und Heiliger Geist

Die frühen Christen hielten Jesus für göttlich – *Immanuel*, hebr. "Gott mit uns" (Matthäus 1,23, in Anspielung auf Jesaja 7,14). Sie glaubten aber auch, dass Gott der Vater göttlich war. Dies war theologisch problematisch, da Christen – wie Juden – monotheistisch waren, das heißt, sie glaubten an nur einen Gott. Welche Beziehung bestand zwischen Gott, dem Vater, und Jesus, Gottes Sohn? Darüber hinaus versprach Jesus, dass nach seiner Himmelfahrt der Heilige Geist Gottes kommen würde, der als Gottes Stellvertreter auf Erden dienen und gleichzeitig den Menschen als Fürsprecher und Tröster dienen würde. Es war schon schwer genug, die Beziehung zwischen Gott dem Vater und Gott dem Sohn zu erklären; die Christen mussten zusätzlich ihre Beziehung zum Heiligen Geist erklären.

Dieses Verhältnis war problematisch, nicht etwa wegen frühchristlicher Theorien, sondern wegen ihrer starken Bindung an die Heiligen Schriften, die von der Kirche des ersten Jahrhunderts überliefert worden waren. Die frühen Christen besaßen keine Bibel, nicht in dem Sinne, wie wir sie heute kennen. Sie besaßen Sammlungen von Schriften über Jesus und Briefe, die sich Christen im Jahrhundert nach Jesus geschrieben hatten. Als Kaiser Konstantin das Christentum im Jahr 313 zur offiziellen Staatsreligion erklärte, war die Bühne frei für Christen, sich öffentlich zu treffen und einen Konsens über den Glauben der Kirche zu erzielen. Dies führte nicht nur zur Kanonisierung der Heiligen Schrift, die wir heute als Bibel kennen, sondern auch zu einer Reihe von Glaubensbekenntnissen, die den in der Bibel verkündeten Glauben darlegen. Kaiser Konstantin berief im Jahr 325 das erste ökumenische (d. h. gesamtkirchliche) Konzil der Christen ein, und ein Rohentwurf des Nicänischen Glaubensbekenntnisses wurde verfasst und im ganzen Reich zur Einholung von Rückmeldungen verteilt.

Basierend auf den den Christen zur Verfügung stehenden Heiligen Schriften schien die Natur Gottes von einem großen Mysterium umgeben zu sein. Es existierte nur ein Gott, doch wie man sich diesen einen Gott vorstellte, erforderte eine komplexere Erklärung. Gemäß den Heiligen Schriften erhielt Gott, der Vater, göttliche Namen, ihm wurden göttliche Eigenschaften zugeschrieben, er vollbrachte Werke, die nur Gott tun konnte, und wurde angebetet. Zweitens erhielt Jesus, der Sohn Gottes, göttliche Namen, ihm wurden göttliche Eigenschaften zugeschrieben, er vollbrachte Werke, die nur Gott tun konnte, und wurde angebetet. Drittens erhielt der Heilige Geist göttliche Namen, ihm wurden göttliche Eigenschaften zugeschrieben, er vollbrachte Werke, die nur Gott tun konnte, und wurde angebetet. Doch der Vater war nicht der Sohn; der Sohn war nicht der Heilige Geist; und der Heilige Geist war nicht der Vater.

Es sollte uns nicht überraschen, dass Gott das menschliche Verständnis in vielerlei Hinsicht übersteigt. Die frühen Christen wussten, dass sie hinsichtlich ihrer Vorstellungen von Gott eine Art zusammenfassende Aussage entwickeln mussten, die auch Kritikern, die sie des Atheismus (da sie keine Polytheisten waren), des Tritheismus oder Schlimmerem beschuldigten, eine Antwort geben konnte.

Dreieinigkeit

Das Nicänische Glaubensbekenntnis, das schließlich ökumenische Anerkennung fand, beinhaltete die Trinitätslehre, obwohl formale Bezüge zu dieser Lehre erst in späteren Formeln etabliert wurden. Die Trinität ist weniger eine Definition Gottes, sondern vielmehr eine Aussage über die Grenzen unseres Gottesverständnisses. Im Kern besagt die Lehre, dass es einen Gott gibt, der in drei verschiedenen Personen existiert. Damit spielt die Trinität auf das Mysterium Gottes an – ein Mysterium, das die Treue der Christen zu den biblischen Quellen erfordert. Die Lehre entstand nicht aufgrund griechischer Philosophie oder als Zugeständnis an römische Kritiker, sondern aus dem Wunsch, Gottes Selbstoffenbarung in der Heiligen Schrift treu zu bleiben.

Sogenannte Häresien entstanden aufgrund christlicher Versuche, rational plausiblere und gesellschaftlich akzeptablere Gottesvorstellungen zu vermitteln. Manche dachten an Gott als einen, der mit verschiedenen Gesichtern erschien (z. B. Modalismus). Diese Sichtweise wurde jedoch den biblischen Hinweisen auf die Unterscheidung zwischen Vater, Sohn und Heiligem Geist nicht gerecht. Beispielsweise steht Jesus bei Jesu Taufe im Wasser; Gott spricht vom Himmel; und der Heilige Geist erscheint wie eine Taube (Matthäus 3,16; Lukas 3,22). Ein anderer Lösungsversuch bestand darin, den Heiligen Geist als einen weiteren Verweis auf den Vater zu betrachten, und Jesus wurde als jemand angesehen, der geringer als Gott oder ein übernatürliches Wesen wie die Engel war (z. B. Arianismus). Trotz der logischen Anziehungskraft dieser reduktionistischen Gottesvorstellungen zogen es die alten Christen vor, die mit Gottes Existenz verbundenen Mysterien – wie in der Heiligen Schrift beschrieben – zu bekräftigen, anstatt sich philosophischen und gesellschaftlichen Erwartungen zu fügen.

Ob man es mag oder nicht, die Trinitätslehre stellt eines der einzigartigsten Merkmale des Christentums dar und unterscheidet es von anderen monotheistischen Religionen wie Judentum und Islam. Um die Trinität zu erklären, greifen Christen manchmal auf Analogien zurück, die teilweise recht humorvoll sind, um Gott zu erklären. So wird Gott beispielsweise mit Wasser verglichen, das flüssig (Wasser), fest (Eis) oder gasförmig (Dampf) sein kann; Wasser, Eis und Dampf können jedoch nicht gleichzeitig auftreten (vgl. Modalismus). Eine andere Analogie ist das Ei, das gleichzeitig aus Schale, Eigelb und Eiweiß besteht; Schale, Eigelb und Ei sind jedoch nicht dasselbe (vgl. Tritheismus). Man sollte bedenken, dass menschliche Analogien begrenzt sind und letztlich nicht ausreichen, um Gott zu beschreiben. Daher könnte man sagen, dass die Analogien selbst – in gewisser Weise – ketzerisch sind, da sie nicht die Fülle dessen vermitteln, wer Gott ist. Analogien können ein hilfreiches Lehrmittel sein, um die historische Trinitätslehre zu erklären. Doch niemand sollte erwarten, dass sie das Mysterium der Gottesfrage ergründen, denn letztlich übersteigt Gott das menschliche Verständnis.

Entwicklung der Dreifaltigkeit

In der gesamten Kirchengeschichte wurde die Dreifaltigkeit als wichtig für die sogenannte "Orthodoxie" (griechisch: *orthos* = "geradeaus, richtig" und *doxa* = "Meinung, Glaube") angesehen – die richtige Meinung oder der richtige Glaube. Es besteht kein christlicher Konsens darüber, worin Orthodoxie besteht; allgemein wird sie als Glaubenssätze und Werte verstanden, die biblische Lehren und frühe Glaubensbekenntnisse widerspiegeln. Allerdings sind sich weder katholische noch orthodoxe noch protestantische Christen über alle Auslegungen der Heiligen Schrift und darüber einig, welche Glaubensbekenntnisse (falls überhaupt) sie annehmen. Wie dem auch sei, die Dreifaltigkeit stellt eine der allgemein anerkannten Lehren des Christentums dar.

Die klassische oder traditionelle Sichtweise der Trinität, zumindest unter westlichen Christen, konzentriert sich auf die immanente Natur der Trinität, also darauf, wer Gott ist. Manchmal wird der Fokus auf die ökonomische Trinität gelegt, also darauf, was Gott tut, wobei die unterschiedlichen Werke oder Funktionen jeder Person der Trinität hervorgehoben werden. Trotz offensichtlicher Unterschiede wird die Gleichheit und Gegenseitigkeit aller drei Personen in dem einen Gott betont.

Eine neuere christliche Sichtweise der Dreifaltigkeit konzentriert sich auf die Beziehungsdynamik zwischen den drei Personen in Gott. Wenn Gott ewig liebt, dann besteht die Liebe schon immer zwischen Vater, Sohn und Heiligem Geist. Gottes Liebe begann nicht erst mit der Erschaffung der Menschheit, sondern war schon immer Teil seiner Persönlichkeit. Diese Sichtweise der Dreifaltigkeit wird auch als soziale Dreifaltigkeit bezeichnet und vermittelt einen neuen Einblick in die Identität Gottes. Obwohl menschliche Vorstellungen nicht ausreichen, um Gott vollständig zu verstehen, hilft uns die soziale Dreifaltigkeit, tiefere Einblicke in die liebevolle und beziehungsorientierte Natur Gottes zu gewinnen.

Die relationale, liebevolle Natur Gottes

Die Trinitätslehre sollte uns zumindest an ein paar wichtige Dinge über Gott erinnern. Erstens: Wer Gott ist, übersteigt letztlich menschliches Wissen, und dennoch können wir genügend Wissen über Gott besitzen, um erlöst und christusähnlich zu leben. Zweitens: Gott ist beziehungsorientiert und liebevoll, und diese Beziehungsorientierung und Liebe erstreckt sich auch auf die Menschen, die Vergebung und Versöhnung mit Gott erlangen können, was wiederum darauf hinausläuft, wie Menschen andere lieben können wie sich selbst. Drittens: Die Trinität ist praktisch. Ja, ich behaupte, dass die Trinität praktisch ist, weil sie uns hilft, die Ausgewogenheit und die Breite des Christentums zu erkennen.

Denken Sie beispielsweise im Hinblick auf die praktische Anwendbarkeit der Dreifaltigkeit einen Augenblick darüber nach, wie Christen Gott, den Vater, auf unterschiedliche Weise betrachten: als Schöpfer, fürsorglichen Betreuer, Gesetzgeber, Richter, Verteidiger der Armen und Kämpfer gegen Ungerechtigkeit. Denken Sie als Nächstes darüber nach, wie Christen Gott, den Sohn, auf unterschiedliche Weise betrachten: als Retter, Herr, Lehrer, Vorbild, Heiler, Bruder und Freund. Denken Sie schließlich darüber nach, wie Christen Gott, den Heiligen Geist, auf unterschiedliche Weise betrachten: als Anwalt, Tröster, Kraftgeber, Fürsprecher, Fruchtspender, Gabengeber, Inspirator und Helfer bei der Unterscheidung. Welche der vorherigen Werke Gottes sind am wichtigsten? Christen wären entsetzt, wenn sie eine Person oder ein Werk eines Mitglieds der Dreifaltigkeit für wichtiger hielten als ein anderes. Und doch betonen Christen manchmal die Person und das Werk eines Mitglieds der Dreifaltigkeit gegenüber einem anderen; die Kirchen tun manchmal dasselbe. Daher sollten Christen und Kirchen auf alle Personen der Dreifaltigkeit und alle Werke der

Dreifaltigkeit achten, nicht nur im Hinblick darauf, wie sie Gott besser verstehen, sondern auch im Hinblick darauf, wie Gott möchte, dass sie heute in der Welt sind und wirken.

Abschließende Kommentare

Wenn Sie an Gott denken, insbesondere an Gottvater, denken Sie dann an *Abba* ? Das heißt, denken Sie so innig, positiv und unterstützend wie möglich an Gott? Es gibt viele Gründe, warum wir das nicht tun: aktuelle Lebensprobleme, persönliches Unglück in der Vergangenheit, eine unglückliche Kindheit oder düstere Zukunftsaussichten? Jesus hingegen sah Gott als *Abba,* und wenn das auch bei uns der Fall ist, sind wir auf dem richtigen Weg: Wir kennen Gott so wie Jesus, wir kennen Jesus als Gottes besten Vertreter für uns und wir kennen den Heiligen Geist, der nun endlich bei uns ist und in gnädiger Weise in unserem Leben wirken möchte.

Manchmal kann die Lehre von der Dreifaltigkeit verwirrend und bedrohlich wirken. Doch sie sollte Christen und anderen helfen, das Wesen Gottes und seine Liebe zu uns zu verstehen. Die Dreifaltigkeit kann uns auch helfen, ein umfassenderes und wertschätzenderes Verständnis für Gottes Wirken in unserem Leben zu entwickeln – in Vergangenheit, Gegenwart und Zukunft.

Kapitel 7
Was Apologetik leistet

In der alten christlichen Kirche war die Aussicht, zum Christentum zu konvertieren, manchmal eine Frage von Leben und Tod. Christen starben für ihren Glauben! Natürlich war die Diskriminierung und Verfolgung von Christen kein Dauerzustand. Gewalt kam immer wieder vor. Beispielsweise wurden Christen, wie in Filmen dargestellt, nicht immer inmitten grandioser Massaker im Kolosseum den Löwen zum Fraß vorgeworfen, obwohl solche Märtyrertum durchaus vorkam. Die frühen Konvertiten gehörten größtenteils einer Minderheit an, die meist vernachlässigt, aber oft ausgegrenzt wurde. In der gesamten Weltgeschichte sind Minderheiten ein leichtes Ziel für Fanatismus und Sündenbocksuche, wobei die Ärmsten und Schwächsten für die Probleme der Gesellschaft verantwortlich gemacht (und verfolgt) werden.

Aus berechtigten Gründen wurden Christen, zumindest aus bürgerlicher Sicht, verfolgt, als Regierungen ihre Religion verboten. Insgesamt betrachteten sich Christen als ungerecht diskriminiert. Wenige Menschen kamen ihnen zu Hilfe, und so mussten sich Christen zunehmend selbst verteidigen, manchmal körperlich, manchmal ideologisch. Ideologisch gesehen verteidigt *Apologetik* die eigenen Überzeugungen, Werte und Praktiken vor Karikaturen oder Kritik. Das Wort Apologetik kommt vom griechischen Wort *apologia*, was so viel bedeutet wie: die Akzeptanz der eigenen Ideen erklären oder beweisen. Es bedeutet nicht, sich für sie zu entschuldigen oder sich dafür zu schämen!

Von Zeit zu Zeit verspüren wir alle das Bedürfnis, uns zu verteidigen – unsere Worte oder Taten. Vielleicht fühlen wir uns missverstanden, was zum Scheitern von Beziehungen mit Ehepartnern, Familienangehörigen und Freunden führt. Daher versuchen wir, unsere Worte und Taten zu erklären oder klarzustellen, um uns wieder mit ihnen zu versöhnen. Vielleicht fühlen wir uns zu Unrecht angegriffen, weil wir sind, wer wir sind: wo wir geboren wurden, wie wir geboren wurden und wem wir geboren wurden. Vielleicht fühlen wir uns wegen unserer Rasse,

Ethnie, unseres Geschlechts, Alters, unserer Klasse, unserer Fähigkeiten, Bildung, Sprache oder Nationalität angegriffen. Wir fühlen uns verpflichtet, uns zu verteidigen, selbst wenn wir glauben, dass es nichts gibt, was vernünftigerweise verteidigt werden müsste. Vielleicht fühlen wir uns wegen unserer Familie oder Freunde angegriffen, wegen unserer gesellschaftlichen Werte oder politischen Ansichten oder wegen unserer persönlichen Ethik oder unseres bürgerlichen Engagements.

Manchmal verteidigen wir uns, wenn wir wissen, dass wir im Unrecht sind oder Unrecht getan haben. In solchen Fällen sollten wir wahrscheinlich gestehen, und manchmal tun wir das auch. Manchmal tun wir es nicht, und die Verteidigung wird schwieriger. Dennoch verteidigen sich viele von uns rechtlich, moralisch, politisch oder religiös. Natürlich kann unsere Selbstverteidigung, wenn wir etwas Falsches gesagt oder getan haben – und wir im Innersten zugeben, dass es falsch war –, anderen als heuchlerisch, tyrannisch oder skrupellos erscheinen. Da wir in einer gefallenen und sündigen Welt leben, mögen solche Taktiken kurzfristig erfolgreich sein. Die meisten von uns wünschen sich jedoch, dass solche Taktiken nicht erfolgreich wären und dass es mehr Gerechtigkeit auf der Welt gäbe, statt weniger. Allzu oft profitieren die Reichen und Privilegierten von solchen Ungerechtigkeiten, nicht die Ärmsten und Bedürftigsten.

Im Hinblick auf das Christentum besteht die ständige Notwendigkeit, den Glauben sozusagen zu verteidigen. Missverständnisse und Kritik am Christentum bestehen fort. Manchmal können Christen von ihren Kritikern lernen, da sie stets offen dafür sein sollten, mehr über sich selbst und darüber zu erfahren, wie sie das Evangelium Jesu Christi am besten vertreten können. Manchmal müssen Christen Missverständnisse richtigstellen und sich insbesondere gegen falsche oder ungerechtfertigte Kritik verteidigen. Dies ist die Aufgabe der Apologetik.

Was leistet Apologetik?

Die frühchristliche Apologetik verfolgte üblicherweise zwei Ansätze: Der eine bestand darin, sich mit der Kultur auseinanderzusetzen, der andere darin, sich von ihr zu distanzieren. Der überwiegende Ansatz bestand darin, über das Evangelium im

Allgemeinen und über die Heilige Schrift im Besonderen zu sprechen und dabei Beispiele und Argumente zu verwenden, die für ihre Zeitgenossen verständlich waren. Apologeten wie Justin, Irenäus und Augustinus beriefen sich beispielsweise auf die griechische Philosophie, um christliche Glaubensansichten, Werte und Praktiken zu vermitteln. Johannes 1,1 bezeichnet Jesus als das "Wort", den *Logos*, ein griechisches Wort, das das rationale Prinzip oder den Maßstab bezeichnet, der das Universum ordnet. Christen sprachen von der Logos-Christologie, mit der sie Jesus als denjenigen verherrlichten, der allem Leben, sowohl dem religiösen als auch dem weltlichen, Sinn gibt. Philosophen wie Platon galten als Vorahner dieses Verständnisses des Universums und lieferten somit eine Philosophie, die dazu beitrug, das Christentum zu konzeptualisieren und zu vermitteln.

Im Gegensatz dazu argumentierten Apologeten wie Tertullian, Christen sollten die Heilige Schrift und die Lehren der Kirche verkünden, ohne sich auf andere Lehren oder Weltanschauungen zu berufen, um das Evangelium zu vermitteln. Er stellte die berühmte Frage: "Was hat Jerusalem mit Athen zu tun, die Kirche mit der Akademie, der Christ mit dem Ketzer?" (*Verordnung gegen die Ketzer*). Anders ausgedrückt: Die Vermischung des Christentums mit irgendetwas oder irgendjemandem außerhalb des Glaubens birgt das große Risiko, die Heilige Schrift zu verwässern oder zu verfälschen. Verkünden Sie daher das Evangelium ohne jegliche Beimischung kultureller Ideen, Philosophien oder Einflüsse, die nicht aus dem biblischen Christentum stammen.

Die meisten Christen hielten es für sinnvoll, kulturell relevante Wege zur Vermittlung des Evangeliums zu finden, da sie anderen ihre Glaubenssätze, Werte und Praktiken vermitteln und sie verteidigen wollten. Ausgehend von der Prämisse "Alle Wahrheit ist Gottes Wahrheit" argumentierten Christen, sie sollten die besten Ideen und Philosophien integrieren. Sie glaubten, dass diese das Christentum positiv ergänzen, wenn sie klug, maßvoll und gerecht eingesetzt werden.

Heutzutage erkennen Christen zunehmend an, dass alles menschliche Wissen – einschließlich ihrer Theologie, ihres Dienstes und ihrer Apologetik – kulturell geprägt ist. In gewisser Weise ist es unmöglich, nicht von Ort, Zeit und den Umständen, in denen man lebt und spricht, beeinflusst zu werden. Ähnlich verhält es sich mit dem Studium der Heiligen Schrift: Interpreten achten beim Studium der Heiligen Schrift darauf, die Gattung einer bestimmten Passage sowie ihren historischen und literarischen Kontext zu untersuchen. Solche Studien helfen uns, biblische Lehren zu verstehen und anzuwenden.

Im 11. Jahrhundert bezeichnete Anselm christliche Reflexion als "Glaube, der nach Erkenntnis sucht" (*Proslogion*). Christen glauben an Gott und nutzen bei der Vermittlung dieses Glaubens eine Vielzahl von Ideen, Philosophien und anderen Inspirationen, um ihn anderen zu vermitteln. Manchmal waren ihre apologetischen Bemühungen hilfreich, manchmal nicht. Manchmal führten sie sogar zu Häresien, also zu Ideen, die für das Verständnis und die Umsetzung des Evangeliums zu gefährlich waren.

Apologetik ist daher eine fortwährende Aufgabe. Sie beweist nicht so sehr die Wahrheit des Christentums oder der Heiligen Schrift, sondern vermittelt vielmehr die Vernünftigkeit des christlichen Glaubens, der Hoffnung und der Liebe. Im Kern erfüllt Apologetik das Gebot, stets bereit zu sein, "Rechenschaft abzulegen über die Hoffnung, die in euch ist" (1. Petrus 3,15). Der Beweis des Christentums erfordert die Person und das Wirken des Heiligen Geistes Gottes im Leben der Menschen und nicht die Vortrefflichkeit rationaler und empirischer Legitimation christlicher Behauptungen. Die Erlösung beruht insbesondere auf dem gnädigen Wirken Gottes und der Hoffnung auf zukünftige Erleuchtung und nicht auf den apologetischen oder evangelistischen Äußerungen von Christen. Schließlich werden Christen durch Glauben erlöst und nicht durch intellektuelle Einsichten, die durch rationale Argumente oder wissenschaftliche Beweise gewonnen werden (2. Korinther 5,7). Solche Äußerungen helfen Christen jedoch, die Logik der Evangeliumsbotschaft Jesu wirksamer und überzeugender zu vermitteln.

Eine kurze Geschichte der Apologetik

Eine der bekanntesten Methoden, mit denen Christen versuchten, das Christentum gegenüber der Gesellschaft zu verteidigen, waren Argumente für die Existenz Gottes. Anselm formulierte im 12. Jahrhundert ein berühmtes ontologisches Gottesargument, das sich auf rationale Argumentation berief. Thomas von Aquin fasste im 14. Jahrhundert kosmologische und teleologische Gottesargumente zusammen und berief sich dabei auf empirische Beweise. Diese Argumente sind bis heute einflussreich und werden in Kapitel 4 ausführlich erörtert.

Im Laufe der Jahrhunderte wurden immer wieder Gegenargumente gegen Gottesbeweise vorgebracht. Tatsächlich wurden alternative Argumente vorgebracht, die die Notwendigkeit des Glaubens an Gott aufgrund philosophischer, soziologischer, biologischer, psychologischer und anderer Einwände ablehnten. Da ich glaube, dass Menschen durch Glauben und nicht durch menschliche, auf Vernunft und Erfahrung beruhende Formulierungen erlöst werden, erwarte ich nicht, dass jemand durch intellektuelle Mittel zum Christen wird. Manche mögen intellektuelle und apologetische Formulierungen hilfreich finden, um zum Glauben zu gelangen. Solche Formulierungen dienen jedoch eher dazu, die Vernünftigkeit des Christentums zu artikulieren, als dessen Legitimität rational und empirisch zu beweisen.

Nach der protestantischen Reformation im 16. Jahrhundert setzten Christen zunehmend ihre apologetische Energie ein, um eine Kirche oder Konfession gegen andere Kirchen und Konfessionen zu verteidigen, anstatt das Christentum gegen seine Kritiker zu verteidigen. Dabei beriefen sich Christen allein auf die Heilige Schrift (z. B. Reformatoren), allein auf die Vernunft (z. B. Deisten) oder allein auf die Erfahrung (z. B. das liberale Christentum). Andere beriefen sich auf eine Kombination aus Heiliger Schrift, Tradition und Vernunft (z. B. Anglikaner) oder auf Heilige Schrift, Tradition, Vernunft und Erfahrung (z. B. Methodisten). Diese kontextuellen Ansätze religiöser Autorität dienten der Verteidigung bestimmter Kirchen und Konfessionen; sie dienten auch der Verteidigung umfassenderer apologetischer Formulierungen.

Die Aufklärung begann im 17. Jahrhundert mit René Descartes und betonte die Fähigkeit des Menschen, unbestreitbare Wahrheiten zu entdecken. Wenn Religion Wahrheit enthielt, erwarteten die modernen Menschen deren Verifizierung durch rationale Argumentation und empirische Beweise. Offenbarte Wahrheit, wie sie traditionell in der Heiligen Schrift zu finden ist, hatte aufgrund der Priorität von Vernunft und Erfahrung nur zweitrangige Legitimität. Moderne Philosophen und Wissenschaftler erkannten mit der Zeit, dass das historische Christentum immer weniger zuverlässig war. Die Heilige Schrift wurde historisch und kritisch interpretiert und eher als Ergebnis menschlicher Erfindung denn als göttliche Inspiration angesehen. Im 19. Jahrhundert gerieten Wahrheit und Autorität der Heiligen Schrift besonders in Frage.

Mit dem Vormarsch des modernistischen Denkens der Aufklärung in Gesellschaft, Philosophie und Religionswissenschaft fühlten sich Christen als Vermittler der Wahrheit zunehmend delegitimiert und marginalisiert. Um die Wende zum 20. Jahrhundert gab es verschiedene Versuche, das Christentum zu verteidigen. Barth argumentierte, dass Jesus Christus persönlich das wahre Wort Gottes verkörpere, nicht die Heilige Schrift. Die Heilige Schrift mag zwar fehlbar sein, doch Gott nutzt sie, um Menschen in der existenziellen Realität ihres Lebens und ihrer Beziehungen zu begegnen. Aus Barths Sicht bestätigte Jesus persönlich die Wahrheit des Evangeliums, nicht die propositionalen Bemühungen der christlichen Argumentation.

Fundamentalistische Christen argumentierten, die vom modernistischen Denken aufgestellten Wahrheitskriterien seien richtig, ihre Schlussfolgerungen jedoch falsch. Stattdessen argumentierten sie, die Heilige Schrift sei nachweislich unfehlbar und enthalte keinerlei Irrtümer, auch nicht in historischen und wissenschaftlichen Fragen. Wenn die Heilige Schrift von Geschichte und Wissenschaft abweicht, dann müssen sich letztere der Heiligen Schrift beugen. Aus fundamentalistischer Sicht müssen Christen für die Wahrheit der Heiligen Schrift kämpfen und historische und wissenschaftliche Argumente vorbringen, die belegen, dass Fehler eher scheinbar als legitim sind.

Andere Christen argumentierten, wir lebten zunehmend in einem postmodernen Kontext, in dem uns die Wahrheitskriterien der Moderne oder der Aufklärung nicht mehr überzeugten. Der Mensch sei endlich, und sein Wahrheitsanspruch – selbst religiöser Wahrheit – sei endlich und beruhe auf der Zeit und dem Ort, an dem er seinen Wahrheitsanspruch erhebe. Das mache nicht jede Wahrheit relativ; es gebe Grade der Gewissheit. Aussagen über die physische Welt, in der wir leben, seien tendenziell eher durch rationale und wissenschaftliche Untersuchungen überprüfbar; Aussagen über Glauben, Werte und Ethik spiegelten jedoch eher die Situation wider, in der sie gemacht würden. Christen könnten beispielsweise mit Gewissheit behaupten, an einen Gott zu glauben, der endliche Grenzen überwinde; sie tun dies durch Glauben. Sie müssten jedoch demütig zugeben, dass ihre Aussagen – ihre propositionalen Wahrheitsansprüche – immer ihren eigenen begrenzten Fähigkeiten unterliegen, Gottes Transzendenz, seine unendliche Natur usw. zu artikulieren. Da Christen zudem behaupten, alle hätten gesündigt und seien Gottes Herrlichkeit nicht würdig, stellt dies aufgrund der unzähligen Auswirkungen der Sünde auf ihr Leben und das Leben anderer ein zusätzliches Hindernis für die Wahrheitsfindung dar. Gerade in Fragen von ewiger Bedeutung garantiert Gottes Heiliger Geist die Wahrheit der Erlösung, ein authentisches christliches Leben und ewiges Leben.

Kontext, Dekonstruktion, Rekonstruktion und Praxis

Christliche Glaubenssätze, Werte und Praktiken scheinen keiner Philosophie oder Antiphilosophie, keiner Wissenschaft, politischen Ideologie oder ethischen Ordnung genau zu entsprechen. Es gibt Berührungspunkte, und das Entdecken dieser Punkte kann Christen helfen, ihre eigenen Aussagen zu erkennen und sie dann anderen mitzuteilen. Es handelt sich jedoch nicht um ein exakt rationales oder empirisches Unterfangen; Christen müssen sich jedoch ihrer fortwährenden Abhängigkeit von Gott und seinem lebendigen und wirksamen Geist unter uns bewusst sein, sonst tappen sie in die Falle zu denken, Gott brauche unsere Verteidigung. Natürlich brauchen wir Apologetik, solange Menschen unpassende Karikaturen des Christentums verbreiten oder solange Menschen ungerechtfertigt zentrale Glaubenssätze, Werte und Praktiken angreifen und Christen manchmal mit Ausgrenzung, Diskriminierung und Gewalt angreifen.

In einer zunehmend postmodernen Welt müssen sich Christen der Kontextualität ihrer Überzeugungen, Werte und Praktiken bewusst sein. Sie müssen demütiger werden und die Situation ihrer eigenen Kirche und Konfession anerkennen. Unterschiede zwischen Christen hängen oft mit den Besonderheiten soziokultureller Kontexte in Vergangenheit und Gegenwart zusammen. Kontextualisierung relativiert nicht zwangsläufig die eigenen Überzeugungen, Werte und Praktiken. Sie hilft Christen jedoch, den historischen Hintergrund (Kontext) zu verstehen, der sie geprägt hat und wie sie das Evangelium liebevoll und kontextbezogen verkünden sollen. Dies erfordert Demut, nicht

Herrschaft über alle anderen zu beanspruchen, so wie Jesus eine demütige Verkündigung des Evangeliums befürwortete.

Bei der Bewertung des eigenen Kontexts – persönlich und sozial, spirituell und körperlich – können neue Erkenntnisse gewonnen werden. Beispielsweise können Menschen feststellen, dass das, was sie als Kinder gelernt haben, heute weniger relevant ist, angepasst oder ganz über Bord geworfen werden muss. Dieser Prozess der Dekonstruktion kann beängstigend sein, da er eine offene Neubewertung der Vergangenheit beinhaltet. Universitätsstudenten können diesen dekonstruktiven Prozess erleben, wenn sie ihr Zuhause verlassen, um zu studieren. Sie müssen lernen, selbst zu denken, anstatt sich auf die Meinung ihrer Eltern, Freunde, Pfarrer oder bevorzugten Vorbilder in Kunst, Sport und Politik zu verlassen. Selbst zu denken kann beängstigend sein, und nicht alle jungen Menschen tun dies mit positiven Auswirkungen. Aus diesem Grund machen sich Eltern teilweise Sorgen um ihre jungen erwachsenen Kinder, wenn diese ihre eigenen Wege gehen. Es ist jedoch wichtig für ihre persönliche wie auch spirituelle Entwicklung.

Aus apologetischer Sicht ist es wichtig, die Argumente des Christentums zu dekonstruieren, die Sie nicht überzeugen. Halten Sie nicht an rationalen und empirischen Begründungen fest, die nicht überzeugen. Bekräftigen Sie stattdessen die Menschen und Ideen, die Sie überzeugen. Bekräftigen Sie insbesondere diejenigen, die Ihnen helfen, Ihr Selbstverständnis und Ihr Weltbild neu zu gestalten. Schließlich glauben wir aus christlicher Sicht, dass Gottes Heiliger Geist immer bei uns ist – er leitet uns, ermöglicht uns Entscheidungen und befähigt uns, die Wahrheit über uns selbst und unsere Beziehung zu Gott und anderen zu finden.

Nachdem man die Kontextualität des eigenen Lebens, der eigenen Überzeugungen, Werte und Praktiken erkannt hat, ist eine Rekonstruktion unbedingt erforderlich. Dekonstruktion trägt letztendlich zu diesem Rekonstruktionsprozess bei, da man ein realistischeres Verständnis davon entwickeln muss, was einen in der Vergangenheit beeinflusst hat und was einen in Zukunft beeinflussen soll. Aus christlicher Sicht ist die Berücksichtigung sowohl der Theorie (*Theoria*) als auch der Praxis (*Praxis*) notwendig. Praxis ist ein Wort, das von Christen zunehmend verwendet wird, um auszudrücken, dass die Festlegung des eigenen Glaubens allein nicht ausreicht; man soll sich nicht nur darauf konzentrieren, was man glaubt, sondern auch darauf, was man tut und schafft (*Poiesis*). Praxis beinhaltet mehr als die praktische Anwendung des eigenen Glaubens. Sie beinhaltet eine ganzheitliche Integration von Glauben, Hoffnung und Liebe, wobei Hoffnung und Liebe betont werden, die sich auf ganzheitliche Weise manifestieren. Das Christentum auf apologetische Weise zu verteidigen bedeutet, nachweislich zu zeigen, dass Religion einen Unterschied macht. Es ist nicht nur Theorie; sie beeinflusst das Leben der Menschen spürbar – physisch wie spirituell, sozial wie individuell. Christlicher Glaube, Hoffnung und Liebe retten Seelen; Sie kümmern sich auch um die physischen Bedürfnisse der Menschen. Das Christentum tritt für Gerechtigkeit und Rechtschaffenheit ein, kümmert sich um die Armen und die Armen im Geiste und tritt für den zeitlichen Frieden und den ewigen Frieden ein, der alles Verstehen übersteigt.

Abschließende Gedanken

Wir brauchen Apologetik, da das Christentum immer wieder missverstanden und durch verbale und körperliche Gewalt misshandelt wurde. Dieser Bedarf besteht auch heute noch. Apologetik beweist zwar nicht die Wahrheit christlicher Glaubenssätze, Werte und Praktiken. Sie trägt jedoch dazu bei, die Vernünftigkeit ihrer Aussagen und die Praxis ihrer Nächstenliebe aufzuzeigen.

Letztlich garantiert Gott die Wahrheit des historischen Christentums und nicht unsere apologetischen Bemühungen. Dennoch helfen unsere apologetischen Bemühungen Christen, ihre Glaubenssätze, Werte und Praktiken verständlich zu erklären. Sie können auch dazu dienen, dass Gottes Heiliger Geist im Leben der Menschen wirkt, um sie von ihrer sündigen Trennung von Gott zu überzeugen und sie von der Notwendigkeit zu überzeugen, sich zum Evangelium Jesu Christi zu bekehren und nach seinen Lehren zu leben.

Teil Drei
"Die Welt"

Kapitel 8
Erstellt und weiterentwickelt

Ich bin mit meiner Familie jeden Sommer im Yosemite-Nationalpark gezeltet und habe alles daran geliebt, besonders die beeindruckenden geologischen Formationen, die über Millionen von Jahren von Gletschern geformt wurden. Doch die Geschichten, die ich in der Schule, im Naturwissenschaftsunterricht und sogar in Nationalparks über geologische und biologische Evolution lernte, stimmten nicht mit dem überein, was ich in der Kirche lernte. Obwohl die Kirche, die ich als Kind besuchte, keine offizielle Position zu Schöpfung und Evolution hatte, berief sie sich standardmäßig auf die vereinfachende kreationistische Annahme einer jungen Erde, die sich nicht entwickelt hatte. Wenn ich Familie und Freunden aus der Kirche Fragen stellte, erhielt ich allzu oft einseitige, vage oder unkritische Antworten, die zwar als fromm galten, aber sowohl persönlich, spirituell als auch wissenschaftlich schädlich waren.

Es erstaunt mich, wie manche Christen die Wissenschaft ständig leugnen. Sie lieben die Wissenschaft, wenn sie ihnen Geld einbringt, ihnen hilft, das Wetter vorherzusagen oder ihnen Freude, Unterhaltung oder Gesundheit bietet. Aber sie hassen Wissenschaft und Wissenschaftler, wenn sie über den Ursprung des Universums (was ihren vereinfachten Interpretationen der Schöpfungsgeschichte widerspricht), die biologische Evolution (was ihrem vereinfachten Verständnis vom Menschsein widerspricht) oder den globalen Klimawandel sprechen (obwohl sie ihre Arbeit oder ihren Urlaub auf Grundlage der Wetterforschung planen). Unbeabsichtigt machen solche vereinfachten Ansichten über die Wissenschaft ihre verletzlichsten Angehörigen noch verletzlicher: Kinder. Wenn christliche Kinder zur Schule gehen, sind sie allzu oft – intellektuell wie emotional – nicht auf die Widersprüche vorbereitet, die ihnen über Wissenschaft und Religion vermittelt werden. Manche Eltern begegnen diesen Widersprüchen, indem sie ihre Kinder von der öffentlichen Schule nehmen und so die Verleugnung des Themas verstärken. Letztlich bleiben Kinder verletzlich, wenn sie keine faktenbasierte Bildung in wissenschaftlichen Fragen erhalten.

Mit zunehmendem Alter bin ich immer mehr von dem Sprichwort überzeugt: Alle Wahrheit ist Gottes Wahrheit. Die Heilige Schrift spricht in erster Linie über spirituelle und religiöse Fragen, während die Wissenschaft uns empirische und verhaltensbezogene Wahrheiten vermittelt, die quantitativ, qualitativ und auf andere Weise gemessen werden können. Ähnlich verhielt es sich mit der Entwicklung der westlichen Wissenschaft im Mittelalter: Christen sprachen von zwei Büchern: dem Buch der Natur und dem Buch der Heiligen Schrift. Diese Bücher sind sowohl im übertragenen als auch im wörtlichen Sinne. Wir können über Gottes Großartigkeit in den Wundern der Schöpfung lesen, genauso wie wir in der Heiligen Schrift über Gott lesen können. Obwohl es Überschneidungen zwischen den beiden Büchern gibt, unterscheiden sich ihr Verständnis, ihre Kompetenz und ihre Autorität. Christen haben manchmal das Gefühl, sich zwischen beiden entscheiden zu müssen: dem Buch der Natur und dem Buch der Heiligen Schrift. Doch in Wirklichkeit erzählen uns beide Bücher viel über Gott und die Schöpfung, und wir können sie beide zusammen lesen.

Buch Genesis

Das erste Buch der Heiligen Schrift ist Genesis, was "Ursprung" bedeutet. Es enthält Geschichten über die Entstehung der Welt, der Menschen, der Sünde und vieles mehr. Wie sollen wir diese Geschichten interpretieren – diese Berichte darüber, wie die Dinge entstanden, bevor es Menschen gab, die sie wahrnehmen konnten? Im Laufe der Kirchengeschichte gab es viele Interpretationen. Manche glauben, das Universum und die Erde seien jung, nicht älter als 6.000–10.000 Jahre, basierend auf einer wörtlichen Auslegung der Daten in Genesis. Andere Christen glauben, Gott habe alles erschaffen, aber es gebe Erklärungen dafür, warum die Erde Millionen und Milliarden Jahre alt ist. Beispielsweise könnte nach Genesis 1,1 eine Neuschöpfung oder "Lücke" in der Zeit eingetreten sein, oder biblische Hinweise auf sechs Schöpfungstage könnten eine Ära oder Epoche bezeichnet haben, die deutlich länger als ein 24-Stunden-Tag dauerte. Wieder andere glauben, die Schöpfungsgeschichten seien literarische Werke gewesen, die den jüdischen Glauben von anderen Schöpfungsgeschichten des Nahen Ostens abgrenzen sollten, die in der Antike weit verbreitet waren. Als solche enthalten sie wichtige theologische Lehren, jedoch keine wissenschaftlichen Beschreibungen der Welt.

In der frühen Kirche hielten christliche Führer wie Origenes und Augustinus die wörtliche Auslegung der Schöpfungsgeschichten nicht für die beste Interpretation der Genesis. Zu viele chronologische und logische Unstimmigkeiten wiesen darauf hin, dass eine symbolische oder allegorische Interpretation besser sei, da solche Interpretationen wichtigere christliche Lehren über die Erlösung vorwegnahmen (oder prophezeiten). Manche Christen glauben, dass die Menschen erst in der Neuzeit, nach dem Aufstieg der modernen Wissenschaft und Darwins Evolutionstheorie im 19. Jahrhundert, begonnen haben, eine wörtliche Auslegung der Bibel in Frage zu stellen. Dies ist schlichtweg falsch, wie die Schriften von Origenes und Augustinus belegen. Doch seit dem Aufstieg von Wissenschaft und Evolution haben nicht wenige Christen die Wahrheit ihrer Interpretation der gesamten Heiligen Schrift auf eine wörtliche Auslegung der Genesis gestützt und eine "Schöpfungswissenschaft" etabliert, um einige der Unstimmigkeiten zwischen ihren Behauptungen und denen von Wissenschaftlern zu legitimieren.

Schöpfung aus dem Nichts

Unabhängig von der Interpretation der Genesis glaubten Christen, dass Gott – letztlich – das Universum und die Menschen erschaffen hat. In der Sprache der frühen Kirche schuf Gott "aus dem Nichts" (lat. *ex nihilo*). Diese Behauptung stand im Gegensatz zum Christentum zu alternativen Schöpfungsvorstellungen, die Gott als künstlerischen Gestalter der präexistenten Realität verstanden, der kein unendlicher, sondern ein endlicher Gott war. Christen stimmten darin überein, dass Gott alles erschaffen hat, was tiefgreifende Auswirkungen auf die Menschheit hatte.

Betrachten wir einige Implikationen der Schöpfung *aus dem Nichts*. Erstens heißt es in der Genesis, die Schöpfung sei "gut" gewesen. Diese Güte schließt die physische Welt ein, in der wir leben. Im Gegensatz zu den jüdisch-christlichen Religionen, die nur die Güte spiritueller Realitäten betonten, bekräftigte das Christentum die Güte der Welt, unseres physischen Körpers und unseres Umgangs mit der physischen Welt. Zweitens schuf Gott die Welt mit Absicht.

Es war keine zufällige Welt, in der nichts von höchster Bedeutung ist. Vielmehr gibt es sowohl für die Welt als auch für die Menschen darin einen Sinn, der ihre physische Existenz einschließt.

Bedauerlicherweise haben Christen die physische Dimension der Welt, in der sie leben, nicht immer so hoch geschätzt wie die spirituelle. Infolgedessen wurden Christen kritisiert, sie seien so himmlisch gesinnt, dass sie auf Erden keinen Nutzen hätten. Dieses Versäumnis ist besonders bedauerlich, da Gott den Menschen in Genesis 1,28 unter anderem die Anweisung gibt, über die Welt zu "herrschen". Dennoch scheinen die Menschen – darunter auch und manchmal vor allem Christen – ihre Herrschaft über die Welt über die Jahrhunderte hinweg als Erlaubnis verstanden zu haben, sie auszubeuten, anstatt für sie zu sorgen. Einige heutige Christen befürworten das, was sie als "Schöpfungsfürsorge" oder christlichen Umweltschutz bezeichnen, der Gottes Anweisung zur Herrschaft ehrt und nicht zur eigennützigen Ausbeutung seiner guten Schöpfung.

Religion und Wissenschaft

Obwohl man behaupten kann, dass alle Wahrheit Gottes Wahrheit ist, stellt sich die Frage, wie Religion und Wissenschaft zueinander stehen sollen. Ian Barbour spricht von vier Beziehungstypen: Konflikt, Unabhängigkeit, Dialog und Integration. Konflikt erscheint unproduktiv, sowohl für Wissenschaft als auch für Religion. Die Unabhängigkeit von Wissenschaft und Religion scheint beide in einem Zustand der ewigen Verleugnung zu belassen. Dialog muss unbedingt stattfinden, auch wenn die für beide Seiten zufriedenstellende Kommunikation in der Vergangenheit nur schleppend vorangekommen ist. Integration mag ideal erscheinen, doch solche Hoffnungen liegen noch in weiter Ferne. Bis dahin erscheint Dialog am realistischsten, auch wenn Christen im Dialog mit Wissenschaftlern historisch inkonsequent waren. Selbst wenn Christen behaupten, Wissenschaftler seien ebenso inkonsequent (oder noch schlimmer) gewesen, obliegt es Christen, sich um ein tieferes Verständnis zu bemühen, sowohl wissenschaftlich als auch theologisch, wenn ihre Darstellung des Evangeliums angesichts der Breite ihrer weltanschaulichen Ansprüche integer sein soll.

Im Laufe der Kirchengeschichte schwankten Christen in ihrem Verständnis von Wissenschaft und Religion. Manche betonten eine übernatürliche Weltanschauung (z. B. Supernaturalismus, Okkasionalismus), in der die Ereignisse der Natur und die menschlichen Entscheidungen von Gott vor der Erschaffung der Welt vorherbestimmt wurden. Diese Sichtweise ist aus mehreren Gründen überzeugend, nicht zuletzt, weil sie alle Macht und alle Ereignisse der Souveränität Gottes zuschreibt. Trotz ihrer frommen Ehrfurcht vor Gottes Souveränität leben die meisten Christen nicht so. Auch die meisten ihrer Theologien vertreten sie nicht. Wann haben Sie beispielsweise zuletzt einen Christen sagen hören, im Supermarkt seien die Bananen ausgegangen, weil Gott es vorherbestimmt habe? Oder, ernsthafter gefragt: Wie viele Christen glauben fest daran, dass Gott vorherbestimmt hat, dass ein Mensch Krebs bekommt oder Selbstmord begeht?

Stattdessen bekennen sich die meisten – bewusst oder unbewusst – zu einem christlichen Naturalismus, der Gott als primäre Ursache natürlicher und menschlicher Phänomene anerkennt, aber sekundäre Ursachen zulässt. Natur und Mensch besitzen somit eine intrinsische Kraft, die ihnen durch Gottes Gnade ein gewisses Maß an Unabhängigkeit ermöglicht. So funktioniert die Natur beispielsweise nach physikalischen Gesetzen, die unabhängig von übernatürlichen Ursachen erforscht und verstanden werden können. Die Natur entwickelt sich aufgrund zufälliger Ereignisse, die auf physikalischen, biologischen und verhaltensbezogenen Dynamiken beruhen. Daher profitieren wir von wissenschaftlichen Naturstudien. Wenn offensichtliche Konflikte zwischen Wissenschaft und Religion auftreten (z. B. flache Erde, Erde als Mittelpunkt des Universums), müssen Christen möglicherweise sowohl ihr Verständnis von Wissenschaft als auch von Religion anpassen. Dies gilt auch für ihre Auslegung der Heiligen Schrift. Wenn tatsächlich alle Wahrheit Gottes Wahrheit ist, dann sollten vormoderne und vorwissenschaftliche Auslegungen der Heiligen Schrift nicht fortbestehen, nur weil sie langjährige Auslegungstraditionen repräsentieren.

Christen glauben meist, dass jeder Mensch ein gewisses Maß an Unabhängigkeit und Freiheit besitzt. Wie könnte Gott Menschen sonst für ihre Sünden zur Rechenschaft ziehen, wenn sie keine persönliche Verantwortung für ihre Entscheidungen tragen? Natürlich haben Menschen keine absolute Freiheit. Freiheit hat viele Grenzen; Menschen sind begrenzt, leben in unterschiedlichen persönlichen und sozialen Kontexten und kämpfen gegen die Mächte der Sünde und des Bösen. Wie dem auch sei, Christen glauben meist, dass sie (und alle Menschen) ein gewisses Maß an Freiheit besitzen, aber dennoch Gottes gnädige Hilfe für ihre Erlösung benötigen.

So wie es in der Natur Zufallselemente gibt, so gibt es auch im Leben Zufallselemente. Nicht jedes Ereignis offenbart einen sorgfältigen göttlichen Plan; vielmehr entstehen Umstände durch Zufall, Pech oder unkluge Entscheidungen – durch eigene Entscheidungen oder die Entscheidungen anderer. Man kann Gottes Pläne allgemeiner betrachten und einen Kontext schaffen, in dem sekundäre Ursachen gelten, anstatt zu glauben, dass Gott alles sorgfältig verursacht. Daher kann die wissenschaftliche und verhaltenswissenschaftliche Erforschung der Menschheit sowohl Menschen als auch Christen helfen, Lebensumstände zu verstehen und darauf zu reagieren.

Christentum und Evolution

Entgegen der landläufigen Meinung können Christen von der Evolutionstheorie und ihrer fortwährenden Erforschung biologischer und anderer physikalischer Realitäten profitieren. Christentum und Evolution schließen sich nicht gegenseitig aus, zumindest nicht in dem Maße, dass die Evolution in ihren Mikromanifestationen als wissenschaftliches Forschungsinstrument betrachtet wird. Wenn die Evolution zur Erklärung aller Dinge wird, hört sie auf, eine wissenschaftliche Theorie zu sein, die anderen wissenschaftlichen Theorien (z. B. Gravitation, Relativität) ähnelt. Stattdessen wird sie zu einer Weltanschauung, einem "Ismus", der als Makro-Erklärung für alles Leben dienen soll. Eine solche Absicht erfordert ebenso viel Glauben wie jede andere Weltanschauung und verliert sowohl für Religion als auch für Wissenschaft an Überzeugungskraft.

In der Zwischenzeit profitieren Christen stark von den wissenschaftlichen Fortschritten, die sich aus der Evolutionstheorie ergeben. Sie lernen wichtige Erkenntnisse über die menschliche Physiologie, vergangene biologische Entwicklungen und die Aussicht auf zukünftige Entwicklungen, die ihnen nicht nur aus medizinischen Gründen helfen können. Anstatt Zeit mit Konflikten mit der Wissenschaft zu verschwenden, tun Christen gut daran, mit ihr in Dialog zu treten und zu lernen, wie ihr Glaube, einschließlich ihres Verständnisses der Heiligen Schrift und des christlichen Lebens, von wissenschaftlicher und verhaltenswissenschaftlicher Forschung profitieren kann.

Die Vorteile der Wissenschaft sind bereits vorhanden und werden sowohl von Christen als auch von Kirchen genutzt, beispielsweise durch die Anwendung psychologischer und soziologischer Erkenntnisse. Allerdings wird dieser Nutzen oft nicht der Wissenschaft zugeschrieben. Stattdessen werden verhaltenswissenschaftliche Erkenntnisse mit Bibelversen untermauert und unredlicherweise behauptet, die Heilige Schrift habe diese vorhergesagt.

Vielleicht müssen Christen ihr historisches Verständnis des Judentums und Christentums eher bei Abraham als bei Genesis 1-11 beginnen. Theologische Lehren lassen sich zwar aus den Schöpfungsgeschichten ziehen, doch ihr Nutzen liegt eher in ihren Lehren über Gott, Menschlichkeit und Sünde als in ihren Erkenntnissen über Geologie und Biologie. Doch sollte eine solche Aussicht nicht entmutigender sein als die der Zeitgenossen im 15. und 16. Jahrhundert, als sich Christen wissenschaftlich mit den Beweisen auseinandersetzen mussten, dass die Erde weder flach noch der Mittelpunkt des Universums ist.

Abschließende Kommentare

Als Christ empfinde ich die Evolutionstheorie als befreiend, da ich Religion und Wissenschaft nicht als Widerspruch betrachte. Manchmal müssen wir unser Verständnis der Heiligen Schrift durch empirische Daten erweitern, was unsere allgemeine Weltanschauung als Christen sowohl wissenschaftlich als auch religiös verbessert. In der Praxis tun wir dies ständig in der Medizin, der Landwirtschaft und anderen Bereichen des täglichen Lebens. Wie sehr haben wir medizinisch von Evolutionsstudien profitiert, die zu Fortschritten bei der bakteriellen Antibiotikaresistenz und bei Impfstoffen geführt haben? Wie sehr haben wir landwirtschaftlich von evolutionären Prinzipien in der Pflanzenzucht, der Domestizierung von Tieren und der Schädlingsresistenz profitiert?

Zu viele Menschen, insbesondere Kinder, sind anfällig für Verwirrung und unnötige Konflikte, weil Christen nicht anerkennen wollen, dass alle Wahrheit Gottes Wahrheit ist. Schließlich ist es nicht die Aufgabe von Christen, Gott zu verteidigen; Gott braucht keine

Verteidigung. Stattdessen möchte Gott, dass Christen das Evangelium verkünden, wie es in der Heiligen Schrift steht, auch wenn die Heilige Schrift nicht jede erdenkliche Frage oder Sorge der Menschen über die Natur des Universums beantwortet.

Kapitel 9
Der Mensch und das Bild Gottes

Wenn man Definitionen des Menschseins liest, werden häufig empirische und biologische Informationen gegeben: Der Mensch ist ein zweibeiniger Primat (*Homo sapiens*) mit weiter entwickeltem Gehirn und der Fähigkeit zum folgerichtigen Denken und Sprechen, was ihn von anderen Tieren unterscheidet. Auch wenn dies biologisch korrekt ist, würden die meisten Menschen sagen, dass zum Menschsein mehr gehört. Viel mehr! Aber was gehört noch dazu? Wie vermitteln wir die Fähigkeiten des Menschen in Kultur, Kunst, Musik, Sport, Wissenschaft und Technologie? Wie vermitteln wir die Werte des Menschen, zum Beispiel Liebe: Selbstliebe? Liebe zu Kindern? Liebe zu Freunden, der Gemeinschaft oder der Nation? Das Menschsein hat viele immaterielle Aspekte – Aspekte, die die meisten Menschen nicht leugnen oder auf biologische und/oder elektrochemische Funktionen reduzieren möchten – und die sich dennoch empirisch mithilfe der Wissenschaft nur schwer beweisen oder erklären lassen.

Die Heilige Schrift spricht davon, dass der Mensch nach Gottes Ebenbild geschaffen ist. Diese Aussage hat das Verständnis des Menschseins bei Juden und Christen nachhaltig beeinflusst. In der Genesis heißt es, dass Gott den Menschen geschaffen hat und dass dieser einzigartig nach seinem Ebenbild geschaffen wurde. In Genesis 1,27 heißt es: "Und Gott schuf den Menschen zu seinem Bild, zum Bild Gottes schuf er ihn; als Mann und Frau schuf er sie." Die Heilige Schrift sagt nicht genau, was es bedeutet, nach Gottes Ebenbild geschaffen zu sein. Wie man sich vorstellen kann, sind darüber viele Theorien entstanden. Dennoch herrschte Konsens darüber, dass Menschen unterschiedlich sind und dass phänomenale Beobachtungen und wissenschaftliche Forschung allein nicht ausreichen, um das Menschsein in seiner Gesamtheit zu erfassen.

Es gibt konkurrierende Erklärungen für das Menschsein, die alle auf ideologischen Annahmen oder Glaubensvorstellungen beruhen: Hinduismus? Judentum? Buddhismus? Christentum? Islam? Szientismus? Evolution? Humanismus? Christen argumentieren, dass Erklärungen für das Menschsein alle zu kurz greifen, wenn sie eine spirituelle Dimension oder eine Beziehung zum Göttlichen, also zu Gott, ausschließen. Dies ist zwar ein Glaubensbekenntnis, doch Christen halten es für eine plausible Aussage angesichts all dessen, was wir über Menschen wissen – Vergangenheit und Gegenwart.

Imago Dei

Das Bild Gottes (lat. *imago Dei)* verkörpert für Christen die Einzigartigkeit des Menschseins. Trotz der Bedeutung, die Christen dem Bild Gottes im Menschen beimessen, besteht kein Konsens darüber, was es bedeutet. In der Genesis wird viel darüber gesagt, was es bedeutet, Mensch zu sein – im Hinblick auf sein Aussehen, seine Taten und seine vielfältigen Beziehungen, einschließlich der Beziehung zu Gott. Doch weder in der Genesis noch in anderen Passagen der Heiligen Schrift wird genau definiert, was es bedeutet, nach Gottes Ebenbild geschaffen zu sein.

Im Laufe der Kirchengeschichte gab es verschiedene Versuche, das Bild Gottes zu verstehen. Manche gingen von einer substantiellen Erklärung aus. So wird beispielsweise angenommen, dass Menschen aufgrund ihrer Vernunft, Spiritualität oder eines anderen wesentlichen Aspekts ihrer Persönlichkeit, wie etwa ihrer Seele, Gottes Bild widerspiegeln. Andere wiederum vermuten eine funktionale Erklärung. So hat Gott den Menschen beispielsweise geboten, moralisch zu sein, und sie spiegeln Gottes Bild in dem Maße wider, in dem sie moralisch handeln. Oder Gott hat den Menschen geboten, über die Welt zu herrschen, und sie spiegeln Gottes Bild in dem Maße wider, in dem sie herrschen. Wieder andere vertreten die Ansicht, es gebe eine relationale Erklärung. So spiegeln Menschen Gottes Bild in dem Maße wider, in dem sie in einer richtigen Beziehung zu Gott, sich selbst oder anderen stehen. Meiner Meinung nach trägt jeder Standpunkt zum Ganzen dessen bei, was Menschsein bedeutet, ohne alle Dimensionen davon auszuschöpfen, da es möglicherweise noch Neues gibt, das wir über die Fülle von Gottes Bild noch lernen müssen.

Was auch immer es bedeutet, Gottes Bild widerzuspiegeln, es geht wahrscheinlich um mehr als nur darum, was Menschen individuell sind. Da die Heilige Schrift sagt, dass sowohl Männer als auch Frauen nach Gottes Bild geschaffen wurden, spiegelt kein einzelner Mensch notwendigerweise Gottes Bild wider. Im Großen und Ganzen würden Christen argumentieren, dass eine gewisse Form von Spiritualität und Beziehung, einschließlich der Beziehung des Menschen zu Gott, untrennbar mit dem Menschsein verbunden ist – wahrhaft menschlich, da die Heilige Schrift den Menschen als nach Gottes Bild geschaffen beschreibt. Menschen können auf vielfältige Weise untersucht und unterstützt werden, aber die Fülle ihres Wesens kann erst erreicht werden, wenn ihre Spiritualität und ihre Beziehung zu Gott anerkannt, priorisiert und in Ordnung gebracht werden.

Was ist die Seele?

Manchmal denken Menschen, dass das Sein (oder Haben) einer Seele sie irgendwie einzigartig macht, sogar spirituell. Die Heilige Schrift enthält zwar zahlreiche Hinweise auf die menschliche Seele. Doch das Konzept der Seele war nicht nur Juden und Christen vorbehalten. Hinweise darauf finden sich im gesamten Alten Orient, sowohl bei religiösen als auch bei nicht-religiösen Menschen. Daher sind Christen wahrscheinlich verwirrt, ob es einen Konsens darüber gibt, was über das Wesen der Seele geglaubt werden soll.

Für Christen besteht ein Teil des Problems darin, dass die Heilige Schrift keine eindeutige Aussage über die Seele enthält. Manchmal wird der Mensch als mit Leib und Seele ausgestattet beschrieben (z. B. Matthäus 10,28), was auf ein dualistisches oder dichotomes Menschenbild schließen lässt. Manchmal wird der Mensch als mit Leib, Seele und Geist ausgestattet beschrieben (z. B. 1. Thessalonicher 5,23), was auf ein trichotomes Menschenbild schließen lässt. Unter Christen wird weiterhin darüber diskutiert, ob der Mensch eine Seele hat, die eine spirituelle Realität darstellt, oder ob es sich um beseelte Körper handelt, die per se keine eigenständige Seele besitzen (z. B. nichtreduktiver Physikalismus).

Geben die biblischen Autoren ontologische Aussagen ab und legen sie fest, dass sich kategorische Bezugnahmen auf Menschen ausschließlich auf Körper und Seele oder auf Körper, Seele und Geist beziehen? Ich glaube nicht. Ich denke, die Heilige Schrift enthält vielfältige Hinweise darauf, was es bedeutet, Mensch zu sein, ohne eine einzige richtige Sichtweise zu formulieren. So forderte Jesus beispielsweise im größten Gebot die Menschen auf, Gott mit ganzem Herzen, ganzer Seele, ganzem Verstand und ganzer Kraft zu lieben

(Markus 12,30). Stellt dieser Verweis aber eine tetrachotome oder vierteilige Sichtweise auf den Menschen dar? Die Heilige Schrift ist voller Bilder, die die Notwendigkeit der Beschäftigung mit spirituellen Angelegenheiten verdeutlichen, und nicht unbedingt feste Beschreibungen dessen, was es bedeutet, Mensch zu sein. Ja, es ist richtig, Menschen als Seelen mit spiritueller Identität zu bezeichnen. Aber biblische Bezugnahmen auf die Seele eines Menschen beziehen sich eher auf die allgemeine Rede vom individuellen "Selbst" als auf einen philosophischen Rahmen für das Selbst, der sich von Körper, Geist, Herz, Verstand oder Kraft unterscheidet.

Wenn die Seele eine allgemeine, beschreibende Bezeichnung für sich selbst ist, dann können Menschen als komplexe Einheit betrachtet werden, mehr als ein Konglomerat einzelner Teile. Christen mögen heute zwischen verschiedenen Theorien über Menschen debattieren: dualistischen und monistischen, reduktiven und nicht-reduktiven Ansichten und so weiter. Das Nachdenken über die komplexe Einheit der Menschen hilft uns jedoch, uns erstens daran zu erinnern, dass Menschen Individuen sind und dass Individualität ein unausweichlich wichtiger Aspekt ihrer Persönlichkeit ist, und zweitens, dass das Lernen über die Komplexität des Menschen und die Vielfalt seiner Beziehungen möglicherweise unendlich ist. Ich vermute, je länger wir leben, desto mehr werden wir aus der Wissenschaft, den Verhaltenswissenschaften und der Heiligen Schrift über uns selbst lernen.

Individuell und sozial

Zu oft betrachten sich Menschen als Individuen – als robuste Individuen, Selfmade-Menschen, als Inseln im Meer. Der Individualismus der westlichen Gesellschaft hat dieses Menschenbild verstärkt und dazu geführt, dass sich Menschen, auch Christen, voneinander distanzieren. Doch sowohl in der Welt- als auch in der Kirchengeschichte ist der Individualismus relativ neu; er beschreibt die Vorstellung, dass Menschen eigenständig sind und unabhängig von kollektiven oder sozialen Beziehungen frei handeln können. Die Heilige Schrift und ein Großteil der Kirchengeschichte vermitteln eine andere Perspektive.

Obwohl die Menschheit aus Individuen besteht, sind diese untrennbar miteinander verbunden. Im Alten Testament behandelte Gott Israel als Nation ebenso wie seine einzelnen Mitglieder. Im Neuen Testament behandelte Gott die Kirche als Ganzes ebenso wie ihre einzelnen Mitglieder. Wenn Menschen heute, insbesondere Christen, meinen, individuelle Rechte seien wichtiger als soziale Rechte und individuelles Wohlergehen habe nichts mit sozialem Wohlergehen zu tun, dann ist ein großer Verlust entstanden. Dieser Verlust kann sogar den Verlust dessen einschließen, was in der Heiligen Schrift mit dem Bild Gottes gemeint ist. Es gibt keinen Grund anzunehmen, dass Gottes Bild individualistisch verstanden werden sollte. Daher sollten Christen sich ebenso um das Wohlergehen ihrer sozialen Beziehungen sorgen wie um ihr eigenes. Dieses soziale Verständnis des Menschseins deckt sich mit Jesu Gebot, unseren Nächsten wie uns selbst zu lieben. Unser Nächstenliebe beschränkt sich nicht nur auf die Liebe zu einzelnen Menschen; sie schließt auch die Liebe zu Gruppen ein, nicht nur zu unserer unmittelbaren Familie oder Freunden, unserem Stamm oder unserer Nation.

Obwohl es keinen zwingenden Zusammenhang zwischen der Dreifaltigkeit und dem Bild Gottes gibt, nach dem die Menschen geschaffen wurden, sollte uns die Beziehung zwischen Vater, Sohn und Heiligem Geist daran erinnern, dass Relationalität nicht nebensächlich für das Menschsein ist. Wenn Christen ihren Nächsten wie sich selbst lieben wollen, sollten sie sich nicht nur um das geistige, körperliche und moralische Wohlergehen der Menschen kümmern, denen sie begegnen. Sie sollten sich auch um das geistige, körperliche und moralische Wohlergehen von Menschengruppen kümmern – lokal, national und weltweit.

Männlich und weiblich

In Genesis 1,27 heißt es, dass sowohl Mann als auch Frau nach Gottes Ebenbild geschaffen wurden, was auf Gleichheit in ihrer Wesensart hindeutet. Im Laufe der Geschichte hat das Patriarchat jedoch die Beziehungen zwischen Mann und Frau dominiert, und die Heilige Schrift gilt als Bestätigung einer hierarchischen Beziehung, in der Männer stets Autorität über Frauen haben. Patriarchat hat also damit zu tun, die Gesellschaft entlang der männlichen Linie zu strukturieren, Männer über Frauen herrschen zu lassen und die

Interessen der Männer über die von Frauen und Kindern zu stellen. Heutige Verfechter des Patriarchats verwenden manchmal lieber den Begriff "komplementär", da dieser nicht dieselbe negative Konnotation hat wie das Patriarchat. Sie argumentieren, dass die unterschiedlichen Rollen und Funktionen von Mann und Frau sich ergänzen, anstatt sie zu schmälern. Sie halten an dieser Ansicht fest und bekräftigen gleichzeitig, dass Männer die natürlichen Führer und Oberhäupter der Gesellschaft sind.

Manchmal wird angenommen, das Patriarchat sei durch Gottes hierarchische Schöpfungsordnung bedingt, und sich dagegen zu wehren, bedeute daher, sich gegen Gott zu stellen. Manchmal wird das Patriarchat als Folge des Sündenfalls der Menschheit angesehen, und daher sei die Unterordnung der Frauen unter den Mann eine gerechte Strafe. Wieder andere argumentieren, dass innerhalb der Dreifaltigkeit eine Hierarchie existiere und Frauen sich daher einer paternalistisch orientierten Offenbarung der trinitarischen Natur Gottes unterwerfen sollten.

Obwohl es im Laufe der Kirchengeschichte immer wieder Ansätze von Egalitarismus gab, haben Christen Frauen erst in jüngster Zeit gleiche Chancen in der Ehe, in der Gesellschaft und sogar in der Kirchenleitung eingeräumt. Es gibt kein allgemeingültiges Argument; hier sind jedoch einige biblische Argumente für die Befreiung der Gesellschaft vom Patriarchat. Erstens finden sich in der Heiligen Schrift Beispiele für weibliche Führungspersönlichkeiten (z. B. Debora, Mirjam, Maria Magdalena, Priscilla). Zweitens ist der Patriarchalismus in der Heiligen Schrift nicht durchgängig präsent. Insbesondere sind die Schriften des Paulus inkonsistent, wenn es um die Geschlechterrollen geht. Mal spricht er davon, dass Frauen in der Kirche schweigen sollen, mal davon, dass sie in der Kirche öffentlich sprechen sollen (1. Korinther 11,4-5.16; im Gegensatz zu 1. Korinther 14,33b-35). Drittens hat der Heilige Geist Männer und Frauen gleichermaßen mit Gaben ausgestattet. Die Verweigerung dieser Gaben behindert Gottes Werk (Apg 2,17; 1 Kor 12,4-11). Viertens werden Grundsätze der Gleichheit propagiert, wie zum Beispiel Galater 3,28, "Es gibt nicht mehr Juden oder Griechen, nicht Sklaven oder Freie, nicht Mann und Frau; denn ihr alle seid eins in Christus Jesus." Fünftens gibt es Debatten über die Auslegung bestimmter Wörter. So kann sich "Oberhaupt" eher auf die "Quelle" des eigenen Lebens als auf "Autorität" über das eigene Leben beziehen (Eph 5,23; 1 Kor 11,3); vgl. gegenseitige Unterordnung in Eph 5,21. Und schließlich: Wenn man davon ausgeht, dass die Unterdrückung der Frau auf den Sündenfall der Menschheit zurückzuführen ist, dann sollte dieser Fluch aufgehoben werden, so wie Christen auch andere Flüche aufzuheben versucht haben, zum Beispiel indem sie den Anbau von Feldfrüchten erleichterten oder die Schmerzen bei der Geburt linderten (siehe Genesis 3,8-21).

Abschließende Kommentare

Was macht Menschen einzigartig? Das ist eine schwierige Frage, die Wissenschaftler wie Christen nur schwer beantworten können. Zweifellos werden wir weiterhin mehr darüber lernen, was es bedeutet, Mensch zu sein, da Wissenschaftler und Verhaltensforscher weiter forschen und Christen diese Erkenntnisse im Zusammenhang mit ihren Überzeugungen, Werten und Praktiken betrachten.

Menschen unterscheiden sich natürlich voneinander. Wir identifizieren uns mit unterschiedlichen Geschlechtern, Rassen, Kulturgruppen, Nationalitäten, Religionen und vielem mehr. Es ist wichtig, sich daran zu erinnern, dass unsere Unterschiede nicht zwangsläufig Grundlage für hierarchische Bewertungen sind. Menschen ergänzen sich – unsere Unterschiede machen uns gemeinsam besser als getrennt. Aber nur weil wir uns ergänzen, heißt das nicht, dass ein Menschentyp mehr Macht verdient als ein anderer. Wir können uns beispielsweise gegenseitig ergänzen, ohne patriarchalisch zu sein.

Christen vertreten die Ansicht, dass Menschen mehr sind als ihre physische und biologische Beschaffenheit. Um Menschen zu verstehen, zu respektieren und gerecht zu behandeln, müssen wir auch ihren geistigen Zustand berücksichtigen, der Gottes Ebenbild widerspiegelt, nach dem sie geschaffen wurden. Daher sollten alle Menschen als wertvoll und liebenswert angesehen und behandelt werden.

Kapitel 10
Das Problem des Bösen

In Fjodor Dostojewskis Roman *Die Brüder Karamasow* gibt es ein berühmtes Gespräch zwischen zwei Brüdern, das verdeutlicht, was als Problem des Bösen bekannt geworden ist. Das Gespräch findet zwischen Aljoscha, der an Gott glaubte und Priester werden wollte, und seinem Bruder Iwan statt, der angesichts des Ausmaßes an Bösem, Schmerz und Leid in der Welt große Schwierigkeiten mit dem Glauben an Gott hatte. Iwan beklagte insbesondere die Folter unschuldiger Kinder in Russland, von denen einige zu Tode gequält oder lebendig den Hunden zum Fraß vorgeworfen wurden. Iwan räumte ein, dass viele Erwachsene verständlicherweise für ihre Verfehlungen leiden, dasselbe aber nicht für die kleinsten Kinder gelte. Aus seiner Sicht stellte das Leid auch nur eines einzigen unschuldigen Kindes die Rechtmäßigkeit des Glaubens an einen allmächtigen und liebenden Gott in Frage.

Die meisten Menschen haben im eigenen Leben genug Leid erfahren oder sind sich dessen im Leben anderer ausreichend bewusst, um die Frustration und die Fragen nachzuempfinden, die der Glaube an Gott in einer Welt voller Bösem, Sünde, Schmerz und Leid mit sich bringt. Christen wie Nichtchristen geben zu, dass das Problem des Bösen für sie intellektuell und existentiell die wahrscheinlich größte Hürde darstellt, wenn es darum geht, Gott zu verstehen oder sich auf ihn zu beziehen.

Natürlich könnte man argumentieren, das Problem des Bösen existiere nur für diejenigen, die an Gott glauben. Wenn Gott nicht existiert, wo liegt dann das Problem? Wenn es keinen Gott gibt, sind Schmerz und Leid dann nicht einfach nur Pech? Ist der Begriff des Bösen nicht letztlich ein religiöser Begriff, der in einer wissenschaftlichen oder evolutionären Weltanschauung nichts zu suchen hat? Meiner Meinung nach ist sich jedoch jeder instinktiv des weit verbreiteten Schmerzes und Leids bewusst und hat ein Gewissen dafür. Christen müssen versuchen, Antworten auf tief empfundene Fragen zu finden, wenn sie ihr Gottesverständnis redlich teilen wollen.

Formulierung der Probleme

Das logische Problem des Bösen geht mindestens auf die Zeit des griechischen Philosophen Epikur zurück. Im Hinblick auf den Glauben an Gott formulierte er das Problem des Bösen anhand dreier unlösbarer Thesen:

Gott ist allmächtig.

Gott ist allliebend.

Das Böse existiert.

Entweder ist Gott mächtig, aber nicht liebevoll genug, um das Böse zu überwinden, oder Gott ist liebevoll, aber nicht mächtig genug, um das Böse zu überwinden. Man könnte die Existenz des Bösen leugnen, doch diese Aussicht würde all den Schmerz und das Leid leugnen, das die Menschen erfahren.

Aus logischer Sicht argumentieren Christen, ihr Glaube an Gott sei nicht unvernünftig. Stattdessen wird argumentiert, die Logik des Problems sei ungerechtfertigt dargestellt. Ein alternatives Verständnis des Problems könnte wie folgt aussehen:

Gott ist allmächtig und allliebend.

Das Böse existiert.

Es gibt einen moralisch ausreichenden Grund für die Existenz des Bösen.
Die Frage bleibt: Was ist der moralisch ausreichende Grund für die Existenz des Bösen?

In der Kirchengeschichte sind verschiedene Erklärungen für die Existenz des Bösen entstanden, über die sich die Christen jedoch nicht einig sind. Diese Erklärungen werden als Beispiele der Theodizee (griechisch: *theos,* "Gott" + *dike,* "Gerechtigkeit") bezeichnet – Argumente für die Gerechtigkeit und Güte eines allmächtigen Gottes in einer Welt, in der das Böse existiert.

Manche Christen haben hilfreicherweise zwischen den Leistungen einer Theodizee unterschieden. Handelt es sich um einen rationalen (und empirischen) Beweis oder um eine vernünftige Verteidigung? Ähnlich wie Argumente für die Existenz Gottes erwarte ich nicht, dass Argumente für die Gerechtigkeit und Güte eines allmächtigen Gottes in einer Welt, in der das Böse existiert, viele Menschen überzeugen werden, zumindest nicht, wenn sie nicht allein auf rationaler und empirischer Argumentation beruhen. Da das Christentum auf Glauben und nicht auf Klarsicht – rational und empirisch – beruht, müssen Christen lediglich die Vernünftigkeit ihres Glaubens darlegen, anstatt propositionale Argumentation zu liefern, die wahrscheinlich an tausend Qualifikationen scheitern wird. Obwohl Glaube aus rationalen und empirischen Komponenten besteht, hat er ebenso viel oder mehr mit Beziehungs-, Moral- oder Vertrauensproblemen zu tun, die Menschen mit Gott haben. Betrachten wir daher einige traditionelle Theodizee-Theorien, die in der Kirchengeschichte entstanden sind, um ihr Verständnis der Vernünftigkeit ihres christlichen Glaubens an Gott in einer Welt, in der das Böse existiert, besser zu verstehen.

Theodizee

Mehrere Theodizee-Argumente wurden als Versuche präsentiert, moralisch hinreichende Gründe dafür zu liefern, warum ein allmächtiger und allliebender Gott eine Welt erschaffen würde, in der Böses, Sünde, Schmerz und Leid vorkommen. Die bekannteste Theodizee ist die Verteidigung des freien Willens, die am häufigsten mit Augustinus in Verbindung gebracht wird. Augustinus glaubte nicht, dass Gott das Böse erschaffen hat. Vielmehr stellt das Böse eine Beraubung oder Verfälschung von Gottes guter Schöpfung dar, insbesondere durch Menschen. Nachdem Menschen sündig gehandelt hatten, bestrafte Gott sie gerechterweise. Seitdem erben Menschen voneinander eine eingebaute Neigung zur Sünde, die seit dem Ursprung der Sünde besteht. Dadurch sind die Menschen moralisch verdorben und völlig auf Gottes gnädige Hilfe angewiesen, um sie vor der Verdammnis zu bewahren.

Obwohl den Menschen die Schuld an Sünde gegeben wird, ist es unklar, warum ein allmächtiger und allliebender Gott das Böse und die Sünde der Menschen nicht vorhergesehen und somit implizit für sie verantwortlich gemacht hätte. Satan die Schuld zu geben, löst das Problem des Bösen nicht, da Satan, genau wie die Menschen, als Schöpfung Gottes gilt. Man kann die Theodizee des freien Willens also auf eine Zeit vor der Erschaffung der Menschen zurückführen, doch sie beantwortet nicht die Frage, warum Gott das Böse in der Welt zulässt.

Eine alternative Theodizee der Seelenbildung wird mit dem Bischof Irenäus des zweiten Jahrhunderts in Verbindung gebracht. Sie geht davon aus, dass Gott wusste, dass die Menschen durch den Missbrauch ihres freien Willens dem Bösen und der Sünde erliegen würden. Doch Menschen können das Bild Gottes, nach dem sie geschaffen wurden, nur dann wirklich leben, wenn sie in einer Welt leben, in der das Gute nicht immer siegt und manchmal das Böse siegt. Menschen können nur lernen, Glauben, Hoffnung und Liebe (sowie Weisheit, Mäßigung, Gerechtigkeit, Mut und andere Tugenden) zu entwickeln, wenn sie sowohl intellektuell als auch anderweitig kämpfen und durchhalten müssen.

Es ist verständlich, dass die Qualität einer Seele einen Kontext erfordert, in dem Menschen körperlich, moralisch und spirituell gefordert werden. Es scheint jedoch Fälle von Bösem und Sünde zu geben, die keine Chance zur Entwicklung bieten, d. h., es gibt kein erkennbares teleologisches Ziel. Willkürliche Gewalttaten beispielsweise oder Schmerz und Leid, die den Kleinsten zugefügt werden, scheinen der Charakterentwicklung nicht förderlich zu sein. Darüber hinaus erscheinen manche Fälle von Bösem und Sünde übertrieben und bieten Menschen in extremen Situationen von Schmerz und Leid keine Möglichkeit, daraus zu lernen.

Diese Theodizee mag nicht alle Fragen und Bedenken im Zusammenhang mit dem Glauben an einen allmächtigen und allliebenden Gott in einer Welt des Bösen beantworten. Sie soll jedoch plausible Erklärungen für den Glauben der Christen liefern. Für die meisten Menschen ist das Problem des Bösen weniger ein intellektuelles Problem als vielmehr ein Problem gelebter Erfahrung; es ist ein existenzielles Problem, das ihr körperliches, emotionales und zwischenmenschliches Wohlbefinden betrifft. Theodizee mag ihnen helfen zu erklären, warum sie glauben, doch die Vitalität ihres Glaubens erfordert mehr als rationale und empirische Argumentation.

O Felix Culpa

Es gibt mehrere Gemeinsamkeiten in der christlichen Theodizee. Die wohl bedeutendste lässt sich in einem alten Hymnus zusammenfassen, der mit den Worten O felix culpa beginnt. (Lat.: "oh glückliches Verbrechen" oder "oh glücklicher Fall"). Das Argument ist, dass es besser ist, Menschen die Freiheit zu wählen, selbst wenn manche das Böse wählen, als ihnen nie die Freiheit zu wählen. Wären Menschen ohne Wahlfreiheit erschaffen worden, wäre ihr Leben roboterhaft programmiert. Ebenso, wenn Menschen ohne Wahlfreiheit erschaffen worden wären, wie könnten sie dann Liebe erfahren – die höchste christliche Tugend? Liebe zwischen zwei Menschen erfordert ein gewisses Maß an Gegenseitigkeit.

Selbst wenn es grundlegende Unterschiede zwischen Menschen gibt, zum Beispiel zwischen Eltern und Kindern oder zwischen Gott und den Menschen, bedarf es einer dauerhaften Freiheit, die den Menschen echte Wahlmöglichkeiten lässt. Obwohl Gott sozusagen das Risiko eingeht, dass nicht alle Menschen sich dafür entscheiden, an ihn zu glauben, sich mit ihm zu verbinden oder ihn zu lieben, entsteht ein höheres Gut, wenn Menschen Freiheit haben, trotz des Auftretens von Bösem, Sünde, Schmerz und Leid – manchmal ohne erkennbaren Grund und manchmal im Übermaß.

Friedrich Leibniz schlug eine Theodizee vor und behauptete, wir lebten "in der besten aller möglichen Welten ". Seinen Kritikern erschien Leibniz' Theodizee lächerlich, wenn nicht gar erschreckend. Man brauche nicht viel Vorstellungskraft, argumentierten Kritiker, um sich eine bessere Welt vorzustellen als die, in der wir leben: weniger Schmerz? mehr Freude? Doch Leibniz argumentierte, dass wir angesichts aller möglichen Welten, die Gott hätte erschaffen können – mit mehr oder weniger zulässigen Graden menschlicher Freiheit – in den besten proportionierten Bedingungen leben, in denen sich Gottes Güte und Liebe sowie seine Macht zum Wohle der Menschen offenbaren können. Obwohl man sich in jeder beliebigen Situation bessere Umstände vorstellen kann, argumentierte Leibniz, dass die Schöpfung als Ganzes – für alle Menschen, für alle Zeiten und an allen Orten – die beste aller möglichen Welten ist.

Die Bedeutung Jesu

Keine Theodizee, keine Verteidigung der Güte und Liebe Gottes, wäre vollständig, ohne die Person, das Leben, den Tod und die Auferstehung Jesu zu betrachten. Es mag selbstverständlich erscheinen, dass dies der Fall ist, doch in Zeiten von Schmerz und Leid blicken die Menschen nicht immer oft genug auf Jesus. Wie die Heilige Schrift sagt, hatte Gott so viel Mitgefühl mit den Problemen des Bösen, der Sünde, des Schmerzes und des Leids, dass er auf die Erde kam. Gott kam in der Person Jesu auf die Erde, um sich mit den Menschen zu identifizieren und mit ihnen zu leiden und einen endgültigen Ausweg aus der Endlichkeit des menschlichen Lebens sowie den Folgen von Sünde, Tod und Verdammnis zu bieten.

Das Versprechen des ewigen Lebens scheint angesichts all des Bösen, der Sünden, des Schmerzes und des Leids, das uns widerfährt, vielleicht nicht ausreichend zu sein, und ich behaupte nicht, dass es das tut. Meiner Meinung nach lassen sich die Ungerechtigkeiten, die Gewalt, die Katastrophen, das Weinen und die Trauer, die Menschen erfahren, nicht einfach abtun. Was ich jedoch bekräftigen kann, ist, dass Gott uns mit Schmerz und Leid nicht allein gelassen hat. Gott war in der Vergangenheit bei uns, durch das Leben, den Tod und die Auferstehung Jesu, und Gott ist auch in der Gegenwart bei uns, durch die Person und das Wirken des Heiligen Geistes. Wir sind nicht allein und leiden nicht allein. Wir mögen uns einsam, verlassen und hilflos fühlen, aber wir sind nie wirklich allein. Gott ist bei uns – er tröstet, ermutigt, führt und gibt uns die Kraft, durchzuhalten.

Christliche Kirchen engagieren sich mehr für die Leidenden als für die Apologetik. Gott fordert Christen nicht so sehr auf, das Problem des Bösen zu lösen, sondern vielmehr, denen beizustehen, die unter Ungerechtigkeit, Gewalt, Katastrophen, Trauer und Leid leiden. Das Problem des Bösen wird die Menschen in dieser Welt zweifellos weiterhin intellektuell und existenziell verwirren. In der Zwischenzeit werden Christen und Kirchen weiterhin das ganze Evangelium Jesu verkünden, das nicht nur dem ewigen Wohl der Menschen dient, sondern auch ihren unmittelbaren weltlichen Bedürfnissen – so wie Jesus den Menschen diente.

Abschließende Kommentare

In diesem Leben finden wir vielleicht nicht auf alle unsere Fragen und Sorgen Antworten. Im Hinblick auf das Problem des Bösen bleiben schwierige Fragen bestehen, die mit dem manchmal sinnlosen und übermäßigen Leid zusammenhängen, das Menschen erfahren. Wir können in diesem Leben vielleicht nicht alle Fragen und Sorgen über Gott beantworten, die Iwan in *Die Brüder Karamasow* hatte, insbesondere nicht über das Leid unschuldiger Kinder. Und doch: Wenn es keinen Gott gibt, sind Antworten dann leichter zu bewältigen?

Christen betrachten den Glauben an Gott als allmächtig und allliebend, trotz der Gegenwart des Bösen und seiner Auswirkungen, als vernünftigen Glauben. Dennoch ist es eine Frage des Glaubens. Wir müssen unser Leben Gott anvertrauen und glauben, dass im

Jenseits – und zunehmend auch in diesem Leben – die Vorteile der Erlösung und der Versöhnung mit Gott die Alternativen überwiegen, auch wenn wir darum kämpfen, das Böse, die Sünde, den Schmerz und das Leid zu lindern, die sie verursachen.

Kapitel 11
Sünde, Unwissenheit, Elend und Knechtschaft

Stellen Sie sich vor, ein Pfarrer soll einem Ehepaar antworten, das Eheprobleme zugibt. Würde er fragen: Welche Sünde verursacht diese Probleme? Nein, natürlich nicht. Die meisten Pfarrer würden stattdessen fragen: Wie steht es um Ihre Kommunikationsfähigkeit? Wie wirken sich Ihre unterschiedlichen Erziehungsmethoden auf Ihr Verhältnis in der Ehe aus? Das Thema Sünde kommt vielleicht irgendwann zur Sprache, aber in der Praxis ist den meisten Pfarrern bewusst, dass die Herausforderungen im Leben vielfältige Ursachen haben können und nicht nur auf Sünde an sich zurückzuführen sind. Ähnliches gilt für Probleme mit der Erziehung, den Finanzen, der Arbeit oder anderen Lebensbereichen.

Einer der entscheidenden Beiträge des Christentums zum Verständnis der Breite und Tiefe menschlicher Probleme betrifft die Sünde, die dazu geführt hat, dass Menschen sich von Gott entfremdet haben und andere Aspekte ihres Lebens beeinträchtigt haben. Ohne diese spirituelle Dimension des Lebens der Menschen zu verbessern, werden sie niemals Ganzheit, Freude, Frieden und andere Segnungen erfahren, die die Heilige Schrift als Gottes Willen für sie beschreibt.

Tom Oden spricht über verschiedene Ansichten von Jesu Sühne, die jeweils unterschiedliche Perspektiven auf die Natur der menschlichen Notlage bieten. Dazu gehören Sünde, Unwissenheit, Elend und Knechtschaft. Ich denke, diese Begriffe helfen uns, die Breite und Tiefe menschlicher Probleme zu verstehen. Obwohl Sünde der biblische Begriff ist, der am dringendsten behandelt werden muss, um mit Gott versöhnt und erlöst zu werden, müssen andere Faktoren im Hinblick auf die Herausforderungen des täglichen Lebens der Menschen berücksichtigt werden. Eine Theologie, die sich nur mit dem Problem der Sünde befasst, versäumt möglicherweise, den gesamten Kontext der menschlichen Probleme zu erfassen. Deshalb umfasste Jesu Wirken mehr als nur die Verkündigung des Evangeliums; es umfasste auch die Unterweisung seiner Jünger, die Heilung der Kranken, die Fürsorge für die Armen und die Austreibung von Dämonen.

Was ist Sünde?

Sünde wird unterschiedlich beschrieben als das Brechen von Gottes Gesetzen, götzendienerische Missachtung Gottes, hochmütige Selbstbezogenheit, persönliche Rebellion gegen Gott, Unglaube an Gott oder passive Gleichgültigkeit gegenüber Gott. Sie kann Taten (Dinge, die wir tun) oder Unterlassungen (Dinge, die wir nicht tun) im Namen des Guten, des Guten und des Guten beinhalten. Menschen sündigen individuell und kollektiv, und tatsächlich macht die Heilige Schrift keinen Unterschied zwischen persönlicher und gesellschaftlicher Sünde, da das Tun eines Menschen untrennbar mit dem anderer verbunden ist. In der Heiligen Schrift bestrafte Gott viele für die Sünden eines Menschen; so etwas wie eine private Sünde gibt es nicht. Im Alten Testament litt Israel aufgrund der Sündhaftigkeit Achans (Josua 6,15-7,15) und litt zahlreiche Male aufgrund der Sündhaftigkeit israelitischer Könige.

Historisch gesehen sprechen Christen von einer Erbsünde, die auf Adam und Eva zurückgeht. Obwohl nicht alle Christen Adam und Eva als historische Personen betrachten, die vor sechstausend Jahren lebten, sprechen Christen dennoch von einer Erbsünde, die irgendwann geschah, als die Menschen sich ihrer Verantwortung gegenüber Gott bewusst wurden. Aufgrund dieser Erbsünde leidet die Menschheit seither, sowohl unter den natürlichen Folgen ihrer individuellen und kollektiven Sünden als auch unter den Strafen, die Gott ihnen auferlegte, wiederum sowohl individuell als auch kollektiv. Daher beschreibt die Heilige Schrift alle Menschen als befleckt, wenn nicht sogar völlig verdorben. Christen sind sich tendenziell über das Ausmaß der Sünde einig und glauben, dass sie jeden Aspekt ihres Lebens beeinflusst. Über ihre Tiefe, also darüber, wie durch und durch sündig die Menschen sind, sind sie sich jedoch uneinig. Während es leicht ist, Massenmörder und Folterer als völlig verdorben zu beschreiben, ist es nicht so einfach, Neugeborene oder heldenhaft tugendhafte Menschen auf die gleiche Weise zu beschreiben.

Selbst wenn Menschen mit einer sündigen Natur oder einer Neigung zur Sünde geboren werden, inwieweit sind sie der Sünde schuldig? Erben sie die Schuld der Sünden ihrer Vorfahren? Manche

Christen argumentieren, Babys würden genauso sündig geboren wie die schlimmsten Menschen überhaupt, und argumentieren weiter, ihr ewiges Schicksal sei schon vor ihrer Geburt vorherbestimmt. Die meisten Christen argumentieren jedoch, Babys, Kinder und auch Erwachsene müssten erst ein Alter der Verantwortlichkeit (oder ein Alter der Vernunft) erreichen, bevor Gott sie für die Schuld ihrer spirituellen, zwischenmenschlichen und moralischen Entscheidungen zur Rechenschaft zieht. Diese Verantwortlichkeit ergibt sich aus dem Maß an Freiheit, das Gott den Menschen durch seine Gnade schenkt – Dinge anzunehmen, die mit Gott verbunden sind, oder sie abzulehnen. Gott macht sie tatsächlich für ihre Sünden verantwortlich, und sie werden mit zahlreichen Herausforderungen an rechtschaffene, gerechte und gute Entscheidungen geboren. Die Sündhaftigkeit des Einzelnen wird untrennbar mit der Sündhaftigkeit des Kollektivs verbunden, obwohl die Heilige Schrift diesen Zusammenhang nicht klar erklärt. Dennoch beschreibt die Heilige Schrift alle Menschen auf die eine oder andere Weise als sündig und der Vergebung bedürftig, die nur Gott ihnen gewähren kann, um sie in diesem Leben und im Leben nach dem Tod von den Folgen der Sünde zu erlösen.

Wie schon beim zuvor besprochenen Problem des Bösen sprechen viele nicht gern über Sünde. Sie erscheint ihnen ungerecht, sagen sie vielleicht, oder psychologisch veraltet. Doch Christen, die versuchen, Menschen wirklich zu verstehen, glauben, dass die Bibel, die über Sünde spricht, einen unausweichlichen Einblick in die Persönlichkeit des Menschen bietet. Sie sind von Gott geschaffene Menschen, und doch haben sie bedauerlicherweise keine Beziehung zu Gott – eine Beziehung, die wiederhergestellt werden muss, wenn sie vollständig erfahren wollen, wer sie sind, warum sie existieren und wie sie am besten leben können.

Unwissenheit, Elend und Knechtschaft

Jesus kümmerte sich nicht nur um die Sünden der Menschen. Er begleitete sie auch, führte sie und machte sie zu Jüngern. Diese Jüngerschaft zeigt uns, wie sehr Gott sich ganzheitlich um unsere Lebensqualität kümmert. Jesus kümmerte sich auch um die Armen, die Kranken, die Gefangenen, die Ungerecht Behandelten und andere, die unter Schmerz, Ausgrenzung und Unterdrückung litten. Darüber hinaus befreite Jesus diejenigen, die dämonischer oder anderer Macht unterworfen waren, zum Beispiel diejenigen, die den Tempelkult durch ihre Geschäftsbeziehungen oder die Aufrechterhaltung des religiösen Status quo beschmutzten.

Während seiner Kreuzigung sagte Jesus eindringlich: "Vater, vergib ihnen, denn sie wissen nicht, was sie tun" (Lukas 23,24). Man geht allgemein davon aus, dass Sünde auch die Entscheidung der Führer des ersten Jahrhunderts beeinflusste, Jesus zu kreuzigen. Doch in einem Moment der Großzügigkeit erkannte Jesus, dass Menschen sowohl von Unwissenheit als auch von Sünde betroffen sind. Als Jesus seine Jünger unterwies, achtete er darauf, sie zu lehren, und ermahnte seine Nachfolger, andere zu lehren, wenn sie Jesu Vorbild in seiner ganzen Fülle verkörpern wollten. Wie würden sich kirchliche Dienste heute unterscheiden, wenn Christen die Unwissenheit der Menschen ebenso überwinden wollten wie ihre Sünden?

Ein Großteil von Jesu Wirken war darauf ausgerichtet, die körperlichen Schmerzen und die vielfältigen Nöte der Menschen zu lindern. Ja, die Menschen litten auch seelisch; sie litten unter Krankheit, Verletzung, Vernachlässigung, Ausgrenzung, Unterdrückung und Gewalt. Im Laufe der Kirchengeschichte haben Christen Jesu ganzheitlichen Dienst an den Menschen nicht immer konsequent nachgeahmt. In jüngster Zeit erinnern das Sozialevangelium und die Befreiungstheologie Christen daran, dass Jesus gekommen ist, um den Menschen sowohl körperlich als auch geistig, kollektiv wie individuell, zu dienen. Jesus kam, um die Menschen von der Sünde zu befreien, aber auch von ihrem körperlichen Elend, ihrer Unwissenheit und vielfältigen Formen der Knechtschaft.

Christen stehen Jesu Befreiung von Menschen von Dämonen oder Satan manchmal zwiespältig gegenüber. Entweder spielen sie diesen Dienst heute herunter oder ignorieren ihn gänzlich, entmythologisieren ihn vielleicht. Dennoch befreite Jesus regelmäßig Menschen von Besessenheit oder zumindest dämonischer Unterdrückung. Solche Dienste sind auch heute noch notwendig, obwohl zugegebenermaßen bei der Durchführung von Befreiungsdiensten großes Urteilsvermögen und Vorsicht geboten sind. Ebenso wichtig ist die Befreiung von anderen Dingen, die Menschen binden. Bindung kann durch biologische, psychische oder kulturelle Süchte entstehen, die Menschen nach Alkohol, Drogen,

Essen, Sex und Liebe haben. Es können auch kollektive Süchte sein, zum Beispiel Rassendiskriminierung, Geschlechtsvorurteile und Bigotterie verschiedener Art, die sich gegen Menschen richtet, die aufgrund ihrer sozialen Stellung, sexuellen Orientierung, Sprache, Nationalität oder Religion anders sind – die "anders" sind.

Keine Sünde, außer soziale Sünde

Sozialevangelium und Befreiungstheologien haben dem Christentum große Dienste geleistet, indem sie uns an die ganzheitlichen Dienste erinnern, die Jesus in seinem Evangelium verkörperte und verkündete. Befreiungstheologien aus Entwicklungs- und Armutsländern haben besonders eindringlich auf kollektives oder gesellschaftliches Unrecht hingewiesen, das nicht nur gegenüber Menschen innerhalb der eigenen Gemeinschaft, sondern weltweit verübt wird. Nationen haben anderen Ländern durch ihre militärischen Eroberungen, koloniale oder territoriale Unterdrückung und ihren anhaltenden Wirtschaftsimperialismus, der Dritte-Welt-Länder auf vielfältige Weise behindert, immenses Unrecht zugefügt. Kollektive Ungerechtigkeiten sind weder weniger schuldhaft noch entschuldbar, wenn sie von Christen oder angeblich christlich orientierten Ländern begangen werden – sofern überhaupt ein Land als Ganzes den Anspruch erheben kann, christlich zu sein.

Im Matthäusevangelium beendet Jesus seine letzte öffentliche Predigt mit einem Gleichnis über das Gericht der Völker (Matthäus 25,31-46). Der Verweis auf die "Völker" bedeutet natürlich nicht, dass er das Gericht über Einzelpersonen ausschloss. Ganz am Ende seines Wirkens, als Jesus seine Jünger aussandte, um seinen eigenen Abschied von dieser Erde vorzubereiten, sagte er: "Geht hin und macht alle Völker zu meinen Jüngern!" In diesem Auftrag schloss er sowohl das Hingehen der Christen zu einzelnen Menschen als auch zu Nationen insgesamt – zu Völkern, zu Gruppen, die nicht zur eigenen gehören – ein (Matthäus 28,19). In Matthäus 25 sagt Jesus, dass diejenigen, die die "Hungrigen... Durstigen... Fremden... Nackten... und Gefangenen" vernachlässigen, "verflucht" sein werden (V. 41-46). Andererseits sagt Jesus, dass Menschen, die sich um die Bedürfnisse armer Menschen kümmern, so sind, als würden sie Jesus dienen. Sie werden gesegnet und "erben das Reich", das Gott für sie bereitet hat (V. 31-40). Obwohl es nie völlige Übereinstimmung über die Auslegung von Gleichnissen gibt, nehmen die meisten Christen Jesu Botschaft ernst, sich um die physischen und sozialen Bedürfnisse der Menschen zu kümmern, nicht nur um ihre spirituellen und individuellen Bedürfnisse.

Sündenbesessenheit?

Manchmal scheinen Christen von bestimmten Sünden besessen zu sein. Meist handelt es sich dabei um individuelle Verfehlungen, vielleicht sogar um sexuelle Sünden. Möglicherweise ist dies ein westliches Phänomen, beeinflusst von individualistischen Schwerpunkten und der Beschäftigung mit Sexualität. Natürlich spricht die Heilige Schrift von Individuen und Sexualität, aber Christen können von bestimmten Verhaltensweisen besessen sein, insbesondere von solchen, die in ihrer Familie, ihrem Stamm oder ihrer Nation nicht so ausgeprägt sind – oder zumindest nicht so wahrgenommen werden. Die sexuelle Sünde, die viele Christen am meisten beunruhigt, ist beispielsweise Homosexualität. Obwohl die Heilige Schrift ein wenig über Homosexualität spricht, geht es viel mehr um Scheidung, Wiederverheiratung und Ehebruch. Wenn Christen sich so sehr darauf konzentrieren, homosexuelles Verhalten zu verurteilen und nicht darauf, was die Heilige Schrift über Scheidung, Wiederverheiratung und Ehebruch sagt, erkennen sie nicht, wie heuchlerisch sie wirken, wenn sie nur eine vermeintliche Sünde diskriminieren und andere auslassen. Sie könnten sagen, dass sie Scheidung, Wiederverheiratung und Ehebruch – zumindest unter bestimmten Umständen – als Sünde betrachten. Sie tolerieren jedoch solche kulturell akzeptierten Sünden, nicht jedoch solche, die kulturell inakzeptabel sind. Dies liegt vielleicht eher an ihren Phobien oder parteipolitischen Ansichten als an der Heiligen Schrift.

Wenn Christen sich auf bestimmte Sünden fixieren und andere ignorieren, kann die Welt sie nur als Heuchler betrachten. Dabei hilft es nicht, dass ihre Obsessionen eher von ihren Phobien oder ihrer parteipolitischen Ausrichtung oder ihrem privilegierten Status in der Gesellschaft (aufgrund ihres Reichtums, ihrer Rasse oder Ethnizität) beeinflusst werden. Kein Wunder, dass die Kritik an der Heuchelei und Diskriminierung von Christen zunimmt, sowohl im Hinblick darauf, wie Kirchen Minderheitengruppen schikanieren, als auch im Hinblick darauf, wie sie sich in engstirnige politische Angelegenheiten verwickeln lassen. Christen müssen immer wieder innehalten und prüfen, inwieweit sie der Heiligen Schrift treu bleiben oder ob sie dem kulturellen Druck erlegen sind, der Geld, Macht und Prestige stärker betont als die Werte des Evangeliums.

Abschließende Kommentare

Bei der Beratung leidender Menschen darf die Sünde bei der Diagnose und Heilung ihrer Leiden nicht vernachlässigt werden. Sünde hat Menschen sicherlich in vielerlei Hinsicht gelähmt. Meine Tochter Liesl, die Erfahrung in der Beratung hat, erinnert mich an die Notwendigkeit ganzheitlicher Heilung: Körper und Geist, Verstand und Gefühle, individuell und kollektiv. Glücklicherweise hat Gott einen Weg zur Wiederherstellung geschaffen, der ganzheitliche Heilung sowohl jetzt als auch für die Ewigkeit beinhaltet.

Wir sollten also nicht vergessen, dass Jesu Worte, Leben und Wirken dem Leid der Menschen hier und jetzt entgegenkommen. Ob Menschen unter Sünde, Unwissenheit, Elend oder Knechtschaft – unterschiedlichster Art – leiden, sie brauchen Liebe und Fürsorge in all ihren Leiden. Jesus tat nichts Geringeres, und diejenigen, die behaupten, ihm nachzufolgen, sollten dem Leid und Schmerz, den die Menschen erfahren, mit gleicher Aufmerksamkeit begegnen.

Teil Vier
"Dass er seinen einzigen Sohn gab"

Kapitel 12
Gott mit uns

Als ich jung war, fühlte ich mich beim Kirchgang unter Druck gesetzt, immer glücklich zu wirken, kontaktfreudig zu sein und insgesamt gut auszusehen – oder zumindest gut genug, um in die Kirche zu gehen. Aber ich war nicht immer glücklich oder unbeschwert. Selbst wenn ich glücklich war, sah ich nicht immer glücklich aus. Ich bin weder extrovertiert noch ein Mensch, der seine Gefühle ausdrückt. Daher machte mich meine Normalität bei manchen Kirchgängern, denen ich begegnete, verdächtig. Sie fragten: Was ist los? Geht es dir gut? Darf ich für dich beten? Der Kirchgang konnte mich stressen, weil ich nicht immer eine Fassade aufsetzen konnte, die die Leute, die ich in der Kirche traf, zufriedenstellte – oder es auch nicht schaffen konnte.

Außerdem kann ich mich noch gut daran erinnern, wie abstoßend es für mich war, Leute die Verse zitieren zu hören: "Freut euch allezeit, betet ohne Unterlass, seid dankbar in allen Lebenslagen!" (1. Thessalonicher 5,16-18). Sollte ich mich wirklich immer freuen und glücklich sein? Was bedeutet es, ohne Unterlass zu beten? Und realistisch gesehen, wie könnte ich unter allen Umständen danken? Es schien unmöglich, diese Erwartungen privat zu erfüllen, geschweige denn öffentlich. Scheinbar unüberwindbar – warum sollte ich dann überhaupt versuchen, Christ zu sein?

Als ich Jesus jedoch in der Heiligen Schrift betrachtete, fühlte ich mich ermutigt. Unabhängig davon, wie man ihn sieht, zeigte Jesus in seinem Leben immer wieder Schmerz, Leid und Tränen. Er weinte über den Tod seines Freundes Lazarus. Jesus verbrachte lange Nächte allein im Gebet, und im Garten Gethsemane, vor seiner Verhaftung und Kreuzigung, beschreibt das Matthäusevangelium 26 Jesus als "betrübt und aufgewühlt" (V. 37), "zutiefst betrübt, ja bis zum Tode" (V. 38), und sich auf die Erde werfend, betete er: "Lass diesen Kelch an mir vorübergehen" (V. 39). Wenn das mit ständiger Freude gemeint ist, dann könnte ich das! Wenn Jesus mir vorlebte, wie man in allen Lebenslagen Dank sagt, dann könnte ich das auch, da er mir ein realistischeres Beispiel für ein gottgefälliges Leben gab, da auch er nicht immer lächelnd und fröhlich wirkte. Mein Problem in der Kirche bestand darin, dass zu oft Verse aus der Heiligen Schrift ausgewählt und in Predigten und Lehren auf eine Weise angewendet (oder angedeutet) wurden, die die Menschen eher davon abhielt, als sie dazu ermutigte, als Christen zu leben.

Während Jesus auf Erden lebte, lebte er wie wir – im Vertrauen auf die Hilfe des Heiligen Geistes – und tat alles, was Gott von ihm wollte. Paradoxerweise glauben Christen, dass Jesus göttlich war, aber nicht im Vertrauen auf seine angeborene Göttlichkeit lebte. Jesus lebte in einer endlichen, von Sünde befleckten Welt, wie wir auch. So liefert er uns unter anderem ein überzeugendes Bild davon, wie wir leben sollen, ohne die unrealistischen Erwartungen, die Christen und Kirchen manchmal an die Menschen stellen.

Warum wurde Gott Mensch?

Die meisten Christen in der Kirchengeschichte glauben, dass Jesus Mensch wurde, also Fleisch wurde (vom lateinischen *incarno*, "Fleisch machen" oder "Fleisch werden"), um die Menschen von Sünde und Tod zu erlösen und ihnen die Versöhnung mit Gott und das ewige Leben im Himmel zu ermöglichen. Johannes 3,16 legt diesen Schlüsselbestandteil des Evangeliums deutlich nahe. Jesus erfüllte alle Voraussetzungen für das ewige Leben der Menschen. Doch Jesus bot noch viel mehr!

Im Mittelalter verfasste der Benediktinermönch Anselm das Werk *Cur Deus Homo* (lat.: *Warum Gott Mensch wurde)*. Darin geht es nicht nur darum, dass Jesus alle göttlichen Anforderungen an die Erlösung der Menschen erfüllte, sondern auch um Jesu Bedeutung für uns hier und heute. Der vielleicht wichtigste Grund dafür, dass Gott in der Person Jesu Mensch wurde, bestand darin, den Menschen ein Vorbild für ihre Lebensweise zu geben. Jesus führte kein unbeschwertes Leben ohne Probleme: Hunger und andere menschliche Grundbedürfnisse, Verantwortung gegenüber Familie und Geist, Steuern gegenüber einem Kolonialreich und andere Prüfungen – persönlicher und gesellschaftlicher –, denen auch wir ausgesetzt sind. Jesus wurde zur Sünde verführt, von religiösen und politischen Führern kritisiert, von Freunden verraten und gnadenlos gefoltert. Auch er starb und erlebte so die Herausforderungen, die die Menschen tagtäglich plagen, in vollem Umfang.

Ein Nachfolger Jesu zu sein, ist nicht immer einfach. Schon Jesus warnte seine Nachfolger vor dieser Realität. Doch Jesus gibt uns ein realistisches Vorbild für unser Leben. Er ist nicht nur für uns als Einzelne ein Vorbild, sondern auch für unser gemeinsames Leben in der Gesellschaft und in den Kirchen. Wir sollten uns als Einzelne zu einem realistischeren Bild des christlichen Lebens – mit seinen Vorteilen und Herausforderungen – ermutigen lassen, als es Christen und Kirchen manchmal verzerren.

Den Status Quo nicht akzeptieren

Jesus gab sich nicht damit zufrieden, den Status quo sozialer Probleme zu akzeptieren. Er half den Armen – den Verarmten – auf vielfältige Weise. Jesus zeigte Mitgefühl für die Not der Menschen und setzte sich gleichzeitig dafür ein, die Ursachen ihrer Verarmung zu ändern. Jesus kritisierte wiederholt Führer im alten Israel, die zur Verarmung anderer beitrugen – sei es durch ungerechte Tempelbräuche, heuchlerische Vernachlässigung der Armen, Missbrauch der Heiligen Schrift zum Verbergen ihrer Selbstsucht oder unfaire Steuererhebung. Er wurde regelmäßig von religiösen Führern angegriffen und verleumdet, da Jesus den Status quo nicht aufrechterhielt. Stattdessen wollte Jesus über den bestehenden Zustand hinausgehen und soziale und religiöse Veränderungen herbeiführen, die den Menschen ganzheitlich und nicht nur spirituell zugutekamen.

So stellte Jesus beispielsweise den Status quo vieler sozialer, politischer und wirtschaftlicher Praktiken seiner Zeit in Frage. Wie Amos im Alten Testament kritisierte Jesus die ungerechten Praktiken von Herrschern, die ihr Volk vernachlässigten und unterdrückten. Gegenüber Übeltätern plädierte Jesus weder für "Kampf" noch für "Flucht", sondern für einen dritten Weg, sich gegen die Ungerechtigkeiten gewaltsamer Unterdrückung zu wehren. In seiner Bergpredigt missachtete Jesus die alte Weisheit, "Auge um Auge, Zahn um Zahn" zu fordern – die alte *lex talonis*, lat., "Gesetz der Vergeltung" (Matthäus 5,38). Stattdessen plädierte er für einen anderen Weg des gewaltlosen Widerstands, der weder Gewalt gegen Gewalt versprach noch Ungerechtigkeit ungestraft hinnahm. Jesus sagte: "Ich aber sage euch: Leistet dem Übeltäter keinen Widerstand. Sondern wenn dich jemand auf die rechte Wange schlägt, dann haltet auch die andere hin" (Matthäus 5,39). Mit anderen Worten: Leistet aktiv Widerstand gegen Ungerechtigkeit, damit die Menschen von ihren Unterdrückern befreit werden, auch wenn der Kampf gegen Ungerechtigkeit gewaltfrei verläuft.

Im Gegensatz zu den römischen Kolonialisten, die einfache Israeliten unterdrückten, indem sie verlangten, Soldatenmäntel eine Meile weit zu tragen, stellte Jesus solche Ungerechtigkeiten in Frage. Auch hier begegnete er ihnen nicht mit Kampf oder Flucht, sondern indem er – sozusagen – die Extrameile ging und die schikanösen Forderungen der Soldaten öffentlich anprangerte. Als Jesus beispielsweise von einfachen Leuten verlangte, ein Kleidungsstück eine Meile weit zu tragen, ermahnte er seine Anhänger, "auch die zweite Meile zu gehen" (Matthäus 5,41). Die zusätzliche Meile war weniger ein Beweis fügsamer Zustimmung als vielmehr ein Protest gegen die ungerechte Forderung. Einen Mantel eine Meile weit zu tragen, genügte der imperialen Unterwerfung, doch ihn eine zweite Meile weit zu tragen, stellte einen gewaltlosen Akt zivilen Ungehorsams dar, indem er sich aktiv gegen die Unterdrückungspraktiken einzelner Soldaten und Regierungen wehrte.

Jesus war ein Vorbild für gewaltlosen zivilen Ungehorsam. Doch sein politischer Aktivismus wird von vielen Christen und Kirchen übersehen. Ihnen geht es manchmal mehr darum, den Status quo der Gesellschaft aufrechtzuerhalten und ihren privilegierten Status darin zu bewahren, als soziale Ungerechtigkeiten zu beseitigen.

Bedeutung von *Kenosis*

Was bedeutet es, dass Jesus uns als Vorbild dient? War er nicht Gott? Wie können wir Jesus nachfolgen, wenn er in irgendeiner Weise göttlich war und wir nicht? Ist das nicht ein unmöglicher Anspruch? Warum sollten wir überhaupt versuchen, Jesu Beispiel zu folgen?

In Philipper 2,7 spricht der Apostel Paulus davon, dass Jesus sich seiner Göttlichkeit entäußert (griechisch: *kenosis*), um Mensch zu werden. Christen beschäftigen sich seit Jahrhunderten mit dieser Passage. Sie neigen meist dazu zu glauben, dass Jesu göttlich-menschliche Natur letztlich das menschliche Verständnis übersteigt und daher ein gewisses Maß an Mysterium in der Beschreibung Gottes unvermeidlich ist.

Die Frage bleibt: Inwieweit lebte und traf Jesus wirklich Entscheidungen, wie wir es heute tun müssen? Manche Christen meinen, Jesus habe eher nach göttlichen als nach menschlichen Eigenschaften gelebt und sein Vorbild daher eher als Ziel, das es zu verfolgen, denn zu erreichen gilt. In der Praxis jedoch betrachteten die meisten Jesus als realistisches Vorbild. Er lebte tatsächlich so, wie wir leben sollten, indem er sich auf die Person und das Wirken des Heiligen Geistes verließ und nicht auf eine ihm innewohnende Kraft, sei sie nun göttlicher oder menschlicher Natur. Wenn Jesus betete, tat er dies nicht nur, um als Vorbild zu dienen, sondern weil er – durch den Heiligen Geist – Trost, Ermutigung, Führung und Kraft brauchte. Auch heute brauchen die Menschen dieselbe Hilfe vom Heiligen Geist.

Jesus gibt Christen und Kirchen auch ein Korrektiv für ihr gegenkulturelles Leben in der Welt. Er kam nicht, um den Status quo aufrechtzuerhalten, sondern um ihn zu verändern, indem er die Glaubenssätze, Werte und Praktiken des Judentums in Frage stellte, selbst wenn dies bedeutete, die Autorität seiner Führer und historischen Traditionen in Frage zu stellen. Hat Jesus einen neuen Status quo eingeführt? Nein, denn die Kirche war eine lebendige Realität, bestehend aus Christen, die das Leben und die Dienste der Kirchen entwickeln, bewahren und – wenn nötig – reformieren mussten, um sich am ganzheitlichen Leben und Wirken Jesu zu orientieren. Er kam nicht auf die Erde, um Menschen vom Evangelium auszuschließen. Vielmehr kam Jesus, um Menschen willkommen zu heißen und einzubeziehen sowie sie von allem zu heilen, was Schmerz und Leid verursacht. Daher ist es für uns heute die schlimmste und beste Erfahrung, Jesu Beispiel als Vorbild zu folgen. Jesu Beispiel zu folgen bedeutet, uns von allem zu befreien, was uns daran hindert, andere zu lieben und ihnen zu dienen, genau wie Jesus es tat.

Die Fülle der Gründe, warum Gott Mensch wurde

Jesus kam, um die Menschen von Sünde und Tod zu erlösen und uns ein Vorbild für unser Leben zu geben. Doch Jesus tat noch mehr! In diesem Leben offenbarte er uns mehr über Gott, als wir bisher wussten. Er offenbarte Gott als liebenden Vater, als liebenden Elternteil, der uns das Beste gab, was wir über Kindererziehung wissen. Er betonte die Liebe Gottes zu den Menschen und wie Liebe die höchste Tugend seiner Nachfolger sein sollte.

Jesus offenbarte auch, dass er als höchster Richter über die Menschen dienen wird. Aber er wird ein gerechter und einfühlsamer Richter sein, da Jesus so lebte wie wir. Hebräer 4,15 sagt: "Denn wir haben keinen Hohenpriester, der nicht Mitgefühl haben könnte mit unseren Schwachheiten." Deshalb dürfen wir "mit Zuversicht vor den Thron der Gnade Gottes treten" (Hebräer 4,16). Jesus wirkt als Hohepriester weiterhin durch den Heiligen Geist in unserem Leben. Wir sind nicht allein; wir sind nie allein. Auf die eine oder andere Weise ist Gott immer gegenwärtig – durch Jesus, der unsere Erlösung begründet, und durch den Heiligen Geist, der unsere Erlösung vollendet. Wir brauchen weder die Zukunft noch unser gegenwärtiges Leben und seine unvermeidlichen Herausforderungen zu fürchten. Noch einmal: Wir sind nicht allein!

Die Heilige Schrift sagt uns auch, dass Gott durch seine Menschwerdung in Jesus die Möglichkeit geschaffen hat, dämonische Bindungen zu überwinden. In seinem Leben trieb Jesus aktiv Sünden aus. Nach seinem Tod, seiner Auferstehung und Himmelfahrt ermöglichte Jesus durch den Heiligen Geist seinen Nachfolgern, die geistige Bindung an Dämonen oder Satan nicht mehr zu fürchten. 1. Johannes 3,8 deutet darauf hin, dass es Jesu Ziel war, "die Werke des Teufels zu zerstören". Das bedeutet jedoch nicht, dass Christen nicht länger dämonischen und satanischen Versuchungen oder spiritueller Unterdrückung ausgesetzt sind.

Christen haben unterschiedliche Meinungen darüber, inwieweit sie sich am geistlichen Kampf beteiligen sollten: Manche glauben, sie müssten im himmlischen Kampf gegen Dämonen und Satan aktiv für Engel beten; andere glauben, Dämonen hätten eher Überzeugungskraft als Zwang. Um die Sichtweise von Christen auf den geistlichen Kampf zu verstehen, verrät ihre Lebensführung oft mehr über ihren wahren Glauben als ihre Worte.

Zusammenfassend lässt sich sagen, dass die Anwesenheit von Dämonen und Satan unser Leben sowohl individuell als auch kollektiv erschwert. Allerdings haben wir wahrscheinlich mehr Angst vor unseren eigenen Entscheidungen und dem Einfluss anderer als vor denen von Dämonen und Satan.

Abschließende Kommentare

Können wir wie Jesus sein, was die ursprüngliche Bedeutung des Wortes Christ widerspiegelt – ein Christusnachfolger zu sein? Wenn ich wie Jesus im Garten Gethsemane sein soll, dann ja, dann kann ich (und du) wie Jesus sein. Im Gegensatz zu Versen, die suggerieren, ich müsse vollkommen sein – immer fröhlich und immer dankbar –, um Christ zu sein, akzeptiert Gott mich so, wie ich bin. Da alle durch Gnade und Glauben errettet werden, können wir vertrauensvoll zu Gott kommen, jetzt und in Ewigkeit.

In der Zwischenzeit sollten wir unser Leben nach Jesus ausrichten. Doch das mag wie eine unlösbare Aufgabe erscheinen, da er von Christen und Kirchen so oft halbherzig dargestellt wird: Nur spirituell? Nur sanftmütig? Nur blasiert? Im Gegenteil: Das Vorbild, das Jesus uns hinterließ, setzte sich sowohl für unser geistiges als auch für unser körperliches Wohlergehen ein. Er stand sowohl spirituell als auch physisch, sozial, politisch und wirtschaftlich im Gegensatz zur Kultur. Christusnachfolger täten gut daran, die Armut anderer zu berücksichtigen, zu verkörpern und sich für sie einzusetzen.

Kapitel 13
Einssein mit Gott

Als meine Töchter klein waren, gab es Hausregeln. Als Vater musste ich ihnen Grenzen setzen. Meine Töchter durften zum Beispiel nicht ohne Erlaubnis Kekse aus der Keksdose nehmen. Wenn sie sich unerlaubt einen Keks nahmen, war das Diebstahl. Wurde eine Tochter beim Stehlen erwischt, hatte das Konsequenzen. Das lag nicht daran, dass ich meine Töchter disziplinieren wollte, sondern daran, ihnen ein Verantwortungsbewusstsein, Gerechtigkeit und eine starke Persönlichkeitsentwicklung in Bezug auf familiäre Beziehungen und häusliche Grenzen zu vermitteln.

Wenn eine Tochter beim Stehlen erwischt wurde, genügte es mir als Vater nicht, ihr ein Geständnis abzuhören. Ein Geständnis spiegelt möglicherweise nicht unbedingt Reue und gegenseitige Verantwortung wider; vielmehr spiegelt es möglicherweise nur die Tatsache wider, dass sie erwischt wurde. Was ich von einer Tochter hören wollte, war Reue über den Regelverstoß, den Entschluss, nicht wieder zu stehlen, und die Erkenntnis, dass ein persönlicher Verrat ihre Beziehung zu mir und zum Rest der Familie beschädigt hatte. Um unsere Beziehung zu heilen und wiederherzustellen, musste ihr Selbstbewusstsein in Bezug auf Gerechtigkeit und Ungerechtigkeit wachsen, sie musste sich mit denen versöhnen, denen Unrecht widerfahren war, und sich verpflichten, nicht wieder zu stehlen.

Diese Geschichte vom Keksvergehen und der Wiederherstellung mag einfach und vielleicht ein wenig humorvoll erscheinen. Doch sie soll als Analogie dafür dienen, wie Gott sich mit Menschen versöhnen möchte, die gesündigt haben, und ihnen nicht nur ihre Sünden vergeben möchte. Als Gott die Welt schuf, setzte er sozusagen Grenzen. Innerhalb der Welt wollte Gott, dass die Menschen durch die Erfahrung von Verantwortung und Rechenschaft wachsen, um einen Rahmen zu schaffen, in dem sich eine tiefe Beziehung zu Gott und zu anderen entwickeln kann.

Als Reaktion auf die Sünde und die zerbrochene Beziehung, die Gott von den Menschen entfremdete, finden sich in der Heiligen Schrift viele Geschichten, Bilder und Analogien, die beschreiben, wie

Gott der Menschheit die Möglichkeit zur Erlösung – zu Vergebung, Heilung, Versöhnung und Wachstum sowie zu ewigem Leben – eröffnete. Sie veranschaulichen, wie Menschen Gottes Wirken zur Wiederherstellung ihrer Beziehungen zueinander menschlich verstehen können. Kein einzelnes Bild (Geschichte, Bild oder Analogie) reicht aus, um die Fülle dessen zu beschreiben, was Jesus für die Menschen geopfert hat, um diese Wiederherstellung zu erreichen. Doch zusammen tragen sie dazu bei, das volle Evangelium zu vermitteln, auf das Gott die Menschen reagieren lassen möchte. Eines der am häufigsten verwendeten Wörter, um Gottes Vorsorge für die Wiederherstellung der Menschen zu beschreiben, ist Sühne.

Was ist Sühne?

Die frühe englische Bedeutung des Wortes "atonement" implizierte "Versöhnung", also Versöhnung zwischen Menschen oder zwischen Menschen und Gott. Im Alten Testament bezog sich "atonement" darauf, dass Menschen Opfergaben von Tieren, Getreide oder anderen Gaben darbrachten, um für ihre Sünden zu büßen, also Wiedergutmachung zu leisten. Dies war Teil des Alten Bundes, den Gott mit dem Volk Israel schloss. Im Neuen Testament wird Jesu Opfer als die entscheidende Sühne für die Sünden der Menschen beschrieben (Römer 3,25; Hebräer 2,17). Dies war Teil des Neuen Bundes, den Gott mit allen Menschen schloss. Daher galt Jesu Opfer als für alle Zeit ausreichend. Das Opfersystem des Alten Testaments war nicht länger nötig, da ein neuer Bund der Gnade und des Glaubens in Kraft getreten war.

Manchmal beschreiben Christen die Lehre von der Sühne als objektive Dimension der Erlösung. Sie bezieht sich auf das, was Gott in der Vergangenheit für die heutige Erlösung der Menschen geleistet hat. Da Menschen die Erlösung nicht verdienen können, musste Gott durch das Leben, den Tod und die Auferstehung Jesu das objektiv Notwendige ermöglichen. Neben der objektiven Vorsorge Gottes für die Erlösung bleibt es den Subjekten (d. h. den Menschen) überlassen, Gottes Vorsorge zu empfangen oder anzunehmen. Diese subjektive Dimension der Erlösung hängt davon ab, wie einzelne Menschen auf Gottes Vorsorge für ihre Erlösung – für ihre Vereinigung mit Gott – hier und jetzt reagieren oder daran glauben.

Die Heilige Schrift verwendet verschiedene Wörter, Bilder und Analogien, um zu beschreiben, was Gott für die Erlösung der Menschen getan hat. Zu den verwendeten Wörtern gehören beispielsweise Erlösung, Opfer, Vergebung, Versöhnung, Sühne (Beseitigung dessen, was die Menschen von Gott trennt) und Sühne (Bereitstellung dessen, was die Menschen mit Gott versöhnt). Im Laufe der Kirchengeschichte wurden auch andere Wörter verwendet, wie Genugtuung, Stellvertretung, Befreiung und andere. Es ist problematisch, wenn Christen und Kirchen auf einem bestimmten Wort, Bild oder einer Analogie beharren, um Gottes Sühne für die Menschen zu beschreiben, und andere ausschließen. Dieser reduktionistische Ansatz lässt den ganzheitlichen Charakter der in der Heiligen Schrift beschriebenen Sühne außer Acht. Ein Blick auf die Vielfalt biblischer (und außerbiblischer) Wörter hilft dabei, Gottes Wirken im Leben der Menschen zu verstehen, sowohl in der Vergangenheit im Hinblick auf die Sühne als auch im Hinblick auf die gegenwärtige Erlösung der Menschen.

Ansichten der Sühne

Die Christen der frühen Kirche sprachen in ihrer Sichtweise von der Sühne. Jesus wurde als Lösegeld beschrieben, durch das die Menschen gerettet würden (z. B. 1. Timotheus 2,6). Es war jedoch nicht ganz klar, wie diese biblische Sprache zu verstehen war. Wurde das Lösegeld an Gott gezahlt? An Satan? Später wurde diese Sichtweise der Sühne als *Christus Victor* (lat.: "Christus der Sieger") bekannt, weil man glaubte, Jesus habe alles überwunden, was die Menschen bindet – geistig, dämonisch und in jeder Hinsicht. Jesus überwand siegreich alles, was die Menschen in Knechtschaft hält.

Im Mittelalter sprach Anselm von Sühne als Genugtuung, da Jesus alle Forderungen Gottes zur Erlösung erfüllte, unabhängig davon, wie man Genugtuung verstand. Genugtuung konnte sich auf eine Opferforderung Gottes, eine rechtliche Forderung, die einer Korrektur bedarf, oder die Forderung nach höfischer Ehre beziehen, die Gott gebührte (mit Metaphern, die für einen mittelalterlichen Mönch Sinn ergeben hätten!). Während der Reformation plädierten Protestanten wie Calvin dafür, Genugtuung als Jesu Stellvertretung (oder Strafvertretung) für die Menschheit zu verstehen. In diesem Zusammenhang wird angenommen, dass Jesus den gesetzlichen Preis für die Sünde bezahlt hat (Galater 3,13-15). Diese Analogie erfreute sich großer Beliebtheit, repräsentiert aber nicht die gesamte biblische Bildsprache für Sühne.

Abaelard betonte ebenfalls im Mittelalter den moralischen Einfluss der Sühnerolle Jesu. Anstatt sich auf die objektive Grundlage der Erlösung zu konzentrieren, sah Abaelard in Jesus ein Vorbild für ein moralisches und spirituelles Leben, das ein christusähnliches Leben kennzeichnet. Aus dieser Perspektive legt Jesu Sühne mehr Wert darauf, wie wir hier und jetzt leben sollen (die subjektive Dimension der Sühne), als auf das, was Jesus in der Vergangenheit getan hat (die objektive Dimension der Sühne). Daher legte Abaelard Wert auf die subjektive Erfahrung (oder Rezeption, Akzeptanz) des Evangeliums durch die Menschen heute, anstatt sich auf das zu konzentrieren, was Gott in der Vergangenheit für die Erlösung getan hat.

Nach der Reformation vertrat Hugo Grotius eine regierungsorientierte Sichtweise der Sühne. Er stimmte zu, dass Jesus stellvertretend für die Menschen diente, dass es aber mehr als nur ein Akt der Stellvertretung war. Technisch gesehen brauchte Gott keine Stellvertretung; Gott verlangte kein Blutopfer, um der Menschheit zu vergeben. Gott hätte die Sünden der Menschheit tilgen können, ohne dass es einer gewaltsamen Kreuzigung bedurfte, um Gottes Gerechtigkeit zu befriedigen. Wie ein liebender Vater verlangt Gott keine körperliche Züchtigung, damit Kinder sich mit Gott versöhnen können. Vielmehr opferte Jesus sein Leben für die Menschen, um zu zeigen, dass Gottes moralische Herrschaft (oder seine moralischen Maßstäbe) intakt blieb. Obwohl Gottes Erlösung ein Geschenk ist, möchte Gott dennoch, dass Gläubige moralisch handeln; sie sollten nicht denken, dass Gottes Geschenk ihnen die Erlaubnis gibt, nach Belieben zu handeln. Durch Jesu Gehorsam am Kreuz bekräftigte Gott die Güte biblischer Gebote und Grundsätze und wie Gläubige ein heiliges, liebevolles und gerechtes Leben führen sollten.

Zeitgenössische Ansichten

Christen befürworten manchmal zeitgenössische Begriffe, Bilder und Analogien für die Sühne. Dabei handelt es sich entweder um Versuche, manchmal übersehene biblische Wahrheiten herauszuarbeiten oder aufschlussreiche Mittel zu bieten, um Gottes Geschenk der Erlösung heute zu vermitteln. Manche Christen berufen sich beispielsweise auf den Begriff der Befreiung und sagen,

Gott habe die Menschen von Sünde und Tod befreit, so wie er sie auch von Krankheit, Armut und Ungerechtigkeit befreien wolle. Die Befreiungstheologie beispielsweise zieht eine Analogie zwischen dem Alten Testament (und dem Alten Bund) und dem Neuen Testament (und dem Neuen Bund): Gott befreite zuerst die Israeliten durch den Exodus aus der Sklaverei und dann die Israeliten – ja, alle Menschen – durch Jesu Sühne. Daher sollten Christen danach streben, alle zu befreien, das Evangelium in Wort und Tat zu verkünden und die Menschen von allem zu befreien, was sie körperlich wie geistig versklavt. Diese Art der Sühnetheologie legt großen Wert auf die ganzheitliche Natur der Erlösung durch Jesus.

Manche Christen sprechen von Erlösung im Sinne therapeutischer Heilung. Als Menschen in Sünde fielen und das Bild Gottes, nach dem sie geschaffen waren, unheilbar befleckten, sandte Gott Jesus, um sie geistig und körperlich, individuell und kollektiv zu heilen. In biblischen Zeiten wurde das Wort *Therapeia* (griechisch: "Heilung, Therapie, Heilmittel") im Sinne ganzheitlicher Heilung verstanden und nicht nur als psychologische Therapie oder Heilung, wie es heute üblich ist. Jesu Heilungsdienst umfasste sowohl das geistige als auch das körperliche Wohlbefinden der Menschen.

Christen sind manchmal kreativ und nutzen aktuelle kulturelle Geschichten, Lieder, Filme und andere soziale Medien, um Jesu Sühne auf eine Weise zu vermitteln, die für die Menschen von heute verständlicher und überzeugender sein könnte. So haben Christen beispielsweise Geschichten über Selbstaufopferung und Brücken über trübe Gewässer, Lieder über Vergebung und die Erhellung des Lebens anderer verwendet, und selbst Science-Fiction-Filme haben Christen kulturell aktuelle Möglichkeiten geboten, über Jesu Sühne zu sprechen. Diese Geschichten tragen auf kreative Weise dazu bei, die vielen biblischen Worte, Bilder und Analogien zu vermitteln und so eine spirituelle und ewige Realität zu vermitteln, die letztlich unsere menschliche Fähigkeit übersteigt, sie vollständig zu beschreiben.

Man kann argumentieren, dass alle historischen Ansichten zur Sühne den jeweiligen kulturellen Kontext widerspiegeln, in dem sie sich durchsetzten. So spiegelte beispielsweise die Lösegeld-Ansicht eine Epoche der Antike wider, in der Entführungen und Lösegeldzahlungen gängige Praxis waren. Die Genugtuungs-Ansicht spiegelte eine Epoche des Mittelalters wider, in der die

Notwendigkeit erkannt wurde, die ritterliche Ehre beleidigter Adliger zu befriedigen. Die Ansicht des moralischen Einflusses spiegelte eine andere theologische Perspektive wider, die eine stärkere Rolle der Menschen bei der Erlösung forderte, wie viele Menschen während der Reformation erlebten. Die (strafrechtliche) Substitutions-Ansicht spiegelte eine protestantische Ära wider, in der Rechtsangelegenheiten für die Gesellschaft zunehmend an Bedeutung gewannen. Die Regierungs-Ansicht spiegelte eine theologische Perspektive der Aufklärung wider, die nicht glaubte, dass Gott ein gewaltsames Blutopfer verlangte, um Menschen zu vergeben. Unabhängig davon, ob die oben genannten Ansichten den jeweiligen Ort und die Zeit widerspiegeln, in der sie sich durchsetzten, müssen sich Christen der Kontextualität all ihrer theologischen Aussagen bewusst sein. Ihre Kontextualität macht sie nicht relativ oder irreal; es hilft uns lediglich, uns der Behauptungen der Christen, dass sie wahr sind, bewusster und demütiger zu werden.

Globale Perspektiven

Überall auf der Welt haben Christen und Kirchen ihre jeweiligen soziokulturellen Kontexte genutzt, um Jesus und das Evangelium anderen zu vermitteln. In Asien wird Jesus oft als Guru oder Avatar angesehen, und die Sühne wird als Friedenskind betrachtet, das zwischen Stämmen ausgetauscht wird, um Stammesgewalt zu verhindern. In Afrika wird Jesus oft als Medizinmann angesehen, und die Sühne wird im Kontext von Heilungsritualen betrachtet.

Sind diese soziokulturellen Auffassungen synkretistisch? Häretisch? Vielleicht. Aber nicht unbedingt. Nicht alle Zeichnungen aus Teilen der Welt außerhalb der USA und Europas vermitteln biblische und historische christliche Glaubenssätze, Werte und Praktiken wirksam. Daher ist bei der Übersetzung des Evangeliums in andere soziokulturelle Kontexte große Sorgfalt geboten. Wenn solche Versuche jedoch von Christen als kontextbezogen kritisiert werden und diese Kritiker ihren eigenen soziokulturellen Kontext sowie die früheren Ansichten zur Sühne nicht erkennen oder anerkennen, sind sie bestenfalls inkonsistent und schlimmstenfalls heuchlerisch. Da theologische Formulierungen die Situation widerspiegeln, in der sie entstanden sind, müssen Christen und

Kirchen offen sein für das, was sie aus dem globalen Gottesverständnis in ihrem eigenen Kontext – Vergangenheit und Gegenwart – lernen können.

Bedeutung der Relationalität

Ein roter Faden, der sich durch alle Ansichten zur Sühne zieht, ist letztlich die Wiederherstellung der Beziehung zwischen Gott und den Menschen. Erlösung ist persönlich! Es ist Liebe, die diese Beziehung motiviert. Natürlich beginnt Liebe bei Gott. 1. Johannes 4,19 sagt: "Wir lieben, weil er uns zuerst geliebt hat." Obwohl vieles beachtet werden muss, um die Bundesgemeinschaft mit Gott wiederherzustellen, ist die Liebe zu Gott mit ganzem Herzen, ganzer Seele, ganzem Verstand und ganzer Kraft das *Telos* – das Ende, das Ziel.

Die verschiedenen Auffassungen von Sühne sprechen von Opfer, Genugtuung, moralischem Einfluss, Stellvertretung, Herrschaft und vielem mehr. Gott soll die objektive Grundlage für die Erlösung der Menschen geschaffen haben. Doch Erlösung betrifft nicht nur die Vergangenheit, sondern auch die Gegenwart. In der Gegenwart sollen die Menschen glauben und Buße tun; von ihnen wird auch erwartet, dass sie sich persönlich mit Gott, ihrem Schöpfer, ihrem Erlöser, ihrem *Abba*, versöhnen. Wir sollen Gott jetzt und für immer lieben, und Liebe erfordert die Entscheidung der Menschen, Gott mit ganzem Herzen, ganzer Seele, ganzem Verstand und ganzer Kraft zu lieben. Darüber hinaus sollen sie ihren Nächsten – individuell und kollektiv, lokal und global – wie sich selbst lieben.

Abschließende Kommentare

Glücklicherweise kam es bei meinen Töchtern nicht oft vor, dass sie Kekse stahlen. Wie Jesus "nahmen sie zu an Weisheit und Alter und an Gunst bei Gott und den Menschen" (Matthäus 2,52). Ich habe allen Grund, stolz auf meine Töchter zu sein!

Eines der einzigartigen Merkmale des Christentums ist, dass die Erlösung den Menschen nicht durch eigene Anstrengung oder Verdienst, nicht durch Selbsterkenntnis oder Selbstverwirklichung zuteilwird. Die Erlösung ist ein Geschenk, das Gott durch Jesu Leben, Tod und Auferstehung objektiv gewährt. Unabhängig davon, wie man sich die Sühne vorstellt – mit verschiedenen Worten, Bildern und Analogien –, führt sie zur Versöhnung mit Gott, zu einer erneuerten Beziehung, die jetzt beginnt und ewig währt.

Kapitel 14
Gottes Anwalt

Der Heiligen Schrift zufolge ist Jesus nach seiner Kreuzigung auferstanden. So sehr sich die Jünger über Jesu Auferstehung freuten, konnten sie die Bedeutung dieser Auferstehung – sowohl für Jesus als auch möglicherweise für sich selbst – nur schwer begreifen. Was die Jünger noch mehr verwirrte, war Jesu Ankündigung, sie wieder zu verlassen – in den Himmel aufzufahren. Warum konnte Jesus nicht bleiben? Warum konnte Jesus nicht weiterhin bei ihnen sein und ihnen helfen?

Jesus hatte solche Fragen vorausgesehen und seinen Jüngern im Voraus gesagt, dass es am besten wäre, wenn er nicht immer bei ihnen bliebe. Stattdessen würde er einen Fürsprecher (und Tröster) senden, der für immer in Geist und Kraft bei ihnen sein würde – den Heiligen Geist. In Johannes 16,7 sagt Jesus: "Wahrlich, wahrlich, ich sage euch: Es ist gut für euch, dass ich weggehe. Denn wenn ich nicht weggehe, kommt der Fürsprecher nicht zu euch; wenn ich aber gehe, werde ich ihn zu euch senden." In gewissem Sinne wäre es, als ob Jesus, oder zumindest der Geist Jesu, immer bei den Jüngern wäre. Tatsächlich wäre Jesus durch den Heiligen Geist, die dritte Person der Dreifaltigkeit, immer bei ihnen. Der Heilige Geist wäre beständiger und inniger bei den Jüngern, als es jeder einzelne Mensch auf Erden könnte.

Es ist leicht zu verstehen, dass Jesu Jünger ihn immer um sich haben wollten. Doch das war nicht möglich. Es war auch nicht hilfreich für die Jünger (und andere) in ihrer Entwicklung als Menschen, als Nachfolger Jesu. Deshalb forderte Jesus seine Jünger auf, auf das Kommen – die geistliche Ausgießung – des Heiligen Geistes Gottes zu warten, die an einem Ereignis geschah, das wir heute Pfingsten nennen (siehe Apostelgeschichte 2). Von da an hatten Jesu Nachfolger den Vorteil einer geistlich innigeren und unmittelbareren Beziehung zu Gott, der die Menschen trösten, ermutigen, führen und stärken würde, wie sie es noch nie zuvor erlebt hatten.

Natürlich hatte Jesus den Heiligen Geist schon zuvor erfahren, als er auf Erden lebte und wirkte. In den Evangelien lesen wir, wie der Heilige Geist Jesus diente, ihn leitete und ihm Kraft gab. Er lebte nicht als Gott auf Erden; Jesus lebte als vergängliche Person, so wie wir als vergängliche Menschen leben. Jesus hat uns tatsächlich ein Vorbild dafür gegeben, was wir im Leben erreichen können – persönlich und kollektiv –, denn wir leben mit demselben Heiligen Geist, der Jesus Kraft gab.

Wer ist dieser Heilige Geist? Was bedeutete es für Jesus, den Heiligen Geist einen Fürsprecher zu nennen? Einen Tröster? Und mehr. Für Christen heute sollte die Rede vom Heiligen Geist von großer Bedeutung sein, da sie sich heute mit ihm auseinandersetzen. Doch historisch und heute zögern Christen aus verschiedenen Gründen, sich auf den Heiligen Geist zu konzentrieren. Vielleicht ist es zu schwer, sich den Heiligen Geist vorzustellen: Zu geheimnisvoll? Zu gesichtslos? Zu ungreifbar? Lassen Sie uns mehr über Gottes innigste und persönlichste Gegenwart bei uns erfahren.

Der Anwalt

Jesus bezeichnete den Heiligen Geist als "Fürsprecher", was in manchen Bibelübersetzungen als "Tröster" beschrieben wird. Als unser Fürsprecher wirkt der Heilige Geist direkt im und durch das Leben der Gläubigen, ja durch jeden Menschen. Der Heilige Geist ist unser ständiger Fürsprecher und setzt sich für das Leben der Menschen ein – er initiiert, ermöglicht und vollendet die göttliche Gnade in ihnen. Die Heilige Schrift erwähnt viele Werke des Heiligen Geistes, und die Leser mögen überrascht sein, wie ausführlich sie darüber sprechen, angesichts der vergleichsweise geringen Aufmerksamkeit, die Christen und Kirchen dem Heiligen Geist schenken.

Vieles, was die Heilige Schrift über den Heiligen Geist sagt, hat mit der Erlösung von Menschen zu tun – was die Heilige Schrift manchmal als "Gabe des Heiligen Geistes" bezeichnet (Apostelgeschichte 2,38). Der Heilige Geist initiiert die Erlösung, indem er Menschen zur Bekehrung aufruft und durch Gnade in ihrem Leben wirkt, um sie über Fragen der Erlösung zu erleuchten. Der Heilige Geist befähigt Menschen auch, zu glauben und die Erlösung anzunehmen, doch müssen sie selbst entscheiden. Diese Entscheidungen werden durch Gnade ermöglicht, sind aber nicht ohne die unbefangene Entscheidung des Menschen für die Erlösung getroffen. Die von Gott ermöglichte Entscheidung des Menschen ist auch der Grund, warum sich manche entscheiden, nicht zu glauben und die Erlösung nicht anzunehmen. Manche dieser erlösenden Wirkungen des Heiligen Geistes geschehen dramatisch und augenblicklich; andere wirken allmählich im Kontext einer fürsorglichen Kirche. Unabhängig von den Umständen wird von den Menschen irgendwann erwartet, selbst zu entscheiden.

Wer durch Gnade und Glauben erlöst wird, dem sei Mut gemacht, dass die Fürsprache des Heiligen Geistes nicht mit der Bekehrung endet. Im Gegenteil: Die Bekehrung ist eine von vielen Stufen eines ganzheitlicheren Verständnisses von Erlösung, das das ganze Leben hindurch anhält und darauf hinwirkt, das Bild Gottes in den Menschen wiederherzustellen und zu heilen. So wie Gottes Gnade durch den Heiligen Geist Menschen einlädt und überzeugt, zum Christentum zu konvertieren, so heiligt Gottes Gnade Gläubige fortwährend und ermöglicht ihnen so die Erfahrung der Heilsgewissheit. "Heiligung" ist ein theologischer Begriff für all das Wachstum, das in einem Menschen nach der Erlösung stattfindet. Der Heilige Geist hilft Gläubigen, Gott und ihren Nächsten mehr zu lieben, so wie sie sich selbst lieben. Natürlich gibt es viele Aspekte der Erlösung, wenn man sie als mehr als nur eine "Eintrittskarte in den Himmel" betrachtet. Erlösung bedeutet mehr als nur Erlösung – Erlösung bedeutet Transformation. Die Erlösung, ganzheitlich betrachtet, hat weitreichende Auswirkungen darauf, wie Gott die Gläubigen in ein größeres Christusähnlichkeitsgefühl verwandeln möchte und wie Gott die Welt auf eine Weise verändern möchte, die alle Dienste (und nicht nur einige wenige) widerspiegelt, die Jesus seinen Anhängern auf Erden auftrug.

Frucht des Geistes

Die Heilige Schrift beschreibt auf vielfältige Weise, wie der Heilige Geist im Leben der Gläubigen wirkt. Die "Frucht des Geistes" beschreibt Paulus einige der Tugenden, die Gott durch den Heiligen Geist hervorbringt: "Liebe, Freude, Friede, Geduld, Freundlichkeit, Großzügigkeit, Treue, Sanftmut und Selbstbeherrschung" (Galater 5,22-23). Diese Tugenden entstehen nicht durch Wunder, obwohl Gott dies tun könnte, wenn er es wollte. Ein tugendhaftes Leben entwickelt sich in der Regel dadurch, dass Gläubige in ihrem

Gebetsleben, ihrem Bibelstudium, ihrer Gemeindeerziehung, ihren spirituellen Übungen und anderen Gnadenmitteln synergetisch mit Gottes Geist zusammenarbeiten.

Ein tugendhaftes Leben nützt nicht nur dem individuellen Leben. Es wirkt sich auch positiv auf den Umgang mit anderen aus, indem man ihnen Liebe und Mitgefühl entgegenbringt. Ein tugendhaftes Leben nützt, wie man sich liebevoll für die Bedürfnisse, Verletzungen und das Leid anderer einsetzt. Das Studium von Tugenden und Lastern hat im Leben von Christen in der gesamten Kirchengeschichte eine große Rolle gespielt, aber Tugenden und Laster haben mehr zu tun als nur persönlichen Frieden und Zufriedenheit. Es geht darum, Jesu Lehren, Gebote und Prinzipien umzusetzen, um der Gesellschaft als Ganzes zu helfen und die Ungerechtigkeiten und Verarmungen zu überwinden, die die Menschen plagen. Die Wohltaten des Geistes Gottes dienen nicht nur der Befreiung von Einzelnen, sondern auch von Gruppen, so wie Jesus sich in seinem Dienst Gruppen von Menschen zuwandte – den Armen, Hungrigen, Nackten und Gefangenen.

Gaben des Geistes

In der Heiligen Schrift ist die Rede von den Gaben des Heiligen Geistes, und aufgrund der Entstehung der Pfingstbewegung haben sich diese Gaben im 20. Jahrhundert unter Christen stärker in den Mittelpunkt gerückt. In der Kirchengeschichte wurde im Christentum jedoch meist von einer geistlichen "Gabe" als "Charisma" (*Charisma*, von griechisch *charis* – "Gnade", vgl. Plural *charismata* oder Charismen) gesprochen, womit sich jede Art und Weise bezeichnet, wie Gott Christen zum geistlichen Wohl anderer wie auch zu ihrem eigenen Wohl einsetzen kann. Manche Christen besitzen die Gabe eines bestimmten Charismas. So dürfen Christen beispielsweise predigen, lehren, evangelisieren, verwalten, geben oder anderen dienen, wie Gottes Geist sie führt und ihnen die Kraft dazu gibt. Es wurde nicht angenommen, dass es in der Heiligen Schrift eine endgültige Liste solcher Charismen gibt, und tatsächlich finden Christen heute vielleicht neue Wege, anderen zu dienen, an die sich die biblischen Autoren nicht erinnerten.

Pfingstler haben ein spezifischeres Verständnis von geistlichen Gaben und glauben, dass Gott Christen auf einzigartige

Weise eine oder mehrere übernatürliche Gaben schenkt, die sie für den Dienst innerhalb und außerhalb der Kirche einsetzen sollen. Einige Pfingstler glauben, dass Christen nach ihrer Bekehrung die Taufe mit (oder im) Heiligen Geist anstreben sollten, was üblicherweise durch Zungenreden bewiesen wird. Obwohl nicht alle Pfingstler Zungenreden als nachweisbaren Beweis für die Taufe mit dem Heiligen Geist verlangen, ist es ihrer Meinung nach ein Privileg, das Christen durch die Fortsetzung geistlicher Gaben erfahren (und anstreben) können, trotz langer Perioden in der Kirchengeschichte, in denen die Manifestation solcher Gaben nicht weit verbreitet war.

Einige Christen argumentieren, dass die geistigen Gaben als übernatürliche Gabe nach dem ersten Jahrhundert aufgehört hätten, darunter auch viele andere Wunder- und Heilungsphänomene. Die Mehrheit der Christen glaubt jedoch, dass der Heilige Geist auch heute noch wie in biblischen Zeiten wirkt. Allerdings werden die Gaben eher als Charismen verstanden, die alle Christen unter der Führung und Kraft des Geistes Gottes offenbaren sollten, und nicht als eine begrenzte Anzahl übernatürlicher Gaben.

Die Pfingstbewegung hat dem Christentum einen großen Dienst erwiesen, indem sie Christen daran erinnert, wie wichtig es ist, sich auf die Person und das Wirken des Heiligen Geistes zu konzentrieren. Allzu oft werden die Gegenwart und Kraft Gottes im Leben der Menschen heruntergespielt, weil man glaubt, Gottes gegenwärtige Rolle in unserem Leben sei gering, wenn nicht gar nicht vorhanden. Dies ist ein großes Missverständnis der Heiligen Schrift und des Heiligen Geistes. Christentum sollte nicht als passives Platzhaltertum betrachtet werden, das auf einer längst erreichten Sühne beruht. Es muss als eine dynamische, gegenwärtige Beziehung zu Gott erlebt werden, die sowohl uns selbst als auch unseren Umgang mit anderen positiv beeinflusst.

Pfingsten

Wie verstehen wir das Pfingstereignis, den Tag, an dem der Heilige Geist unter allen Menschen, Christen und Nichtchristen, wirksam wurde? Der Heiligen Schrift zufolge geschahen viele dramatische Dinge: Feuer erschien auf den Köpfen der Jünger Jesu, Zungenreden begann, und über 3.000 Menschen bekehrten sich! Was das Zungenreden betrifft, gibt es unter Christen unterschiedliche Auslegungen. Pfingstler gehen im Allgemeinen davon aus, dass die

Jünger Jesu in den bekannten Sprachen aller Anwesenden sprachen. Späteres Zungenreden bestand entweder aus bekannten Sprachen oder aus Engelssprachen (z. B. 1. Korinther 13,1). Pfingsten stellte somit eine Erfahrung dar, nach der alle Christen nach ihrer Bekehrung, der sogenannten Taufe mit (oder im) Heiligen Geist, streben sollten. Danach werden sie auf übernatürliche Weise mit einer oder mehreren geistlichen Gaben ausgestattet. Pfingstler sprechen oft von neun geistlichen Gaben:

> Jedem wird die Offenbarung des Geistes zum Wohle aller gegeben. Dem einen wird durch den Geist die Gabe gegeben, Weisheit zu reden, dem anderen die Gabe, Erkenntnis zu reden, einem anderen durch den gleichen Geist, einem anderen die Gabe, gesund zu werden, einem anderen die Gabe, Wunder zu wirken, einem anderen die Gabe der Prophetie, einem anderen die Gabe der Unterscheidung der Geister, einem anderen verschiedene Arten der Sprachenrede, einem anderen die Gabe der Auslegung der Sprachen (1. Korinther 12,7-11).

Andere biblische Listen weisen jedoch auf zusätzliche geistliche Gaben hin (siehe Römer 12,6-8; 1. Korinther 12,28; Epheser 4,11).

Nicht-pfingstlerische Deutungen betrachten das Pfingstereignis als ein einzigartiges Erlebnis, das nicht unbedingt für alle gelten sollte. Zu Pfingsten geschah etwas Großes: Der Heilige Geist kam auf die Erde und wurde allgegenwärtig und dauerhaft gegenwärtig, sodass sich Gottes Evangelium wirksamer verbreiten konnte, da der Geist Jesu Nachfolger befähigte. Unabhängig davon, wie man die Pfingstereignisse interpretiert, zeigen sie, wie Christen heute – durch den Heiligen Geist – kraftvoll im Dienst Gottes und ihrer Mitmenschen wirken.

Und schließlich ist Pfingsten ein entscheidendes Beispiel dafür, dass das Evangelium nicht mehr nur den Juden, sondern allen Menschen bekannt war. Dieses Thema zieht sich durch die Apostelgeschichte, die berichtet, was die ersten Christen unmittelbar nach Jesu Tod und Auferstehung taten. Als Jesus im Begriff war, in den Himmel aufzufahren, fragten ihn seine Anhänger eifrig nach der Aussicht, das Reich König Davids hier und jetzt wiederherzustellen. Stattdessen sagte Jesus: "Euch ist nicht zuzustehen, Zeiten oder Fristen zu kennen, die der Vater in seiner Macht festgesetzt hat. Aber ihr werdet die Kraft des Heiligen Geistes empfangen, der auf euch herabkommen wird, und werdet meine Zeugen sein in Jerusalem und in ganz Judäa und Samarien und bis an die Enden der Erde"

(Apostelgeschichte 1,7-8). Bis an die Enden der Erde! Das Evangelium sollte inklusiv, nicht exklusiv sein; das Evangelium sollte für alle Menschen sein, egal wer sie waren. In der Apostelgeschichte wird immer wieder von den Schwierigkeiten berichtet, andere Menschen zu akzeptieren – Nichtjuden, Menschen anderer Herkunft, anderer Sprachen und Nationalitäten usw. Natürlich fällt es Christen auch heute noch schwer, integrativ zu sein, und doch ist es der Kern des Evangeliums Jesu, insbesondere wie es in der Apostelgeschichte beschrieben wird.

Abschließende Kommentare

Jesus ist vielleicht nicht mehr persönlich bei uns, und wir vermissen ihn. Dennoch sagte Jesus, dass es uns besser geht, wenn der Heilige Geist ständig bei uns ist, als wenn er physisch auf der Erde bleibt. Warum? Weil der Heilige Geist ständig und unmittelbar in unserem Leben präsent ist. Er tröstet und ermutigt uns in Zeiten der Not; er erinnert uns an Jesus und seine Lehren und leitet uns im Alltag; und, was vielleicht am wichtigsten ist: Er gibt uns Kraft und schenkt uns die Gnade, so zu sein, zu denken und zu handeln, wie es Gott gefällt und uns erfüllt.

Fällt es Ihnen immer noch schwer, sich den Heiligen Geist vorzustellen? Denken Sie an Jesus, oder, wenn Sie es vorziehen, an den Geist Jesu. Der Heilige Geist repräsentiert Jesus, genauso wie er Gott, unseren Schöpfer und Heiland, repräsentiert. Denken Sie also daran, dass Jesu Geist immer bei uns ist. Dieser Geist ist unser größter Fürsprecher und Tröster im Leben.

Kapitel 15
Schrift, Tradition, Vernunft und Erfahrung

Als ich mein Studium begann, besuchte ich ein Schreibseminar für Studienanfänger. Dort beriet mein Professor die Studenten individuell. In einer dieser Beratungssitzungen sagte mir mein Professor, ich solle nicht so viele (wenn überhaupt) Semikolons verwenden. Er sagte, das sei ein schlechter Schreibstil. Zu meiner Verteidigung sagte ich, die Heilige Schrift enthalte Semikolons. Mein Professor antwortete sachlich, es sei ihm egal, ob die Heilige Schrift Semikolons enthalte; das sei ein schlechter Schreibstil. Ich war sprachlos! Es lag nicht an meiner Verwendung von Semikolons, sondern daran, dass es das erste Mal seit meiner Erinnerung war, dass jemand außerhalb der Kirche so entschieden (und lässig) davon sprach, die Heilige Schrift sei in irgendeiner Weise "schlecht ".

Damals benutzte ich die King-James-Bibel von 1611, die in altmodischem Englisch geschrieben ist (z. B. "thee", "thou"). Zudem entsprach sie nicht mehr den modernen Trends der englischen Grammatik – ganz zu schweigen davon, dass die Originalsprachen der Bibel keinerlei Zeichensetzung enthalten. Wie dem auch sei, ich hatte lange mit Familie und Freunden in der Kirche über die offensichtlichen Widersprüche der Heiligen Schrift diskutiert und diskutiert, von chronologischen Ungereimtheiten in der Genesis bis hin zu phantastischen Spekulationen über die Endzeit im Zusammenhang mit der Offenbarung des Johannes. Die Heilige Schrift passte auch nicht zu dem, was ich in der Schule über Physik, Geologie, Biologie und Verhaltenswissenschaften gelernt hatte. Historisch gesehen enthielt die Heilige Schrift sowohl interne als auch externe chronologische Diskrepanzen. Moralisch betrachtet fand ich in der Heiligen Schrift zunehmend ethische Lehren, die mich beunruhigten: Sklaverei? Gewalt gegen Frauen? Krieg? Völkermord? Und diese beunruhigenden Lehren entstanden nicht auf menschliche Veranlassung, sondern auf Gottes Veranlassung!

Als ich aufwuchs, besuchte ich keine Kirche, die eine moderne Sichtweise des biblischen Perfektionismus vorschrieb, die in ihrer einfachsten Form behauptet, die Heilige Schrift enthalte keine Fehler, auch keine Fehler in Wissenschaft und Geschichte. Christen, die für die Fehlerlosigkeit (oder Irrtumslosigkeit) der Heiligen Schrift argumentieren, führen meist eine lange Liste von Qualifikationen für ihre Aussagen und ihre Ablehnungen zur Definition eines Fehlers an. Doch so viele Qualifikationen werfen die Frage nach den Widersprüchen in der Heiligen Schrift auf. Deshalb studierte ich die Heilige Schrift immer intensiver, um selbst zu entscheiden, was ich über ihre Zuverlässigkeit, Wahrhaftigkeit und Vertrauenswürdigkeit glaube. Ironischerweise sind es meist nicht diejenigen, die mit der Heiligen Schrift nicht vertraut sind, die am meisten mit ihrer Wahrheit, Moral und religiösen Autorität hadern. Vielmehr sind es diejenigen, die die Heilige Schrift eingehend studieren, zum Beispiel mit ihrer Gattung, ihrem historischen und literarischen Kontext, die am meisten mit ihrer Zuverlässigkeit hadern. Das ist eine Mahnung für uns, die Heilige Schrift genauer zu betrachten. Wenn uns die Wahrheitsansprüche der Heiligen Schrift nicht beunruhigen, dann lesen wir sie nicht genau genug!

Natürlich ist die Heilige Schrift nicht einfach vom Himmel gefallen, wie manche Christen zu glauben scheinen. Stattdessen wurde sie über Jahrhunderte hinweg geschrieben, und es dauerte noch einige Jahrhunderte nach Jesu Lebzeiten, bis ein Kanon – ein standardisierter Satz christlicher Schriften – etabliert wurde. Lassen Sie uns also über einige Merkmale sprechen, die Christen verwenden, um ihren Glauben an die Heilige Schrift zu beschreiben.

Inspiration der Heiligen Schrift

Die meisten Christen beziehen sich auf 2. Timotheus 3,16, wenn sie die Heilige Schrift als göttlich inspiriert beschreiben: "Denn alle Schrift, von Gott eingegeben, ist nütze zur Lehre, zur Überführung, zur Besserung, zur Erziehung in der Gerechtigkeit, damit jeder, der Gott angehört, richtig sei und zu jedem guten Werk geschickt." Einige Bibelübersetzungen sprechen von "von Gott eingegeben" (z. B. die New International Version), was ebenfalls den göttlichen Charakter der Heiligen Schrift betont. Spätere Beschreibungen der Heiligen Schrift als "nützlich" (z. B. in der King-James-Bibel oder der New American Standard Version) wirken jedoch wenig überzeugend, wenn man die hochtrabenden Behauptungen bedenkt, die Christen manchmal über die Vollkommenheit oder Fehlerlosigkeit der Heiligen Schrift aufstellen.

Obwohl die Mehrheit der Christen an die göttliche Inspiration der Heiligen Schrift glaubt, kann Inspiration unterschiedlich verstanden werden. Sie kann eine absolute Inspiration implizieren, sodass man aufgrund der Inspiration eines vollkommenen Gottes auf eine vollkommene Heilige Schrift schließen kann. Sie kann aber auch die Inspiration von Ideen implizieren, etwa wie ein Lehrer einen Schüler inspiriert. Das bedeutet aber nicht zwangsläufig, dass die Schrift auch nur annähernd perfekt ist. In der Kirchengeschichte herrschte kein Konsens darüber, was es bedeutet, dass die Heilige Schrift göttlich inspiriert ist. Tatsächlich deuten zunehmende historische und kritische Studien der Heiligen Schrift auf ein bescheideneres und fehlbareres Verständnis ihrer Verlässlichkeit hin, unabhängig davon, ob man die Heilige Schrift primär als religiösen Text oder als gleichermaßen maßgeblichen Text über Wissenschaft und Geschichte versteht.

Ein vielleicht besseres Wort, um die Autorität der Heiligen Schrift in der Kirchengeschichte zu beschreiben, ist "Genügsamkeit". Christen verwenden dieses Wort in Glaubensbekenntnissen, um über die Inspiration, Zuverlässigkeit und Autorität der Heiligen Schrift zu sprechen. Das Wort "Genügsamkeit" hat den Vorteil, in der Heiligen Schrift zu finden. Als der Apostel Paulus beispielsweise darüber sprach, dass seine Gebete um Heilung nicht zur Heilung führten – zumindest nicht so, wie er es sich erhofft hatte –, sagte er, Gott habe stattdessen zu ihm gesagt: "Meine Gnade genügt dir; denn meine Kraft wird in der Schwachheit mächtig" (2. Korinther 12,9). Obwohl Paulus nicht über die Heilige Schrift sprach, verwenden Christen und Kirchen das Wort "Genügsamkeit", um auszudrücken, dass wir mit der Heiligen Schrift zufrieden sein sollen, die Gott uns gegeben hat, und uns nicht mit der Schrift zufrieden geben sollen, die wir uns wünschen. Schließlich wäre es schön, eine fehlerlose Heilige Schrift zu haben. Doch diese Konzepte wirken eher wie Wunschdenken, projiziert auf die Heilige Schrift, die sich auf modernistische Argumente (z. B. Irrtumslosigkeit, Unfehlbarkeit) stützt, statt auf bekannte Begriffe aus den biblischen Texten. Schließlich war es der Heilige Geist, der die Menschen dazu bewegte, prophetisch zu sprechen, was zur Entstehung der Heiligen Schrift führte (2. Petrus 1,20-21). Es ist also der Heilige Geist, der die

Vollständigkeit der Heiligen Schrift garantiert, und nicht wissenschaftliche und historische Argumente, die sie legitimieren.

Religiöse Autorität

Seit Jesu Zeiten hatte religiöse Autorität mehr mit persönlicher als mit biblischer Autorität zu tun. Jesus übertrug seinen Jüngern Autorität, und in der frühen Kirche repräsentierten die Jünger Gottes höchste religiöse Autorität. Später berichtet die Apostelgeschichte davon, wie der Rat von Jerusalem mit Autorität im Namen der Kirche sprach und dass nicht mehr die Jünger, sondern der Älteste Jakobus die Führung übernahmen (Apostelgeschichte 15,1-21). Zwar wurde auf die Heilige Schrift (vor allem das Alte Testament) verwiesen, doch die höchste Autorität lag bei der Kirchenleitung.

In den darauffolgenden Jahrhunderten wurde religiöse Autorität primär von der Kirchenführung ausgeübt. Im westlichen Christentum wurden der Papst und die von der katholischen Kirche in Rom etablierten Lehrtraditionen zu den wichtigsten religiösen Autoritäten. Auch im westlichen Christentum waren protestantische Reformatoren wie Luther der Ansicht, die Führung der katholischen Kirche sei korrupt geworden, und so sei die Heilige Schrift die einzige Autorität, auf die sich Christen zuverlässig verlassen könnten. *Sola Scriptura* (lat.: "Allein die Schrift") wurde zum Slogan der Reformation, da Protestanten ihre alternativen Kirchen gründen mussten, insbesondere in Kontinentaleuropa, wo Luther die Spaltung von der katholischen Kirche überwachte.

Auch in Großbritannien fand eine Reformation statt, doch die Führung der Church of England (auch als Anglikanismus bekannt) wollte einen "Mittelweg" (lat. *"via media"*) zwischen Katholizismus und kontinentalem Protestantismus finden. Bei der Entwicklung dieses Mittelwegs räumten anglikanische Theologen ein, dass Christen sich auf mehr Autoritäten verlassen als nur auf die Heilige Schrift. Wir verlassen uns auch auf Vernunft und Tradition.

In späteren protestantischen Erweckungsbewegungen galt Erfahrung zunehmend als maßgeblich für das Verständnis christlicher Glaubenssätze, Werte und Praktiken. Wesley beispielsweise berief sich auf die Erfahrung als echte – wenn auch sekundäre – religiöse Autorität, die neben anderen wissenschaftlichen und historischen Erfahrungen auch persönliche religiöse Erfahrungen (z. B. Bekehrung, Gebet) einschloss. Er hielt sich selbst nicht für einen theologischen Neuling, sondern erkannte vielmehr an, wie alle Christen und Kirchen Theologie im Kontext von Heiliger Schrift, Tradition, Vernunft und Erfahrung betrieben.

Schrift, Tradition, Vernunft und Erfahrung

Christen beziehen sich auf vielfältige Weise auf den Kontext ihrer Überzeugungen, Werte und Praktiken, und das Wesleyanische Viereck ist nur eine davon. Es bedarf jedoch eines Bewusstseins für die wechselseitige Abhängigkeit verschiedener Autoritäten, die das tatsächliche Handeln von Christen und Kirchen beeinflussen. Obwohl die Heilige Schrift als göttliche Offenbarung einen hohen Stellenwert genießt, wurde sie doch in bestimmten historischen und literarischen Kontexten offenbart und in verschiedenen Genres verfasst. Daher müssen wir die dynamische Vernetzung zwischen Schrift, Tradition, Vernunft und Erfahrung anerkennen, zumindest um zu verstehen, wie Christen und Kirchen ihre Überzeugungen und Werte tatsächlich bestimmen und anwenden.

In der Kirchengeschichte haben Christen die Theologie zeitweise auf eine einzige Form der Reflexion reduziert und Schrift, Vernunft, Tradition oder Erfahrung über alle anderen Formen der Gottesbetrachtung gestellt. So stellten beispielsweise Deisten im 18. Jahrhundert die Vernunft über Schrift und Tradition, und liberale Protestanten im 19. Jahrhundert stellten die Erfahrung über alle anderen religiösen Autoritäten. Diese Theologien gefährdeten das historische Verständnis der Schrift und der orthodoxen christlichen Tradition, ihr Einfluss ist jedoch ungebrochen.

In unserer sogenannten postmodernen Ära haben Christen weniger Vertrauen in die Verlässlichkeit religiöser Autoritäten, einschließlich der biblischen. Obwohl sie glauben, dass Gott solche Grenzen überwindet, tun es die Menschen nicht. Daher müssen christliche Überzeugungen, Werte und Praktiken als kontingent und nicht als sicheres Wissen betrachtet werden. Sie sind geprägt vom jeweiligen soziokulturellen Kontext, in dem sie entstanden sind. Auch die Heilige Schrift muss – bis zu einem gewissen Grad – als kontingent durch die jeweiligen Umstände ihrer Entstehung betrachtet werden. Weder rationale Argumentation noch empirische Beweise können christliche Wahrheitsansprüche legitimieren; es sind Glaubensansprüche und nicht rational oder empirisch begründete

Behauptungen. Und obwohl es wie ein Vertrauensvorschuss erscheinen mag, an die Bibel zu glauben, erklärt selbst die Bibel selbst, dass dies oft der Fall ist. Wie der Apostel Paulus bemerkte: "Wir leben im Glauben und nicht im Schauen" (2 Kor 5,7).

Interpretation der Heiligen Schrift

Wie sollte die Heilige Schrift angesichts dessen, was wir über ihren situierten Charakter gelernt haben, ausgelegt werden? In der frühen Kirche waren sich die Christen der Schwierigkeit der Auslegung biblischer Passagen sehr bewusst. Zwei frühe Auslegungsformen waren die wörtliche und die allegorische (oder bildliche, symbolische) Auslegung. Christen wussten jedoch, dass eine wörtliche Auslegung nicht immer die beste ist. Was tun wir beispielsweise mit Passagen, die nahelegen, sich die Augen auszustechen oder die Hände abzuhacken, wenn dies zur Sündhaftigkeit beiträgt (z. B. Matthäus 5,29; 18,9), wenn solche Praktiken weder in der Heiligen Schrift noch in der Kirchengeschichte erwähnt werden? Was tun wir mit Passagen, die dazu auffordern, sich mit einem "heiligen Kuss" zu begrüßen oder Frauen das Tragen von "Gold, Perlen oder kostbarer Kleidung" verbieten, wenn solche Praktiken üblicherweise als kulturell relativ angesehen werden (z. B. Römer 16,16; 1. Timotheus 2,9)? Manchmal glaubte man, schwer verständliche Passagen ließen sich besser durch einen allegorischen Ansatz interpretieren, der Erklärungen mit Analogien, Metaphern, Typologien oder anderen symbolischen Bildern einschließt. In der frühen Kirche galten allegorische Interpretationen oft als wichtiger als wörtliche Interpretationen, darunter auch wörtliche Interpretationen der Genesis und der Offenbarung.

Die meisten Christen versuchten, bei ihrer Bibelauslegung induktiv vorzugehen. Sie wollten, dass die Bibeltexte für sich selbst sprechen, anstatt sich stark auf theologische Quellen und kirchliche Traditionen zu stützen. Induktion betont das unmittelbare Studium biblischer Texte und die Verwendung der Heiligen Schrift zur Auslegung der Heiligen Schrift. Oftmals greifen Christen sofort auf Wörterbücher, Kommentare und andere heute leicht verfügbare Ressourcen zurück, insbesondere Online-Ressourcen. Obwohl diese sehr hilfreich sein können, dürfen wir nicht vergessen, dass die Bibel auch für sich allein eine umfassende Bedeutung hat. Heutzutage tun die Menschen gut daran, die Heilige Schrift selbst induktiv zu studieren, bevor sie Schlussfolgerungen über biblische Texte ziehen, über die sie dann deduktiv predigen, lehren oder Zeugnis ablegen. Sowohl Induktion als auch Deduktion sind wichtig für die Vermittlung des Evangeliums, insbesondere wie es in der Heiligen Schrift zu finden ist. Ein induktiver Ansatz hilft jedoch dabei, biblische Texte selbst zu erschließen.

Mit der Zeit entstanden weitere Formen der Bibelkritik. Es würde zu lange dauern, sie alle zu besprechen. Es genügt zu sagen, dass bei der Auslegung der Heiligen Schrift mindestens drei Dinge zu beachten sind. Erstens: Die Gattung eines Bibeltextes. Handelt es sich um eine historische Erzählung oder um eine Parabel, die anders interpretiert werden sollte? Weitere Gattungen sind Psalmen, Hymnen, Gedichte, Episteln, apokalyptische Literatur und mehr, die unterschiedliche Ansätze zur Auslegung der Heiligen Schrift erfordern.

Zweitens: Untersuchen Sie den historischen Kontext des Bibeltextes. Was geschah zur Zeit der Niederschrift? Was geschah anderswo im Alten Orient, das für die Auslegung der Heiligen Schrift relevant sein könnte? Historische, archäologische und andere verhaltenswissenschaftliche Informationen können die Interpretation eines bestimmten Bibeltextes erheblich bereichern.

Drittens: Studieren Sie den literarischen Kontext des Bibeltextes, beispielsweise im Verhältnis zu anderen Schriften, die zeitgleich mit der Entstehung der Heiligen Schrift entstanden sind. Allzu oft projizieren Christen auf biblische Texte, was sie selbst sagen wollen, und nicht, was die Heilige Schrift sagt. Diese Projektion wird als "Eisegese" (das Übertragen einer Interpretation auf einen Text) und nicht als "Exegese" (die kritische Auslegung eines Textes) bezeichnet. Christen möchten den literarischen Kontext eines Textes nicht immer eingehend studieren. Dennoch ist das Verständnis des Kontexts biblischer Passagen entscheidend, um die Aussage der Heiligen Schrift angemessen zu interpretieren und nicht das, was ihre Interpreten sagen wollen. Wie D. A. Carson sagte: "Ein Text ohne Kontext ist ein Vorwand für einen Beweistext ."

Abschließende Kommentare

Unsere moderne Terminologie, Theologie und Apologetik sind nicht nötig, um die Vollständigkeit der Heiligen Schrift zu verteidigen; Gottes Gnade genügt. Die Bekräftigung der Vollständigkeit schließt das historische und kritische Studium der Heiligen Schrift nicht aus, räumt aber demütig ein, dass weitere Erkenntnisse, einschließlich der Kirchengeschichte, des logischen Denkens und relevanter Erfahrung, erforderlich sind.

Die meisten Christen glauben weiterhin an die Vorrangstellung der biblischen Autorität, bekräftigen diese aber heute mit einem kontextbezogeneren und damit relevanteren Verständnis ihrer Anwendung auf Menschen – geistig und körperlich, individuell und kollektiv, zeitlich und ewig. Daher bleibt die Heilige Schrift die wichtigste Autorität, auf deren Grundlage Christen ihren Glauben, ihre Werte und ihr Handeln bestimmen.

Teil Fünf
"Damit jeder, der glaubt, nicht verloren geht"

Kapitel 16
Unsere Entscheidungen machen einen Unterschied

Eines meiner liebsten Hobbys ist Gartenarbeit. Als Kind war Gartenarbeit – vor allem Unkraut jäten – eine lästige Pflicht, die ich verabscheute. Doch als Erwachsene finde ich Unkraut jäten, beschneiden, Obst und Gemüse pflanzen und Blumen züchten belebend. Ich knie mich gerne hin, wühle mit den Händen in der Erde und gieße frisch eingepflanzte Pflanzen. Es ist ein kreativer Ausgleich und zugleich eine körperliche Erholung. Gartenarbeit hilft mir, zu entspannen, nachzudenken und die Schönheit der Natur zu genießen.

Gartenarbeit, Landwirtschaft und Schafzucht waren in der Heiligen Schrift häufig verwendete Analogien, um das Wirken Gottes im Leben der Menschen zu beschreiben. Jesus sagte: "Ich bin der Weinstock, ihr seid die Reben" (Johannes 15,5). An anderer Stelle sagte Jesus: "Ich bin der gute Hirte. Der gute Hirte gibt sein Leben für die Schafe hin" (Johannes 10,11). Ähnliche Analogien finden sich in der Heiligen Schrift, die verdeutlichen, wie Gott im und durch das Leben der Menschen wirkt.

Wie Pflanzen und Tiere wachsen, war den biblischen Autoren meist ein Rätsel, was zu ihrem Staunen über Gottes Schöpfung und seine Vorsehung beitrug. Die Heilige Schrift berichtet, wie die Menschen im Laufe der Zeit immer mehr über Landwirtschaft und Viehzucht lernten. Im Laufe der Jahrhunderte haben sie viel mehr über Gartenarbeit, Ackerbau und Schafzucht gelernt. Und doch bleibt jedes Mal ein Gefühl des Staunens, wenn eine Pflanze aus dem Boden sprießt oder ein Schaf geboren wird. Es ist, als wären wundersame Kräfte am Werk, die wir nie ganz begreifen können. Vielleicht werden wir an die Souveränität Gottes erinnert, nicht nur über die Natur, sondern auch über unser Leben und unsere Erlösung.

Es gibt christliche Theologien, die die Souveränität Gottes betonen und wie Gott das Leben der Menschen wirksam bestimmt, einschließlich der Erwählung einiger zur Erlösung (und vielleicht auch der Verdammnis anderer). Doch in der Kirchengeschichte glaubten Christen überwiegend, dass Gott durch Gnade im Leben der Menschen wirkt, damit diese auf die Eingebungen des Heiligen Geistes reagieren und sie dazu bewegen, mit der Gnade Gottes zusammenzuarbeiten, um Gottes Wirken, einschließlich der Erlösung, anzunehmen oder abzulehnen.

Obwohl es fromm klingt, zu sagen, "Gott hat alles getan" und "wir haben nichts getan", ist es in Wirklichkeit so, dass wir Dinge denken, sagen und tun, für die Gott uns zur Rechenschaft zieht. Wie ist das möglich? Der Apostel Paulus zieht in 1. Korinther 3,6 eine Analogie zur menschlichen Verantwortung aus der Landwirtschaft. Er spricht dort über Gottes und die Rolle der Menschen in geistlichen Angelegenheiten und sagt: "Ich habe gepflanzt, Apollos [ein anderer Jünger] hat begossen, Gott aber hat das Wachstum gegeben." Geistliches Wachstum ist nur der Gnade Gottes zu verdanken, doch wie die Analogie besagt, erwartet Gott dennoch von den Menschen, dass sie "pflanzen" und "begießen". Inwieweit werden also die Menschen dafür verantwortlich gemacht, auf eine Weise zu pflanzen und zu begießen, die zu ihrer Erlösung beiträgt, und auch dafür, wie sie ein christliches Leben führen sollen?

In der Heiligen Schrift lässt sich die Verantwortung der Menschen am besten anhand der verschiedenen Bündnisse oder Versprechen Gottes verstehen. Obwohl Gottes Bündnisse mit den Menschen unterschiedlich verstanden werden können, erwartete Gott, da jedes Bündnis einzigartig zwischen Gott und Einzelpersonen (und Gruppen von Einzelpersonen) geschlossen wurde, von den Menschen eine gewisse Verantwortung für den Gehorsam gegenüber den Bündnissen. Die Nichteinhaltung der Bündnisse führte zur Sünde; die erfolgreiche Einhaltung der Bündnisse stand für ein gerechtes, gerechtes Leben. Daher wurde ein gewisses Maß an Entscheidungsfreiheit vorausgesetzt. Wie könnte Gott sonst Menschen gerechterweise für ihre Entscheidungen zur Rechenschaft ziehen?

Frühchristliche Debatte

Die frühchristliche Debatte über die Rolle des Menschen, insbesondere im Hinblick auf die Erlösung, begann mit Augustinus' theologischer Schmährede gegen Bischof Pelagius im 4. Jahrhundert. Obwohl wir wenig über Pelagius' Schriften wissen, warf Augustinus dem Bischof vor, Werkgerechtigkeit zu vertreten, durch die Menschen ihre Erlösung von Gott verdienen. In der Heiligen Schrift lehnte der Apostel Paulus Werkgerechtigkeit eindeutig ab (z. B. Epheser 2,8-9).

Stattdessen argumentierte Augustinus, dass Menschen unter der Erbsünde leiden und nichts tun können, um ihre Erlösung zu verdienen. Menschen müssen sich für ihre Erlösung ganz auf Gott und seine Vorherbestimmung verlassen. Gottes Vorherbestimmung geschah vor der Erschaffung der Welt, und in diesem Leben zeigt unser Glaube, dass wir auserwählt sind; sonst hätten wir keinen Glauben (z. B. Epheser 4,1). Aus Augustins Sicht ist die göttliche Gnade wirksam (oder unwiderstehlich), und deshalb sollten diejenigen, die Glauben haben, Gott danken und ihn preisen, da es keine Bedingungen gibt, die Menschen für ihr Geschenk der Erlösung erfüllen müssen.

Augustinus mag der einflussreichste Theologe der Kirchengeschichte sein, doch in diesem Punkt widersprach ihm die Mehrheit der Christen. Caesarius von Arles und andere Anhänger der frühen Kirche hingegen glaubten, dass Gott den Menschen ein gewisses Maß an Freiheit schenkt, das durch göttliche Gnade initiiert, ermöglicht und vollendet wird, aber dennoch wahrhaft frei ist und nicht von äußeren Einflüssen bestimmt wird. Gott schränkt seine Macht über die Menschen selbst ein, damit sie die Freiheit haben, die Dinge Gottes anzunehmen oder abzulehnen. Caesarius hatte 425 den Vorsitz auf dem Konzil von Orange inne, das unter anderem den Kanon 25 verfasste:

> Auch dies glauben wir gemäß dem katholischen Glauben: Alle Getauften sind nach der durch die Taufe empfangenen Gnade fähig und sollen mit Christi Hilfe und Mitwirkung alle zum Heil notwendigen Pflichten erfüllen, vorausgesetzt, sie sind bereit, treu zu arbeiten. Dass aber manche Menschen durch göttliche Macht zum Bösen vorherbestimmt sind, glauben wir nicht nur nicht, sondern wenn es welche gibt, die so etwas Böses glauben wollen, verfluchen wir sie mit allem Abscheu.

"Anatehma", das Wort, das Caesarius für Anhänger der Prädestination verwendete, ist eine der größten Beleidigungen, die man im 5. Jahrhundert aussprechen konnte. Die meisten Christen betonten danach, dass die Menschen mit Gott zusammenarbeiten müssen, sowohl für ihre Erlösung als auch für ein christliches Leben. Diese Zusammenarbeit ist zwar nicht für das göttliche "Wachstum" verantwortlich, beschreibt aber einige der bedingten "Pflanzungen" und "Bewässerungen", die Gott von ihnen erwartet (vgl. 1. Korinther 3,6).

Augustinismus und Semi-Augustinismus

Semi-Augustinismus bezeichnet, da auch sie betont, dass die Erlösung tatsächlich ein göttliches Geschenk ist, das die Menschen bei Gottes Initiation erhalten. Dies schließt jedoch nicht aus, dass die Menschen tatsächlich die Verantwortung haben, die Erlösung anzunehmen oder abzulehnen. Darüber hinaus ist das christliche Leben als eine fortwährende Beziehung zwischen den Gläubigen und dem Heiligen Geist Gottes zu verstehen, eine Partnerschaft, die die Liebe der Gläubigen zu Gott sowie ihre Liebe zu sich selbst und anderen spürbar macht. Unsere Entscheidungen machen also in vielerlei Hinsicht einen Unterschied. Beispiele für Christen und Kirchen, die sich zum Semi-Augustinismus bekennen, sind Katholiken, orthodoxe Kirchen, Anglikaner, Arminianer, Methodisten, Pfingstler und andere. Sie stellen die überwältigende Mehrheit des Christentums dar, sowohl gestern als auch heute.

Gewiss, die Beziehung zwischen Gottes Rolle und der Rolle des Menschen in den Lebensfragen ist von einem gewissen Geheimnis durchdrungen. Und nicht nur Gott und die Menschen haben die Fähigkeit, die Welt zu beeinflussen. Die Natur selbst besitzt ein gewisses Maß an Unabhängigkeit, das von Gott geschaffen wurde und für den Menschen sowohl hinderlich als auch hilfreich sein kann. In diesem Zusammenhang gibt es keine grenzenlose Freiheit. Im Gegenteil, der Mensch ist immer in vielerlei Hinsicht eingeschränkt. Wie kann er beispielsweise jemals Gewissheit über das Ausmaß seiner Freiheit erlangen? Inwieweit beeinflusst sein persönlicher, biologischer und soziokultureller Kontext seine Entscheidungen? Wie zu erwarten, stellt die menschliche Freiheit ein Glaubensbekenntnis der Christen dar, das ihrer Meinung nach in der Heiligen Schrift verankert und durch die Erfahrung bestätigt wird. Trotz der natürlichen und übernatürlichen (einschließlich dämonischen) Einflüsse, die menschliche Entscheidungen in Frage stellen, glaubt man, dass der Mensch genügend Freiheit – und Verantwortung – hat, das zu tun, was Gott von ihm will, und zwar mit der Hilfe und Unterstützung des Heiligen Geistes.

Während der protestantischen Reformation erlebte der Augustinismus in der Theologie Luthers und Calvins ein Comeback.

Sie glaubten, Gott sei souverän und der völlig verdorbene Zustand der Menschheit schließe jegliche menschliche Voraussetzung für Erlösung aus. Calvin ging noch weiter und argumentierte, Gott habe sowohl vorherbestimmt, wer gerettet als auch wer verdammt werde. Anhänger Calvins bezeichnen dies manchmal als doppelte Prädestination, da das ewige Wohlergehen der Menschen – sowohl Erlösung als auch Verdammnis – von Gottes Ratschlüssen vor der Erschaffung der Welt und nicht von ihren Entscheidungen abhängt. Calvin sagte, man könne zwar von einer gewissen Freiheit der Menschen sprechen, doch sei es die Freiheit, das zu tun, was mit der göttlichen Prädestination vereinbar sei, da Gottes Gnade unwiderstehlich sei.

Verwirrt?

Christen heute sind durch diese Debatten manchmal verwirrt, und das verständlicherweise. Das liegt zum Teil an den begrenzten Kategorien, mit denen sie über das Thema menschliche Freiheit nachdenken. Wenn beispielsweise die Bekräftigung der Souveränität Gottes den höchsten Glauben darstellt, dann mag jedes Reden über die Rolle des Menschen bei Entscheidungen ketzerisch erscheinen! Doch dieses Entweder-oder-Denken ist unzureichend und naiv, sowohl im Hinblick auf die Heilige Schrift als auch auf die Art und Weise, wie Menschen ihr Leben tatsächlich leben. Auch wenn es fromm erscheint zu behaupten, dass Gott alles tut und alles, was geschieht (sogar Sünde und Böses, Schmerz und Leid), akribisch plant, reicht dies nicht aus, um die Heilige Schrift und die Erfahrung zu verstehen. Obwohl einige biblische Stellen darauf hindeuten, dass Gott alles akribisch kontrolliert und plant, legen mehr Bibelstellen nahe, dass Gott die Menschen für ihre Entscheidungen zur Rechenschaft zieht – in Bezug auf Sünde, Erlösung und das christliche Leben. Gottes Pläne für die Menschheit sind eher allgemeiner als akribischer Natur; allgemein gesprochen hat Gott einen Kontext für die Menschen geschaffen, der verantwortungsvolle Entscheidungen fördert. Obwohl Gott jederzeit souverän in die Welt eingreifen und Wunder vollbringen kann (und dies auch von Zeit zu Zeit tut), wirkt Gott meist auf überzeugende Weise im Leben der Menschen und fordert sie zu verantwortungsvollen Entscheidungen auf, anstatt jedes Detail ihres Lebens zwanghaft zu ordnen.

Tatsächlich vertreten die meisten Christen eher eine semi-augustinische Auffassung vom freien Willen des Menschen (oder, wie Wesley es lieber formulierte, von der "freien Gnade"), da selbst die freien, ungezwungenen Entscheidungen der Menschen durch Gottes Gnade in ihrem Leben ermöglicht werden. Dennoch machen ihre Entscheidungen einen Unterschied! Kein Wunder, dass die Heilige Schrift so viel Wert auf die Entscheidungen der Menschen legt, auf ihre Notwendigkeit, Buße zu tun, zu glauben und die Bündnisse einzuhalten, die Gott mit ihnen geschlossen hat. Insbesondere der Neue Bund des Evangeliums spricht von der Notwendigkeit, dass die Menschen weise Entscheidungen treffen, um mit Gott, sich selbst und anderen auf eine Weise zu leben, die rechtschaffen, gerecht und gut ist.

Offener Theismus

Der offene Theismus ist in der Diskussion über die Rolle Gottes und des Menschen im Leben relativ spät aufgetaucht, wenn es um menschliche Freiheit geht. Im 20. Jahrhundert glaubten einige Christen stärker an die Freiheit des Menschen, was teilweise auf ihre veränderte Sicht auf Gott zurückzuführen war. Offene Theisten argumentieren, dass eine getreuere Lesart der Heiligen Schrift ein Gottesbild offenbart, das die meisten Christen in der Kirchengeschichte übertrieben haben, indem sie Gott umfassendere Eigenschaften zuschrieben, als die Bibeltexte beschreiben. So spricht die Heilige Schrift beispielsweise von Gottes Sinneswandel, von Bedauern (oder Reue, je nach Bibelübersetzung) über göttliche Entscheidungen und von Zorn über menschliches Handeln. Tatsächlich setzt schon das Beten voraus, dass Menschen durch ihre Fürbitten Gottes Meinung oder Pläne ändern können.

Obwohl offene Theisten glauben, dass Gott allmächtig und allwissend ist, glauben sie nicht, dass Gott das Unwissbare, also das, was noch nicht geschehen ist (also die Zukunft; auch bekannt als kontrafaktische Annahmen), wissen kann. Da Gott also alles Wissbare in Vergangenheit und Gegenwart kennt, kann er die Zukunft meisterhaft vorhersagen. Aber nicht einmal Gott weiß mit Sicherheit, was geschehen wird, welche Entscheidungen die Menschen treffen und welche Naturanomalien auftreten könnten.

Dieses Gottesbild unterscheidet sich vom historischen christlichen Verständnis und hilft, einige problematische Bibelstellen zu erklären, aber nicht alle. Wenn Gott beispielsweise die Zukunft nicht mit Sicherheit kennt, wie erklärt man dann Prophezeiungen in der Heiligen Schrift? Offene Theisten geben zwar zu, nicht jede biblische Prophezeiung genau erklären zu können, argumentieren aber, dass die meisten davon als bedingte Prophezeiungen abgetan werden können. Manche basierten beispielsweise auf dem Gehorsam oder Ungehorsam der Menschen gegenüber Gottes Geboten, andere bezogen sich auf konkrete Absichten, die Gott für die Zukunft geplant hatte. In Bezug auf das Gebet argumentieren offene Theisten jedoch, dass ihre Theologie die Heilige Schrift am besten erklärt. Menschen in der Heiligen Schrift, auch heute noch, beten mit der Absicht, gegenwärtige Umstände zu ändern oder Gottes Gedanken oder Pläne für ihr Leben zu ändern. Offener Theismus ist nicht unorthodox in dem Sinne, dass Christen früherer Zeiten nie ähnliche Fragen stellten. Es bleibt daher abzuwarten, ob offen-theistische Ansichten die Zustimmung heutiger Christen und Kirchen gewinnen werden.

Abschließende Kommentare

Als Vater bin ich dankbar, dass sich alle drei meiner Töchter gut entwickelt haben, wenn ich das so sagen darf! Aber ich behalte mir das elterliche Recht vor, mich weiterhin um sie zu kümmern. (Und von der Sorge um die Enkelkinder will ich erst gar nicht reden!) Ich habe keine Kontrolle über meine Kinder, und je älter sie werden, desto weniger Kontrolle (und Verantwortung) habe ich über sie. Ich möchte aber glauben, dass meine Erziehung ihre Entscheidungen positiv beeinflusst hat – in der Vergangenheit, Gegenwart und Zukunft.

Die Analogie von Gott als Vater ist eine eindringliche Möglichkeit, über unsere Beziehung zu Gott nachzudenken. Wie ein Vater, insbesondere mit jüngeren Kindern, möchte Gott uns so erziehen, dass wir nicht nur verantwortungsbewusster, sondern auch demütiger werden, indem wir Gott mit Glauben und Reue begegnen, damit wir Gottes Vorsorge für das ewige Leben im Himmel erlangen können. Doch die Wiederherstellung unserer Beziehung zu Gott beeinflusst unser Leben hier und jetzt, nicht nur für die Zukunft. Wir sollten nicht "so himmlisch gesinnt sein, dass wir auf Erden nichts taugen", wie es heißt. Stattdessen sollten wir darüber nachdenken, wie unsere Entscheidungen einen Unterschied machen – sowohl im Hinblick darauf, wie Gott uns heute zu gerechten, rechtschaffenen und liebevollen Entscheidungen führt, als auch darauf, wie wir Gottes Segen im Himmel in vollem Umfang empfangen können.

Kapitel 17
Befehle der Erlösung

Als Kind faszinierten mich Geschichten über dramatische Bekehrungserlebnisse: Ich erfuhr vom Apostel Paulus, einem ehemaligen Christenverfolger, der von einem Lichtblitz geblendet wurde und die Stimme Gottes hörte, bevor er zum Christentum konvertierte. Ich erfuhr von Augustinus, der ein Leben voller Wollust führte, bevor er sich seinen bösen Taten (darunter vor allem seinem Birnendiebstahl) bewusst wurde. Und ich bewunderte die Bekehrungsgeschichte des berühmten protestantischen Reformators Luther, der sich inmitten eines Gewitters seinem Glauben stellte. Auch zeitgenössische christliche Berühmtheiten berichten von einem Leben voller Trunkenheit, Drogenexperimenten und zügellosem Sex, bevor sie sich bekehrten – meist in einem Augenblick der Erleuchtung, des Glaubens und der Reue, dem (scheinbar) ununterbrochen Geschichten über ein erfolgreiches Leben folgten.

Natürlich habe ich diese spirituellen Erfolgsgeschichten in meiner Jugend vielleicht romantisiert und sie bis zu einem gewissen Grad auch abgelehnt. Obwohl ich Christ war, hatte ich einen eher langweiligen spirituellen Hintergrund. Er bestand hauptsächlich darin, in der Kirche aufzuwachsen. Wie hätte ich jemals mein christliches Zeugnis mit anderen teilen sollen, wenn ich keine dramatische Bekehrungsgeschichte vorzuweisen hätte? (Außerdem beneidete ich insgeheim andere darum, dass sie die Möglichkeit hatten, Alkohol, Drogen und Sex zu genießen, während ich diese Gelegenheit verpasst hatte.) In gewisser Weise fühlte ich mich betrogen. Warum schenkte Gott manchen Menschen unglaublich unvergessliche spirituelle Erfahrungen, während andere Christen im Laufe der Zeit mit Fragen, Zweifeln oder einem – relativ gesehen – langweiligen spirituellen Leben zu kämpfen hatten?

Obwohl ich eine säkulare Universität besuchte, las ich *The Varieties of Religious Experience* von William James. Er spekulierte nicht über den Ursprung religiöser Erfahrungen, sondern darüber, wie sie empirisch untersucht und ausgewertet werden können. Im Wesentlichen argumentierte James, dass religiöse Erfahrungen genauso viel (oder mehr) mit ihrem persönlichen und kulturellen Hintergrund zu tun haben könnten wie mit Gottes Eingreifen oder Plan. Ich empfand dieses verhaltenswissenschaftliche Konzept als befreiend, da es mir half, meine eigenen religiösen Erfahrungen, so unprätentiös sie auch erscheinen mochten, vernünftiger zu bewerten.

Im Laufe der Kirchengeschichte offenbaren die Berichte über den Weg zum Christentum ein bemerkenswert breites Spektrum an Erfahrungen. Obwohl man mit einem engen Verständnis religiöser Bekehrung aufgewachsen ist (oder dieses gelernt hat), berichten Menschen von einer überraschenden Vielfalt ihrer Wege zum Christentum. Diese Vielfalt findet sich auch in der Heiligen Schrift wieder, wobei manche Verse stärker betont werden als andere. Daher sollte es uns nicht überraschen, dass Christen in Vergangenheit und Gegenwart über eine Reihe verschiedener "Ordnungen" oder Heilserfahrungen sprechen.

Erlösung in der Heiligen Schrift

Was sagt die Heilige Schrift über Erlösung im Allgemeinen und Bekehrung im Besonderen? Johannes 3,16 ist ein guter Ausgangspunkt für diese Frage. Dort heißt es: "Denn so sehr hat Gott die Welt geliebt, dass er seinen eingeborenen Sohn gab, damit jeder, der an ihn glaubt, nicht verloren geht, sondern ewiges Leben hat." Aus der Sicht der Menschen – die Gegenstand der Erlösung sind – scheint die einzige Voraussetzung der Glaube zu sein. Ähnliche Lehren finden sich in der gesamten Heiligen Schrift.

Andere Passagen der Heiligen Schrift legen jedoch andere sogenannte Bedingungen für die Erlösung nahe. So werden beispielsweise zu Beginn des Markusevangeliums, das als das erste Evangelium gilt, weitere Bedingungen genannt: "Jesus kam nach Galiläa und verkündete das Evangelium Gottes und sprach: Die Zeit ist erfüllt, und das Reich Gottes ist nahe. Tut Buße und glaubt an das Evangelium!" (Markus 1,14-15). Sowohl Buße als auch Glaube sind also notwendige Bedingungen für die Erlösung.

Am Pfingsttag wird das größte evangelistische Ereignis der Bibel mit über 3.000 Bekehrten berichtet. Petrus rief zur Erlösung auf: "Tut Buße, und jeder von euch lasse sich taufen auf den Namen Jesu Christi, damit euch eure Sünden vergeben werden, und ihr werdet die Gabe des Heiligen Geistes empfangen" (Apostelgeschichte 2,38). Hier wird nichts über Glauben gesagt; stattdessen forderte Petrus die

Menschen auf, Buße zu tun und sich taufen zu lassen, dann würden sie die "Gabe des Heiligen Geistes", also die Erlösung, empfangen. Diese biblischen Bezüge lassen den Slogan der protestantischen Reformation von der Erlösung "allein durch Glauben" (lat. *sola fide*) zweifeln. Schließlich sagt die Heilige Schrift nicht ausdrücklich, dass Menschen allein durch Glauben erlöst (oder vor Gott gerechtfertigt) werden, obwohl sie in Jakobus 2,24 das Gegenteil sagt: "Ihr seht, dass der Mensch durch Werke gerechtfertigt wird und nicht durch Glauben allein."

Die Heilige Schrift schreibt keine bestimmte Reihenfolge der Erlösung vor. Sie beschreibt jedoch verschiedene Wege, wie Menschen sich wirklich bekehrten, beispielsweise durch Glauben, Buße, Taufe und andere Mittel. Daher ist Vorsicht geboten, wenn man eine bestimmte Reihenfolge der Erlösung (oder das Erleben der Erlösung) als für alle maßgebend betrachtet. Menschen sollten frei sein, Christen zu werden, wie auch immer sie dies in ihrem jeweiligen Kontext erleben – sei es allmählich oder plötzlich, innerhalb oder außerhalb der Kirche, individuell oder kollektiv. In der Heiligen Schrift bekehrten sich ganze Familien und wurden auf einmal getauft (z. B. Apostelgeschichte 16,33). Dies sollte uns demütiger machen, was die Art und Weise betrifft, wie Menschen christliche Erlösung erfahren.

Befehle der Erlösung

Nach der Reformation entstanden verschiedene Kirchen und Kirchengruppen. Um sich voneinander abzugrenzen, wurde manchmal auf unterschiedliche Heilsordnungen geachtet, die jede propagierte. Diese Unterschiede waren theologisch bedeutsam und halfen den Menschen zu verstehen, wie die verschiedenen christlichen Traditionen die Heilige Schrift verstanden und anwendeten.

Vor der protestantischen Reformation verstanden katholische Kirchen den Weg zur Erlösung weitgehend durch die Sakramente. Katholiken bekennen sich zu sieben Sakramenten, von denen fünf im Wesentlichen mit der Erlösung und einem christlichen Leben zu tun haben. Erstens reinigt das Sakrament der Taufe Menschen – auch Säuglinge – von der Erbsünde und macht sie zu Christen, Kindern Gottes und Erben des ewigen Lebens. Zweitens gibt das Sakrament der Firmung den Getauften die Möglichkeit, den Glauben, in dem sie getauft wurden, zu bekräftigen, da sie ein Alter der Vernunft (oder Verantwortlichkeit) erreicht haben, und mehr heiligmachende Gnade, Gaben und geistliche Kraft zu empfangen. Drittens stärkt das Sakrament der Eucharistie (oder Heiligen Kommunion) Christen und dient der Einigung der katholischen Kirche. Viertens hat das Sakrament der Versöhnung (oder Buße) mit der Vergebung der Sünden nach der Taufe zu tun und betont die Notwendigkeit fortwährenden Glaubens und der Erneuerung im christlichen Leben. Fünftens: Das Sakrament der Krankensalbung hilft Menschen, die Heilung benötigen; es hilft auch Menschen in ihrer Gebrechlichkeit als endliche, sündige Menschen, die auf Gottes Geschenk des ewigen Lebens warten. (Hinweis: Die beiden anderen katholischen Sakramente werden in Kapitel 21 besprochen.)

Orthodoxe Christen haben eine ähnliche Auffassung von der Rolle der Sakramente für die Erlösung. Sie unterscheiden sich jedoch darin, wie sie Erlösung im Zusammenhang mit der *Theosis* (griechisch: "Vergöttlichung") betrachten, die einen fortwährenden Prozess spiritueller Transformation durch göttliche Gnade darstellt. Durch die *Theosis* werden Menschen erlöst und wachsen zunehmend in Christusähnlichkeit, da sie am Geist Gottes teilhaben, durch den Christen in spiritueller Einheit (oder Gemeinschaft) mit Gott wachsen.

Protestantische Erlösungsorden

Protestantische Traditionen unterschieden sich von anderen Protestanten (und auch Katholiken) durch ihr Verständnis davon, wie Menschen üblicherweise Christen werden. Obwohl Christen derselben theologischen Tradition untereinander abweichen können, bieten die folgenden Erlösungsordnungen einen Ausgangspunkt für ein Gespräch. (Diese Liste ist nicht erschöpfend.) Die Begriffe in der folgenden Übersicht mögen etwas verwirrend oder ungewohnt erscheinen: Erleuchtung? Wiedergeburt? Verherrlichung? Was bedeuten diese? Ich werde sie in diesem Abschnitt genauer erläutern.

- Lutheraner: Berufung, Erleuchtung, Bekehrung (Glaube, Buße), Wiedergeburt, Rechtfertigung, Heiligung, Vereinigung mit Christus und Verherrlichung
- Reformiert (Calvinisten): Erwählung, Prädestination, wirksame Berufung, Wiedergeburt, Glaube, Buße, Rechtfertigung, Heiligung und Verherrlichung

- Arminianer: Berufung, Glaube, Buße, Wiedergeburt, Rechtfertigung, Ausdauer und Verherrlichung
- Wesleyaner: Berufung, Bekehrung (Glaube, Buße), Wiedergeburt, Rechtfertigung, Gewissheit, Buße nach der Rechtfertigung und allmählichen Heiligung, vollständige Heiligung und Verherrlichung

Für diejenigen, die mit den oben genannten Begriffen nicht vertraut sind, möchte ich hier allgemeine Definitionen dafür geben, insbesondere im Hinblick auf die Erlösung:

- Bei der Berufung geht es um Gottes Ruf zur Erlösung (oder zum Dienst), und bei der wirksamen Berufung geht es darum, dass Gottes Ruf unwiderstehlich ist.
- Erleuchtung hat mit dem Verständnis von Gottes Ruf zu tun.
- Bei der Prädestination geht es um Gottes Bestimmung, wer erlöst wird. Manche Christen sind der Ansicht, die Prädestination sei von Gott unwiderstehlich verfügt worden, während andere Christen sie auf Gottes Vorherwissen darüber, wer glauben wird (oder nicht), beruhen sehen.
- Bei der Bekehrung geht es um die Hinwendung zu Gott (Glaube) und die Abkehr von der Sünde (Buße). In manchen Erlösungsorden wird von Bekehrung gesprochen, in anderen von Glauben und Buße.
- Beim Glauben geht es darum, jemandem oder etwas zu vertrauen, und bei der Reue geht es darum, über eine Sünde zu trauern und sie zu bekennen.
- Bei der Wiedergeburt geht es um die Verwandlung der Gläubigen in größere Gerechtigkeit (Heiligkeit, Vollkommenheit), und neben der Wiedergeburt geht es bei der Rechtfertigung darum, wie Gott die Menschen betrachtet, "als ob" sie aufgrund der Sühne Jesu bereits gerecht geworden wären.
- Beharrlichkeit hat damit zu tun, in dem Glauben standhaft zu bleiben, mit dem man konvertiert ist.
- Bei der Gewissheit geht es um die von Gott gegebene Zuversicht auf die Erlösung, die ein Privileg der Gläubigen ist.
- Bei der Heiligung geht es um den fortwährenden Erneuerungsprozess der Gläubigen, die zu größerer Rechtschaffenheit gelangen. Bei der vollständigen Heiligung

geht es um den Glauben, dass Gläubige in diesem Leben ein höheres Maß an Christusähnlichkeit erfahren können, unterstützt durch Reue nach der Rechtfertigung und schrittweise Heiligung.

- "Vereinigung mit Christus" ist ein unterschiedlich verstandener Begriff, der sich entweder auf die innige Beziehung eines Gläubigen zu Jesus Christus bezieht oder einen Schritt in der wirksamen Berufung eines Gläubigen darstellt.
- Bei der Verherrlichung geht es um den Erhalt des ewigen Lebens im Himmel.

Die genannten Heilsordnungen lassen sich ausführlich vergleichen und gegenüberstellen. Ich werde mich jedoch nur auf ein Thema konzentrieren: die Rolle der göttlichen Gnade. Ist die rettende Gnade wirksam (und unwiderstehlich) oder ist sie vorhergehend (und widerstehlich)?

Reformierte (calvinistische) Christen legen großen Wert darauf, dass Erlösung wirksam geschieht, basierend auf ihrem Glauben an die ewige Erwählung und Vorherbestimmung Gottes. Die Stufen der Erlösung sind wirksam, das heißt unwiderstehlich: Berufung, Wiedergeburt, Glaube, Buße, Rechtfertigung, Heiligung und Verherrlichung. Erlösung ist Gottes Aufgabe, nicht die des Menschen. Menschen handeln im Einklang mit Gottes wirksamer, unwiderstehlicher Gnade, aber es gibt – technisch gesehen – keine Bedingungen, für die sie in der Heilsordnung verantwortlich sind. Lutheraner stimmten weitgehend mit den reformierten Ansichten über wirksame Gnade und Erlösung überein, betonten diese jedoch nicht ganz so stark.

Im Gegensatz dazu legen arminianische und wesleyanische Christen mehr Wert darauf, wie Menschen mit Gottes Heiligem Geist zusammenarbeiten, um persönliche Erlösung zu erlangen. Das meinen wir mit der vorausgehenden Gnade – ein synergetische Zusammenwirken von Mensch und Heiligem Geist. Gottes Geist wirkt auf eine Weise, die Menschen ruft und sie zu Glauben und Buße bewegt – Voraussetzungen für den Empfang von Gottes Geschenk des ewigen Lebens. Ebenso müssen Christen nach der Bekehrung weiterhin Glauben, Hoffnung und Liebe leben, um ihre versöhnte Beziehung zu Gott aufrechtzuerhalten, denn Beziehungen müssen gepflegt und gestärkt werden. In diesem Modell ist Erlösung ein gemeinsames Bemühen von Gott und Mensch.

Während der protestantischen Reformation bekräftigten lutherische und reformierte Christen die augustinische theologische Betonung der Souveränität Gottes und der Unwiderstehlichkeit seiner Heilsvorsorge. Im Gegensatz dazu bekräftigten Anglikaner, Arminianer und Wesleyaner eine semi-augustinische theologische Betonung der Vorherrschaft der göttlichen Gnade und der Unwiderstehlichkeit seiner Heilsvorsorge, behielten aber gleichzeitig den Glauben an Gottes Souveränität bei. Letztere waren der Ansicht, dass lutherische und reformierte Christen in ihrer Ablehnung der Rolle des Menschen bei der Erlösung zu weit gingen. Stattdessen stimmten Anglikaner, Arminianer und Wesleyaner mit den historischen katholischen und orthodoxen Kirchen überein, die eher eine semi-augustinische Sichtweise vertraten, wonach Menschen mit der göttlichen Gnade kooperieren, indem sie sich entscheiden, Gottes Heilsvorsorge anzunehmen.

Erlösung: Ein einzelnes, komplexes Ereignis

Manche Christen beschreiben Erlösung eher als Verb denn als Substantiv, da sie dynamisch, relational und fortwährender menschlicher Beteiligung bedarf. Tatsächlich ist Gottes Vorsorge für die Erlösung ein Geschenk göttlicher Gnade, das Jesus uns geschenkt hat, und kann niemals durch menschliches Tun oder Verdienst erlangt werden. Als Reaktion darauf müssen die Menschen – durch Gottes Gnade – entscheiden, ob sie die Erlösung annehmen oder ablehnen. Da die wiederherstellenden Dimensionen der Erlösung fortwährend sind, hören Christen auch nach ihrer Bekehrung nicht mit ihrer Mitwirkung auf. Im Gegenteil, sie sollen aktiv an der heiligenden Gnade Gottes teilhaben, die ihr Leben und ihre Beziehungen zu anderen bereichert.

Die Erlösung ist kein einmaliges Ereignis. Sie ist ein komplexes Geschehen, das fortwährende Verantwortung für die Beziehung des Menschen zu Gott, zu sich selbst und zu anderen mit sich bringt. Wie C.S. Lewis sagte, ist das Christentum sowohl "leicht" als auch "schwer". Es ist leicht, weil die Erlösung ein Geschenk ist. Wir sollten nie vergessen, dass wir erlöst sind, nicht weil wir es verdient hätten, sondern weil wir uns demütig an Gott wenden und um Vergebung bitten, da wir weit von einem rechtschaffenen und gerechten Leben entfernt sind. Andererseits ist das Christentum schwer, weil Gott von den Bekehrten erwartet, dass sie ihr ganzes Leben ihm anvertrauen – all ihre Werte, Erwartungen und Sicherheiten. Paulus sagt: "Ich ermahne euch nun, Brüder und Schwestern, durch die Barmherzigkeit Gottes, dass ihr eure Leiber hingebt als ein Opfer, das lebendig, heilig und Gott wohlgefällig ist. Das ist euer vernünftiger Gottesdienst" (Römer 12,1). Es ist ein schweres Opfer, aber es ist das Risiko wert. Im Matthäusevangelium lädt Jesus die Menschen mit den Worten zur Erlösung ein: "Kommt her zu mir, alle, die ihr mühselig und beladen seid; ich will euch erquicken. Nehmt mein Joch auf euch ... denn mein Joch ist sanft, und meine Last ist leicht" (Matthäus 11,28-30). Jesus verwendet das Bild eines Jochs, also des Werkzeugs, das auf dem Rücken von Nutztieren liegt, wenn sie eine Last tragen, wie zum Beispiel beim Pflügen von Ackerland. Jesus sagt, das Joch sei sanft und die Last leicht – aber wir müssen bedenken, dass es dennoch ein Joch ist und wir eine gewisse Mitverantwortung dafür tragen, unsere Erlösung voranzutreiben. Mir hat schon immer gefallen, wie der Missionar Jim Elliot beschrieb, was es heißt, Jesus nachzufolgen: "Wer gibt, was er nicht behalten kann, um zu gewinnen, was er nicht verlieren kann, ist kein Narr." Wir haben durch die Erlösung mehr zu gewinnen als zu verlieren, aber das heißt nicht, dass sie keine Opfer erfordert.

Erlösung bedeutet also mehr als nur eine Freikarte für den Höllen- oder Himmelsweg, obwohl beide Klischees einen wahren Kern haben. Erlösung ist der Ausgangspunkt für eine neue Beziehung zu Gott, eine Beziehung, die Vergebung, Wiederherstellung und das Versprechen ewigen Lebens mit sich bringt. Erlösung ist auch der Ausgangspunkt für eine dauerhafte Beziehung zu Gott durch den Heiligen Geist in diesem Leben.

Der Heilige Geist lässt Sie nicht einfach bis zum Tod warten. Gott möchte in und durch Ihr Leben wirken und Christen helfen, Jesus ähnlicher zu werden und zu handeln. Dann können sie Gott, sich selbst und anderen gegenüber liebevoller sein. Tatsächlich möchte Gott durch Christen und Kirchen in reichem Maße wirken. Sie erhalten keine "billige Gnade", wie Dietrich Bonhoeffer mahnte. Die Erlösung war mit einem Preis erkauft – dem Preis von Jesu sühnendem Leben, Tod und Auferstehung. In Dankbarkeit und Lobpreis sollten sich Christen den dynamischen Wegen öffnen, auf denen der Heilige Geist sie zu einem christusähnlichen Leben führt.

Abschließende Kommentare

Es gibt keine vorgeschriebene Reihenfolge der Erlösung, nicht einmal in der Heiligen Schrift. Gott heißt jeden willkommen, der von einem Leben in Sünde, Aufsässigkeit, Gleichgültigkeit und anderen Hindernissen für eine richtige Beziehung zu Gott befreit werden möchte. Versteife dich nicht auf bestimmte Ansichten darüber, wie du Christ wirst oder bist. Das ist reine Zeit- und Energieverschwendung!

Ich glaube, Gott heißt alle willkommen, die sich wünschen, dass Menschen in Gottes liebevolle Arme zurückkehren. Menschen müssen einen entscheidenden Schritt zur Erlösung tun, egal ob dies während der Riten und Rituale der Konfirmation, der dramatischen Bekehrung bei einer Erweckungsversammlung oder der stillen Akzeptanz beim Lesen eines Buches geschieht. Alle sind willkommen!

Kapitel 18
Gerechtigkeit und Rechtfertigung

Während meines Seminars traf ich einen Kommilitonen, der mit anderen Seminaristen ein Wochenende in Washington, D.C., verbrachte, um gegen den Tax Equity and Fiscal Responsibility Act (TEFRA) von 1982 zu protestieren. Trotz aller Steuersenkungen von Präsident Ronald Reagan war der TEFRA die größte Steuererhöhung in Friedenszeiten in der US-Geschichte. Deshalb reisten Seminaristen, um gegen politische Maßnahmen zu protestieren, die die Steuern für die Mittel- und Unterschicht überproportional erhöhten, während die Oberschicht weiterhin von exorbitanten Steuersenkungen profitierte.

Als meine Freundin zurückkam, fragte ich sie nach ihren Erfahrungen. Sie erzählte mir, wie die Demonstranten es als ihre moralische Verpflichtung als Christen betrachteten, sich für all das einzusetzen, was Menschen verarmt – physisch, wirtschaftlich, politisch und spirituell, sowohl innerhalb als auch außerhalb der Kirche. Meine Freundin erzählte mir von den Gebeten, den gesungenen Kirchenliedern, den aufgestellten Schildern, den marschierten Protestrouten und den gehaltenen Predigten und Reden. Zugegeben, diese Welt des Aktivismus war mir fremd. Ich hatte kurz an meiner Universität protestiert und mich für deren Desinvestition von multinationalen Konzernen eingesetzt, die die Apartheid in Südafrika unterstützten. Aber ich war ein zurückhaltender Protestierender und hatte die Sache nur mäßig unterstützt.

Dann schockierte mich meine Freundin mit der Aussage, sie habe sich während des Protests in ihrem ganzen Leben noch nie Gott näher gefühlt. Diese Aussage hat mich umgehauen! Ich komme aus einem religiösen Umfeld und fand Nähe zu Gott durch den Empfang der Sakramente, das Studium der Heiligen Schrift, Beten, Fasten und ein heiliges Leben. Aber Nähe zu Gott durch zivilen Protest? Das war für mich weder vorstellbar noch erfahrbar. Doch im Laufe der Jahre, seit dem Gespräch mit meiner Freundin, habe ich erkannt, dass es viele Wege gibt, wie Menschen sich Gott nahe fühlen. Warum sollte dieses Gefühl spiritueller Nähe nicht auch inmitten rechtschaffenen und gerechten Engagements entstehen?

Im Laufe der Kirchengeschichte haben sich Christen und Kirchen auf vielfältige Weise mit Fragen der Gerechtigkeit befasst. Christen sprachen häufig lieber von Rechtfertigung als von Gerechtigkeit. Rechtfertigung hat damit zu tun, wie Gott Bekehrte aufgrund der Sühne Jesu für sie als gerecht oder rechtschaffen betrachtet. Christen sprechen gerne von Rechtfertigung, da es dabei um ihr ewiges Wohlergehen geht! Gerechtigkeit hingegen hat mit Fairness, Gleichheit, Unparteilichkeit und Respekt vor anderen Menschen zu tun. Christen haben nicht so viel über Gerechtigkeit gesprochen. Warum? Natürlich gibt es darauf keine allgemeingültige Antwort. Dennoch hängen Gerechtigkeit und Rechtfertigung zusammen. Darüber hinaus sind beide in der Heiligen Schrift wichtig und sollten daher gefördert und nicht vernachlässigt werden.

Übersetzung von *Dikaiosuné*

Das griechische Wort *dikaiosuné* im Neuen Testament kann entweder mit "Gerechtigkeit" oder "Rechtschaffenheit" übersetzt werden. In den meisten Übersetzungen wird das Wort Gerechtigkeit statt Gerechtigkeit verwendet. Aber warum? Denken Sie beispielsweise an die Seligpreisung Jesu in der Bergpredigt: "Selig sind, die da hungert und dürstet nach der Gerechtigkeit; denn sie sollen satt werden" (Matthäus 5,6). Was aber, wenn es übersetzt würde mit: "Selig sind, die da hungert und dürstet nach der Gerechtigkeit "? Die Bedeutung wäre ganz anders! Im Kontext der Seligpreisungen Jesu macht die Verwendung des Wortes Gerechtigkeit sogar mehr Sinn als Rechtschaffenheit. Denken Sie an eine spätere Seligpreisung: "Selig sind, die um der Gerechtigkeit willen verfolgt werden; denn ihrer ist das Himmelreich" (Matthäus 5,10). Auch wenn Menschen Jesu Anhänger vielleicht verfolgen, weil sie rechtschaffen sind, ist es – im Kontext – wahrscheinlicher, dass sie verfolgt werden, weil sie sich für Gerechtigkeit einsetzen. In den nachfolgenden Versen der Bergpredigt Jesu wird von anderen Möglichkeiten gesprochen, wie seine Anhänger Ungerechtigkeit durch gewaltlosen, zivilen Ungehorsam begegnen können, beispielsweise indem sie "die andere Wange hinhalten" oder "die Extrameile gehen" (Matthäus 5,38-41).

Gerechtigkeit ist ein zentrales Thema im Alten Testament. Gott wird als Gott der Gerechtigkeit beschrieben, und von seinen Nachfolgern wird erwartet, dass sie ebenfalls gerecht handeln. Micha 6,8 spricht bekanntlich von der Priorität der Förderung der Gerechtigkeit: "Er hat dir, o Mensch, gesagt, was gut ist; und was fordert der Herr von dir, als Recht zu üben, Güte zu lieben und demütig zu leben vor deinem Gott?" Viele weitere Verse ließen sich zitieren, um zu beschreiben, wie Gerechtigkeit aktiv gefördert werden sollte: erstens im persönlichen Umgang mit Menschen und zweitens im kollektiven Umgang mit Menschen innerhalb und außerhalb der eigenen Gemeinschaft, des eigenen Stammes oder der eigenen Nation.

Gerechtigkeit im Alten Testament unterschied sich von der Gerechtigkeit im antiken Rom. Die Römer betonten die Verteilungsgerechtigkeit oder Gerechtigkeit der Gleichheit (lat. *iustitia distributiva)*, was Gleichwertigkeit ohne Ansehen der Person bedeutet. Die Römer waren bekannt für ihre Betonung von Gerechtigkeit, Recht und Gleichheit gegenüber den römischen Bürgern. Im Alten Testament umfasste Gerechtigkeit die Wiederherstellung zwischen Gott und Volk (und zwischen Volk und Volk), das Eintreten gegen gesellschaftliche und zwischenmenschliche Ungerechtigkeiten und die Verteilung von Gütern an diejenigen, die in der Gesellschaft unter Armut, Krankheit oder Vernachlässigung litten. Auch die alten Israeliten waren für ihre Betonung von Gerechtigkeit bekannt, doch ihre Gerechtigkeit, Gesetze und Gleichheit sollten über Israel hinausgehen. So sollten sie beispielsweise Fremde (Fremde, Ausländer) willkommen heißen und gleich behandeln, da die Israeliten einst Fremde in Ägypten gewesen waren (Levitikus 19,34; Deuteronomium 10,19). Obwohl Gott Moses Gebote und Vorschriften offenbarte, denen die Israeliten Folge leisten sollten, waren diese für alle bestimmt, nicht nur für die israelitische Bevölkerung.

Das Problem, die Bedeutung der Gerechtigkeit im Neuen Testament nicht zu erkennen, ist vielleicht teilweise nomineller Natur, d. h. eine Frage der Wortwahl in Bibelübersetzungen und im christlichen Diskurs. Doch Worte machen einen Unterschied, und Christen sollten sich der Herausforderungen bei Übersetzungen bewusst sein. Sehen wir uns beispielsweise die Übersetzung des griechischen Wortes *"koinonia"* ins Englische an. Normalerweise wird das Wort mit "Gemeinschaft" wiedergegeben. *Koinonia* kann aber auch mit "Teilen", "Teilnahme" oder "Beitrag" übersetzt werden. Gelegentlich werden in Bibelübersetzungen mehrere Wörter für *"koinonia" verwendet,* wie etwa "Gemeinschaft und Teilen", was die Bedeutung besser vermitteln kann als eine versuchte wörtliche Übersetzung. Schließlich ging es bei *"koinonia"* um mehr als nur die Gemeinschaft innerhalb des eigenen Stammes; es ging auch darum, seinen Besitz konkret mit anderen zu teilen. Dasselbe lässt sich vielleicht auch für *"dikaiosuné"* sagen, das sich besser mit "Gerechtigkeit *und* Rechtschaffenheit" übersetzen lässt (Hervorhebung von mir).

Im Alten Testament verwendeten die Propheten oft "Gerechtigkeit" und "Rechtschaffenheit". Das Buch Amos beispielsweise verbindet beide Begriffe und spricht meist zuerst von Gerechtigkeit (Amos 5,7; 5,24; 6,12). Natürlich sprach Amos Hebräisch und verwendete die Wörter *mišpāṭ* (Gerechtigkeit) und *ṣǝḏāqāh* (Gerechtigkeit). In Amos 5,24 sagte der Prophet: "Aber das Recht ströme wie Wasser und die Gerechtigkeit wie ein nie versiegender Bach." Für Amos will Gott neben frommer Rechtschaffenheit auch sozioökonomische Gerechtigkeit. Beides ist weder unvereinbar noch voneinander zu trennen.

Manchmal wird das Alte und das Neue Testament einander gegenübergestellt. Im Alten Testament gehe es um Gerechtigkeit und Rechtschaffenheit, im Neuen um Gnade und Barmherzigkeit. Stimmt das aber? In mancher Hinsicht ist die Forderung nach Gerechtigkeit im Neuen Testament stärker. Jesus ist dafür ein gutes Beispiel.

Jesu selbst definiertes Wirken

Wie würden Sie Jesu Wirken beschreiben? Als Jesus zu Beginn seines Wirkens vor den Menschen seiner Heimatstadt Nazareth erschien, wurde er gebeten, in der Synagoge aus den hebräischen Schriften vorzulesen. Jesus wählte die folgenden Bibelstellen, basierend auf dem Bericht in Lukas 4,17-21,

> Er rollte die Schriftrolle auf und fand die Stelle, wo geschrieben stand:
> Der Geist des Herrn ist auf mir,
> weil er mich gesalbt hat
> um den Armen gute Nachrichten zu bringen.
> Er hat mich gesandt, den Gefangenen die Freilassung zu verkünden

und den Blinden das Augenlicht wiederzugeben,
die Unterdrückten freizulassen,
um das Gnadenjahr des Herrn auszurufen."
Und er rollte die Schriftrolle zusammen, gab sie dem Diener und
setzte sich. Die Augen aller in der Synagoge waren auf ihn
gerichtet. Dann begann er zu ihnen zu sagen: Heute ist diese
Schrift vor euren Ohren erfüllt worden.

Jesus behauptete, die Heilige Schrift zu erfüllen, und verkündete
allen, die ihm zuhörten, die Art seines Dienstes. Doch es war kein
vergeistigter Dienst! Es war ein ausgewogener Dienst, der natürlich
auch die Sorge um das geistige Wohl der Menschen durch die
Verkündigung der "guten Nachricht" einschloss. Jesus predigte und
lehrte jedoch nicht nur; er wollte sicherstellen, dass die Armen nicht
von der guten Nachricht ausgeschlossen blieben. Darüber hinaus
erstreckte sich Jesu Dienst auch auf die Gefangenen, Blinden und
Unterdrückten. Wenn diese und ähnliche Menschen nicht
berücksichtigt werden, vernachlässigen die Nachfolger Jesu ihre
christusähnliche Lebensweise und ihren Dienst.

Jesus verblüffte und erzürnte die Menschen in der Synagoge
seiner Heimatstadt weiterhin. In Lukas 4,22 heißt es, die Menschen
seien zunächst "verwundert". Doch Jesus ließ nicht locker und
sprach darüber, dass Propheten in ihrer Heimatstadt nicht akzeptiert
würden. Als Beispiele nannte Jesus unter anderem (1) die Tatsache,
dass Elia nur von einer Frau aus Sidon akzeptiert worden war, die
eine Frau und kein Mann war und zudem eine Fremde mit einem
anderen religiösen Hintergrund (1. Könige 17,8-16), und (2) dass
Elisa nur Naaman heilte, einen Syrer, ebenfalls eine Fremde mit
einem anderen religiösen Hintergrund (2. Könige 5,1-16). Da
"wurden alle in der Synagoge von Wut erfüllt" und versuchten, Jesus
zu töten (Lukas 4,28-30, insbesondere 28). Die Heilige Schrift nennt
nicht genau, warum sie wütend wurden, aber sicherlich hatte Jesus
viele Grenzen überschritten: religiöse, ethnische, kulturelle,
sprachliche und religiöse. Jesus war in seinem Leben und Wirken oft
gegen den Strom gelaufen. Das ist überraschend, da Christen und
Kirchen heutzutage eher daran interessiert zu sein scheinen, den
Status quo der Gesellschaft zu erhalten, als gegen den Strom zu
schwimmen und zu segeln. Trotz allem Gerede einiger Christen über
"Kulturkriege" geht es ihnen dabei eher um die Wahrung ihres
privilegierten Status als Christen als um Gerechtigkeit, gleiche

Bürgerrechte und Entschädigung für die Opfer unserer heutigen Kultur.

Rechtfertigung impliziert Gerechtigkeit

Rechtfertigung und Gerechtigkeit ergänzen sich in der Heiligen Schrift. Es handelt sich nicht um eine Entweder-oder-Beziehung, sondern um eine Sowohl-als-auch-Beziehung. Obwohl manche Christen argumentieren, Gerechtigkeitsfragen würden von der Verkündigung der Rechtfertigung ablenken, sagt die Heilige Schrift, dass beide für Jesus und das Evangelium wichtig sind. Die Erlösung endet nicht mit der Rechtfertigung, d. h. mit dem Geschenk Gottes durch Jesus, durch das Gott den Menschen ihre Sünden vergibt und sie nun "als" Heilige behandelt, aufgrund des Sühnewerkes Jesu für sie. Im Gegenteil, auch Bekehrte sind dazu berufen, Christus in Wort und Tat nachzufolgen. Diese Nachfolge Jesu beinhaltet die Sorge um die Hungrigen, Durstigen, Armen, Fremden und Gefangenen sowie die Sorge um das ewige Wohlergehen der Menschen (siehe Matthäus 25,31-46).

Manchmal vertreten Christen theologische Ansichten, die besagen, dass die physische, politische und wirtschaftliche Welt nicht gerettet werden kann; nur Gott kann sie retten. Sie behaupten vielleicht sogar, dass sie aufgrund ihrer Erwartungen an die sogenannte "Endzeit" (vom griechischen "*eschaton*") erwarten, dass die Welt erst schlimmer wird, bevor sie besser wird. Warum also überhaupt versuchen, sie zu verbessern? Aber was, wenn die Welt tatsächlich schlechter wird? Befreit das Christen davon, für Gerechtigkeit zu leben und sich dafür einzusetzen? Von Gerechtigkeit, einschließlich der Verteilungsgerechtigkeit für Bedürftige? Von der Nächstenliebe wie von sich selbst? Nein! Das Gebot, Gott und unsere Nächsten wie uns selbst zu lieben, bedeutet, dass wir für andere Gerechtigkeit suchen sollen, so wie wir es für uns selbst tun würden. Diese sogenannte Goldene Regel impliziert eine gleichberechtigte und gerechte Behandlung aller Menschen, und Jesus fügte schnell hinzu, dass Nächstenliebe nicht nur den Freunden (Gemeinschaft, Stamm oder Nation) gilt, sondern allen, auch den Feinden (siehe Matthäus 5,43-48).

Mitgefühl und Fürsprache

Christen sind seit langem für ihr Mitgefühl gegenüber Menschen bekannt, die unter Armut, Krankheit, Obdachlosigkeit und anderen körperlichen Herausforderungen leiden. Sie linderten die Symptome der Verarmung. Doch was ist mit den Ursachen der Verarmung? Es scheint nicht ausreichend, sich nur um die Symptome der Verarmung zu kümmern und nicht auch um die Ursachen. Dies erfordert das Eintreten für kollektive, gesellschaftliche und politische Ursachen, die zu Ungerechtigkeit führen. Solche Ungerechtigkeiten können zur Vernachlässigung oder Ausgrenzung schutzbedürftiger Menschen aufgrund ihrer rassischen Herkunft, ethnischen Zugehörigkeit, ihres Geschlechts, Alters, ihrer Fähigkeiten, Sprache, Nationalität, sexuellen Orientierung oder ihres religiösen Hintergrunds führen. Sollten sich Christen über solche sogenannten sozialen Ungerechtigkeiten Sorgen machen? Nun, die Christen in der Heiligen Schrift waren besorgt darüber!

In Apostelgeschichte 6 beispielsweise kam es unter den Mitgliedern der frühen Kirche zu Beschwerden, weil hellenistische Witwen bei der Essensausgabe vernachlässigt wurden, während die hebräischen Witwen versorgt wurden. Wahrscheinlich waren alle Juden, aber die hellenistischen Witwen gehörten einer ethnischen und möglicherweise rassischen Minderheit an; außerdem stammten sie vermutlich aus einer anderen Sprache, Kultur und möglicherweise Nationalität. Die zwölf Jünger reagierten umgehend auf diese Ungerechtigkeit, indem sie Diakone einsetzten – ein Amt innerhalb der Kirche, das sich dem Dienst an den Menschen außerhalb und innerhalb der eigenen Gemeinde widmet. Normalerweise sprechen Christen und Prediger, die ich kenne, von der Einführung des Diakonats als bürokratischer Aufsicht, doch ich denke, es zeigt deutlich, wie die frühe Kirche auf Ungerechtigkeiten reagierte, die denen widerfuhren, die anders waren – die "Andersen".

Christen und Kirchen sollten heute aufmerksamer auf Ungerechtigkeiten in der heutigen Gesellschaft reagieren und sich aktiv dafür einsetzen, sie lokal und global zu bekämpfen. Denn Christentum beschränkt sich nicht auf Familie, Kirche, Stamm oder Nation. Soziale Probleme beschränken sich nicht nur auf Vernachlässigung und Ausgrenzung; sie können auch zu

Diskriminierung, Unterdrückung und Gewalt führen. Kirchen können ebenso Ungerechtigkeit begehen wie Einzelpersonen. Christen sollten sich daher nicht ihrem jeweiligen sozioökonomischen und politischen Umfeld anpassen, sondern ebenso einfühlsam und aktiv sein wie Jesus und die Jünger der frühen Kirche.

Abschließende Kommentare

Zu oft habe ich Christen sagen hören, es fehle ihnen an Zeit, Energie und göttlicher Gnade, sich um Fragen von Gerechtigkeit und Ungerechtigkeit zu kümmern; Christen hätten nur Zeit für Rechtfertigung und die Bekehrung möglichst vieler Menschen, bevor Jesus wiederkommt. Welch ein moralisch auf "billige Gnade" ausgerichtetes Christentum! Kein Wunder, dass Nichtchristen Christen immer wieder für ihre Heuchelei, Exklusivität und Diskriminierung beschimpfen. Doch spirituell reduktionistische Christen repräsentieren nicht den Jesus der Heiligen Schrift; sie repräsentieren eher ihre persönlichen, sozioökonomischen oder politischen Bindungen.

In der Heiligen Schrift sind Gerechtigkeit und Rechtfertigung keine Entweder-oder-Frage. Jesus war sowohl Gerechtigkeit als auch Rechtfertigung ein Anliegen. Im Hinblick auf Gerechtigkeit kümmerte er sich sowohl um die Armen als auch um die geistig Armen. Jesus heilte Menschen, die an körperlichen und seelischen Krankheiten litten. Jesus half, Menschen aus ungerechter sozioökonomischer und dämonischer Knechtschaft zu befreien, zum Beispiel als er den jüdischen Tempel von Geldwechslern reinigte. Schließlich trat er für die gerechte Behandlung derer ein, die Strafe verdienten – sowohl körperlich (Brecher des Zivilrechts) als auch geistig (Brecher des Gesetzes Gottes).

Kapitel 19
Varianten christlicher Spiritualität

In den 1990er Jahren lasen meine Seminarkollegen und ich gemeinsam eine Anthologie mit Erbauungsschriften bedeutender Persönlichkeiten der christlichen Spiritualität. Zu jeder Lesung gab es eine kurze Biografie der Autoren. Mir fiel auf, dass die meisten von ihnen entweder unverheiratet waren oder ihre Erbauungsschriften vor oder nach ihrer Heirat verfasst hatten – meist als Witwer. Meinen Berechnungen zufolge waren 93 Prozent der sogenannten spirituellen Größen unverheiratet und kinderlos, als sie darüber schrieben, wie Christen täglich Stunden mit Lesen, Beten, Meditieren, Kontemplation und anderen spirituellen Übungen verbringen sollten. Aber wie sollte ich das schaffen? Neben meiner Vollzeittätigkeit als Lehrerin war ich alleinerziehender Vater von drei Töchtern unter zehn Jahren. Mein Terminkalender war unglaublich voll, und die Aussicht, täglich mehrere Stunden für spirituelle Bildung freizuhalten, war entmutigend, wenn nicht gar unmöglich.

Etwa zur gleichen Zeit begann ich, Kurse in christlicher Spiritualität zu geben. Obwohl mein Unterricht eher historisch und theologisch als praktisch ausgerichtet war, gefiel mir das Thema sehr gut. Ich schätzte die verfügbare Andachtsliteratur und erfuhr unter anderem, dass es eine Vielzahl christlicher Spiritualitäten gibt. Zwei erregten besonders meine Aufmerksamkeit. Eine davon war die Familienspiritualität. Sie besagte, dass man in der Zeit der Elternschaft vor allem durch die Fürsorge und Pflege von Kindern oder anderen Angehörigen spirituell sein kann, auch durch die Pflege älterer oder behinderter Menschen. Obwohl ich weiterhin betete, die Bibel las, in die Kirche ging und andere spirituelle Übungen praktizierte, spürte ich die Nähe zu Gott vor allem durch die Fürsorge für meine Familie.

Eine zweite Form christlicher Spiritualität, die meine Aufmerksamkeit erregte, war die sogenannte "studierende Spiritualität". Autoren, die diese Spiritualität beschrieben, verstanden darunter in erster Linie das Studium der Heiligen Schrift, schlossen aber auch andere Formen des Studiums ein. Diese Art der studierenden Spiritualität war für mich, der ich einen Großteil seines Lebens mit dem Studium der Heiligen Schrift, der Kirchengeschichte, der Theologie und anderer christlicher Schriften verbracht hatte, befreiend. Es war nicht so, dass ich mich anderen spirituellen Praktiken, Übungen oder Disziplinen entziehen konnte, aber sie half mir, mich auf das zu konzentrieren, was ich für den natürlichsten Weg hielt, in Glaube, Hoffnung und Liebe zu wachsen.

Manchmal fühlen sich Christen spirituell besiegt, weil sie versuchen, den Anforderungen eines bestimmten (und vielleicht engen) Verständnisses von Spiritualität, Heiligkeit, Vollkommenheit, Gottesfurcht oder Christusähnlichkeit gerecht zu werden. Doch ihnen sind möglicherweise die vielfältigen Möglichkeiten, wie die Heilige Schrift von spirituellem Gedeihen spricht, und noch mehr die Möglichkeiten, die spätere Christen als Gnadenmittel entwickelten, nicht bewusst. Sie glauben, dass der Heilige Geist in und durch ihr Leben wirkt und sie zu größerer Christusähnlichkeit heiligt. In diesem Kapitel möchte ich über einige der vielen Möglichkeiten sprechen, wie Christen glauben, treu und gehorsam zu sein und in der Gnade zu wachsen, was ihnen wiederum ermöglicht, Gott und anderen gegenüber liebevoller zu sein – spirituell und körperlich, individuell und kollektiv.

Wie wachsen wir spirituell?

Wie die Erlösung beruht auch spirituelles Wachstum auf Gottes Gnade und nicht auf der Arbeit oder dem Verdienst von Christen. Das heißt aber nicht, dass Christen nichts für ihre spirituelle Reifung tun. Gott gibt den Menschen, unterstützt durch die göttliche Gnade, ein gewisses Maß an Verantwortung, durch das sie sich entscheiden (oder auch nicht entscheiden) können, mit dem Heiligen Geist zusammenzuarbeiten, um Christus ähnlicher zu werden.

Manche Christen glauben, dass spirituelles Wachstum allein durch Gottes Initiative geschieht und dass Gottes Plan, sie zu mehr Christusähnlichkeit zu führen, unplanbar und unwiderstehlich ist. Für sie ist die Art und Weise, wie Christen über spirituelles Wachstum und spirituelle Disziplin sprechen, ein zu großes Risiko und verleitet sie zu der Annahme, sie seien nicht durch Gnade durch Glauben, als Geschenk Gottes, erlöst. Stattdessen, so argumentieren sie, sollten Christen ihre Zeit damit verbringen, sich daran zu gewöhnen, dass ihnen sowohl ihre Erlösung als auch ihre spirituelle Reifung bedingungslos geschenkt werden.

Die meisten Christen glauben jedoch, dass Gottes Geist in und durch ihr Leben wirkt und dass es in der Heiligen Schrift allgemeine Gnadenwege gibt, die es ihnen ermöglichen, mit Gott in ihrer spirituellen Entwicklung zusammenzuarbeiten. Die Gnadenwege, von denen ich spreche, sind nicht auf eine bestimmte religiöse Tradition beschränkt (wie etwa die Sakramente im Katholizismus). Vielmehr spreche ich von einer Vielzahl von spirituellen Praktiken, Übungen und Disziplinen, die in der Bibel erwähnt werden und die für die Entwicklung der persönlichen Spiritualität nützlich sein können, unabhängig von der jeweiligen christlichen Konfession. Diese Gnadenwege stellen Wege dar, auf denen Christen für das spirituelle Wachstum, das Gott schenkt, "gepflanzt" und "begossen" haben (1. Korinther 3,6).

Beispiele für spirituelle Bildung

Lassen Sie mich zunächst einige allgemeine Bemerkungen zu den spirituellen Praktiken, Übungen und Disziplinen machen, denen Christen folgen, um Christus ähnlicher zu werden. Es besteht unter Christen kein Konsens darüber, wie sie am besten leben sollten, um in ihrer spirituellen Entwicklung mit Gottes Heiligem Geist zusammenzuarbeiten. Mir hat jedoch schon immer die von Christen verwendete Richtungsanalogie gefallen, die davon spricht, wie solche Praktiken die Beziehung der Menschen zu Gott, ihre innere Beziehung zu sich selbst und ihre äußere Beziehung zu anderen fördern. Diese Anweisungen finden sich seit Jahrhunderten in den Andachtsschriften der Christen wieder.

Dallas Willard sprach ausführlich über spirituelle Disziplinen und lieferte eine hilfreiche Typologie davon. Willard unterschied zwischen spirituellen Disziplinen der Enthaltsamkeit und spirituellen Disziplinen des Engagements. Zu den spirituellen Disziplinen der Enthaltsamkeit gehören: Einsamkeit, Stille, Meditation, Kontemplation, Fasten, Genügsamkeit, Keuschheit, Verschwiegenheit (oder Diskretion) und Opferbereitschaft. Zu den spirituellen Disziplinen des Engagements gehören: Studium, Anbetung, Feier, Dienst, Gebet, Gemeinschaft, Beichte und Unterwerfung. Meiner Erfahrung nach fühlen sich Christen in der westlichen Welt viel stärker zu den Disziplinen des Engagements hingezogen, da sie gerne wissen möchten, was sie "mehr" tun müssen, um mit Gottes Heiligem Geist zusammenzuarbeiten – mehr Aktivität, zum Beispiel um des Gebets und des Studiums willen. Was Christen jedoch manchmal brauchen, ist nicht mehr, sondern "weniger" – weniger Aktivität, zum Beispiel um der Einsamkeit und Stille willen. Wenn sie eine größere Intimität (oder Gemeinschaft) mit Gott erfahren möchten, müssen sie möglicherweise die Geschäftigkeit ihres Lebens reduzieren und mehr Zeit damit verbringen, weniger beschäftigt zu sein und in Einsamkeit und Stille zu leben.

Die Anzahl der spirituellen Praktiken, Übungen und Disziplinen ist unendlich. Es gibt spirituelle Praktiken, die ausdrücklich in der Heiligen Schrift beschrieben werden, und es gibt spirituelle Praktiken, die von der Heiligen Schrift inspiriert sind und die Christen seit Jahrhunderten praktizieren. Heute schaffen sich Christen neue Gnadenmittel, mit denen sie spirituell wachsen können. Adele Ahlberg Calhoun spricht beispielsweise kreativ über Dutzende spiritueller Disziplinen – alte und neue –, die sie in sieben Kategorien einteilt: (1) Anbetung, (2) Mich Gott öffnen, (3) Das falsche Selbst aufgeben, (4) Mein Leben mit anderen teilen, (5) Gottes Worte hören, (6) Das Leben Christi verkörpern und (7) Beten. Zu den traditionellen spirituellen Disziplinen, die sie bespricht, gehören die Lebensregel, das Examen, die Ikonographie, die Pilgerfahrt und die *Lectio Divina*. Bei der Lebensregel geht es darum, Gewohnheiten oder Routinen spiritueller Praktiken zu entwickeln. Beim Examen geht es darum, täglich die Rolle Gottes in den Aktivitäten des eigenen Lebens zu erkennen. Ikonographie visualisiert Bilder christlicher Heiliger und biblischer Figuren, um die Anbetung Gottes zu fördern. Pilgerfahrten sind Besuche heiliger Stätten, um die andächtige Aufmerksamkeit gegenüber Gott zu fördern. *Lectio Divina* (lat.: "erbauliche Lesung") bedeutet, beim meditierenden Lesen der Heiligen Schrift auf Gottes Stimme zu hören.

Calhoun erörtert viele Arten des christlichen Gebets. Beim Beten geht es darum, mit Gott zu sprechen, zu Gott zu reden und auf Gott zu hören. Es kann einzeln oder gemeinsam, gesprochen oder still, liturgisch oder spontan, kniend oder mit erhobenen Händen geschehen. Hier sind einige bekannte Gebetsarten: Anbetung, Beichte, Flehen (oder Fürbitte) und Danksagung. Bei der Anbetung geht es darum, Gott zu preisen und ihm dafür zu danken, wer er ist.

Bei der Beichte geht es darum, Gott voller Reue unsere Fehler und Schwächen zu bekennen, und er vergibt uns. Beim Flehen geht es darum, Gott für unsere Sorgen und Nöte anzuflehen, was auch bedeutet, im Gebet für die Bedürfnisse anderer einzutreten. Danksagung bedeutet, Gott zu danken, was auch Danksagung für unsere Erlösung und für die Art und Weise einschließt, wie Gott uns täglich hilft.

Calhoun bespricht auch Gebete, die vielen, auch Christen, vielleicht weniger geläufig sind. Dazu gehören das Atemgebet, das Zentrierungsgebet, das Gebet zu festen Zeiten, das Labyrinthgebet, das liturgische Gebet und das Gebet der Sammlung. Das Atemgebet ist eine Form des kontemplativen Gebets, bei der man beim Einatmen und beim Ausatmen betet. Das Zentrierungsgebet ist ebenfalls eine Form des kontemplativen Gebets, die hilft, sich auf die Gegenwart Jesu Christi zu konzentrieren. Das Gebet zu festen Zeiten bezieht sich auf festgelegte Gebetszeiten über den Tag verteilt; einige kirchliche Traditionen folgen einem festen Stundengebet. Beim Labyrinthgebet folgt man einem einfachen, markierten Weg, der die Kontemplation Gottes fördert. Das liturgische Gebet ist ein niedergeschriebenes oder auswendig gelerntes Gebet für die öffentliche oder private Andacht. Das Gebet der Sammlung dient dazu, sich im Alltagstrubel an die Gegenwart Gottes zu erinnern und so in Gott zu ruhen. Kurz gesagt: Es gibt viele Arten zu beten, und es gibt keine Grenzen für die Art und Weise, wie man Gott im Gebet begegnet.

So wie es viele Arten zu beten gibt, gibt es auch viele Wege, wie Christen spirituelle Bildung erfahren. Das Gebet ist vielleicht der häufigste Weg, wie sie die Nähe zu Gott suchen, Christus ähnlicher werden und ihre Liebe zu Gott und anderen auf greifbare, gerechte und erlösende Weise zum Ausdruck bringen. Denken Sie daran, dass Gott spirituelle Bildung bewirkt. Daher gibt es keine Grenzen für die Möglichkeiten spiritueller Bildung.

Traditionen der christlichen Spiritualität

Im Laufe der Zeit haben verschiedene Kirchen unterschiedliche Formen der Spiritualität betont. Man könnte sagen, dass jede Kirche oder Konfession ihre einzigartige Spiritualität hat, so wie jeder Mensch eine einzigartige Persönlichkeit hat. Vielleicht kennen Sie einige dieser Traditionen aus eigener Erfahrung oder sind zumindest mit ihnen in Berührung gekommen.

Erstens legen evangelikale Kirchen Wert auf Evangelisation, Gemeindegründung und Mission. Ihr spirituelles Vorbild ist der Apostel Paulus. Sie betrachten den Missionsbefehl (Matthäus 28,16-20) als Maßstab dafür, wie Christen spirituell sein sollten: durch die Verkündigung des Evangeliums in Wort und Tat.

Zweitens betonen sakramentale Kirchen die Rolle der Sakramente als besondere Mittel der Gnade Gottes. Sie "feiern" (oder anders gesagt: praktizieren) die Entwicklung von Riten und Ritualen durch die Christen des ersten Jahrhunderts in der Apostelgeschichte, insbesondere die Sakramente der Taufe und der Eucharistie (oder Kommunion). Zur spirituellen Bildung und zum Dienst fördern sie öffentliche Gottesdienste, Liturgie und andere zeremonielle Praktiken, die in den Episteln und historischen Kirchen – Ost und West, Nord und Süd – entwickelt wurden.

Drittens legen kontemplative Kirchen Wert auf spirituelle Disziplin, insbesondere auf jene, die Einsamkeit, Stille und andere Übungen praktizieren, die zur Frömmigkeit führen, wie zum Beispiel der orthodoxe Glaube an *die Theosis* (griechisch: "Vergöttlichung"). In dieser Tradition können Christen ein kurzes, sich wiederholendes Gebet wie das Jesusgebet verwenden: "Herr Jesus Christus, Sohn Gottes, erbarme dich meiner Sünder ." Sie können auch die dreifachen (1) reinigenden, (2) erleuchtenden und (3) vereinenden Wege der spirituellen Bildung nutzen. Reinigung bedeutet, sich von den Sorgen und Verpflichtungen dieser Welt zu befreien, um Gott zu betrachten. Erleuchtung hat mit der göttlichen Einsicht zu tun, die Gott Kontemplativen schenkt. Vereinigung hat mit inniger Gemeinschaft mit Gott zu tun, die als die höchste Beziehung zu Gott gilt, die man in diesem Leben haben kann.

Viertens legen fleißige Kirchen Wert auf das Studium, das Verständnis und die Anwendung der Heiligen Schrift. Sie fördern christliche Bildung, das Auswendiglernen der Heiligen Schrift und die Entwicklung hochwertiger christlicher Literatur. Neben biblischen und theologischen Studienhilfen werden auch andere Formen christlicher Literatur produziert, darunter Romane, Gedichte, Musik und andere Kunstformen.

Fünftens betonen Heiligkeitskirchen die Frucht des Heiligen Geistes und die Bedeutung der Jüngerschaft für ein christliches Leben. Oft wird die Verantwortlichkeit in regelmäßigen Kleingruppentreffen betont, sei es sonntags morgens oder unter der

Woche, die auf die spezifischen Bedürfnisse der Teilnehmer zugeschnitten sind. Solche Gruppen tragen auch dazu bei, wirksame Dienste für Menschen innerhalb und außerhalb der Kirche zu organisieren.

Sechstens legen aktivistische Kirchen Wert auf Mitgefühl und Fürsprache für die Armen, Hungernden, Obdachlosen, Gefangenen und andere, die in der Gesellschaft ungerecht behandelt werden. Sie können sich auf vielfältige Weise engagieren, wie Jesus bei der Reinigung des Tempels, um zu verhindern, dass Menschen vernachlässigt oder ausgegrenzt, unterdrückt oder verfolgt, gewaltsam verletzt oder getötet werden.

Siebtens betonen charismatische Kirchen, wie Gott geistliche Gaben nutzt, um Christen zu helfen, ihr volles Potenzial zu entfalten. Geistliche Gaben befähigen auch dazu, Menschen innerhalb und außerhalb der Kirche zu dienen. Pfingstkirchen haben stark zugenommen, und alle Kirchen wurden von ihrer Betonung der Gegenwart und Kraft des Heiligen Geistes, der heute wirkt, beeinflusst.

Weitere spirituelle Traditionen könnten genannt werden: ökumenische, familienorientierte und ökologische. Die Entwicklung spiritueller Traditionen mag endlos sein, doch die genannten Kirchen repräsentieren einige der jahrhundertealten Ansätze, wie Christen das Wesen von Spiritualität, persönlichem Wachstum und wirksamem Dienst verstehen.

Wie trifft man eine Entscheidung?

Kirchen spiegeln nicht unbedingt nur eine Tradition christlicher Spiritualität wider. Sie können vielmehr zwei oder mehr Schwerpunkte vertreten, oder ein Schwerpunkt kann vorrangig sein, während andere zweitrangig sind. Meiner Meinung nach ist es wichtig, sich daran zu erinnern, dass alle diese Traditionen christlicher Spiritualität biblischen Vorrang haben und daher vertrauensvoll genutzt werden können.

Es ist das Recht und Privileg der Kirchen, in Reaktion auf Gottes Führung selbst zu entscheiden, welche spirituellen Praktiken und Dienste sie betonen. Probleme entstehen jedoch, wenn Kirchen andere Traditionen herabwürdigen und möglicherweise verurteilen, vor allem weil sie von ihrer eigenen Tradition abweichen. Obwohl Kirchen manche Traditionen anderen vorziehen, ist es biblisch naiv und wertend, wenn sie scheinbar mehr Zeit damit verbringen, andere Christen zu kritisieren, als ihr eigenes Verständnis von Spiritualität und Dienst zu fördern. Leider sind Christen manchmal eher dafür bekannt, wen sie hassen, als dafür, wen sie lieben.

Christliche Vollkommenheit

Erwartet Gott von den Menschen, vollkommen zu werden? Diese Frage steht im Hintergrund, wann immer wir über spirituelles Wachstum sprechen. Christen waren sich über die Jahrhunderte hinweg über einige der dramatischen Ermahnungen der Heiligen Schrift uneinig. So sagte Jesus beispielsweise in der Bergpredigt: "Darum sollt ihr vollkommen sein, wie euer himmlischer Vater vollkommen ist!" (Matthäus 5,48). Auf den ersten Blick erscheint diese Ermahnung unmöglich. Manche Christen betrachten sie daher eher als Ziel denn als erreichbaren Zustand oder als Bezug auf ein zukünftiges Leben statt auf das gegenwärtige. Andere Christen hingegen nehmen Jesu Ermahnung sehr ernst und glauben, dass Gottes Gnade mächtiger ist als die Macht der Sünde oder gar Satans.

Historisch betrachtet waren die meisten Christen voller Hoffnung, wie sie spirituell wachsen und Christus ähnlicher werden könnten und sollten. Denn wohin sollte ein vollkommener Gott seine Bekehrten führen, wenn nicht zur Vollkommenheit? Daher haben Christen in der Kirchengeschichte von Heiligen, Vergöttlichung, beseligender Schau, mystischer Vereinigung, vollkommener Heiligung, christlicher Vollkommenheit und so weiter gesprochen. Diese Begriffe klingen einschüchternd, besonders für diejenigen von uns, die weit von der Vollkommenheit entfernt sind! Dennoch waren Christen immer voller Hoffnung, dass wir – durch Gottes Gnade – Christus ähnlicher werden können. Wir können im Glauben, in der Hoffnung und in der Liebe wachsen. Manche Begriffe, die Christen verwenden, erscheinen phantastisch und unerreichbar, und doch glauben sie, dass Gottes Gnade Hoffnung gibt, Gott, anderen und sich selbst gegenüber vollkommener zu lieben.

Aus diesen Gründen ist Hoffnung neben Glaube und Liebe eine christliche Tugend. Christen hoffen, niemals allein zu sein. Die Auswirkungen der Sünde sind niemals größer als die göttliche Gnade, und so haben sie die Hoffnung, das zu überwinden, was sie persönlich und sozial, spirituell und körperlich auf die Probe stellt. Gottes Gnade beschränkt sich nicht nur auf private spirituelle

Angelegenheiten. Im Gegenteil: Christen glauben, dass Gott größer ist als alles, was sie bedrängt, da sie gemeinsam mit Gottes Heiligem Geist die Herausforderungen des Lebens meistern.

Abschließende Kommentare

Es hat mich sehr ermutigt, die Vielfalt christlicher Spiritualität zu entdecken. Das war keine Entschuldigung dafür, spirituell nachlässig zu sein und nur die einfachsten spirituellen Praktiken, Übungen oder Disziplinen zu wählen. Im Gegenteil, das Lernen über familiäre und geistliche Aspekte war für mich persönlich befreiend. Es half mir, meine Liebe zu anderen durch meine primären Wege der spirituellen Entwicklung und der Betreuung anderer, einschließlich meiner Kinder und Schüler, zu übertreffen.

Da es so viele Möglichkeiten gibt, wie Christen – historisch und heute – ihr Leben gestalten und ihre spirituelle Entwicklung fördern, möchte ich Sie ermutigen, zu experimentieren. Lernen Sie andere Traditionen christlicher Spiritualität kennen und probieren Sie vielleicht eine oder mehrere spirituelle Praktiken, Übungen oder Disziplinen aus. Natürlich müssen Sie nicht alle davon machen! Das wäre unpraktisch und vielleicht sogar übertrieben. Doch mit der Eingebung des Heiligen Geistes werden Sie neue Wege finden, spirituell zu sein, zu wachsen und zu dienen, die Gott gefallen und Sie erfüllen.

Kapitel 20
Keine Heiligkeit, sondern soziale Heiligkeit

Als ich in der Oberstufe war, fragte mich meine Tante Naomi, ob ich an einer kleinen Bibelstunde teilnehmen würde. Ich verneinte und wusste auch nicht, dass es solche Gruppen gab. Sie ermutigte mich, mich mit ein paar Freunden zu treffen, was ich auch tat. Es veränderte mein Leben! Obwohl keiner von uns wirklich bibelkundig war, lernten wir gemeinsam viel und wuchsen – als Freunde und als Christen. Es war die erste von vielen kleinen Gruppen, in denen ich mich im Laufe meines Lebens engagierte, und sie gehörten zu den prägendsten Erfahrungen, die ich je für meine spirituelle und persönliche Entwicklung gemacht habe.

John Wesley sagte einmal: "Es gibt keine Heiligkeit außer der sozialen Heiligkeit ." Obwohl er sich auch sozial engagierte, drehte sich Wesleys Aussage darum, wie christliches Leben und spirituelle Bildung am besten in Gemeinschaft mit anderen stattfinden. Neben dem Kirchenbesuch koordinierte Wesley ein effektives Netzwerk christlicher Versammlungen unter der Woche (sogenannte Methodistengesellschaften), Klassentreffen (mit Gruppen von Männern und Frauen, die sich getrennt trafen) und kleiner Gruppen von Einzelpersonen, die sich gegenseitig zur Verantwortung ziehen – spirituell, moralisch und im Dienst an anderen.

Seit dem ersten Jahrhundert wurden Kirchen zum wichtigsten Treffpunkt der Christen, auch wenn die Treffen informell waren und in Privatwohnungen oder an sicheren öffentlichen Orten stattfanden, um möglicher Verfolgung zu entgehen. Im Laufe der Zeit wuchsen die Kirchen, entwickelten institutionelle Strukturen und verbreiteten christliche Glaubenssätze, Werte und Praktiken. Obwohl man sich romantisch danach sehnen könnte, das Leben in der frühen Kirche nachzuahmen, ist dies angesichts der unterschiedlichen soziokulturellen Kontexte, in denen wir heute leben, unmöglich. Tatsächlich haben heutige Christen, die behaupten, die Kirche des ersten Jahrhunderts nachzuahmen und sich als "Bibelchristen" zu bezeichnen, eine unkritische Sicht auf die biblischen Lehren und sind naiv, was die Kirchengeschichte angeht.

Vieles, was Christen heute bekennen, ist untrennbar mit jahrhundertealten kirchlichen Traditionen, Lehrformulierungen und liturgischen Praktiken verbunden. Der Kanon der Heiligen Schrift selbst ist ein Produkt kirchlicher Entscheidungsfindung und hängt von der Autorität der kirchlichen Führung und Tradition ab.

Wenn ich also von "keine Heiligkeit, sondern soziale Heiligkeit" spreche, möchte ich zunächst über die Kirche sprechen. Obwohl es unmöglich ist, ihre Entwicklungsgeschichte darzustellen, kann ich mich auf einige Schlüsselkonzepte konzentrieren, die unter Christen entstanden sind, um die Bedeutung der Kirche für die Repräsentation Jesu und seines Evangeliums in der Welt hervorzuheben. Zusammengefasst bezieht sich die Kirche auf alle Christen, und so ist ihr Zeugnis – ob gut oder schlecht – das Zeugnis aller Christen, in ihren verschiedenen Erscheinungsformen in Vergangenheit und Gegenwart, nah und fern.

Entwicklung der Kirche

In der Heiligen Schrift ist die Kirche (griechisch: *ekklesia)* als die Gemeinschaft der Nachfolger Jesu und seines Evangeliums bezeichnet. Es ist nicht klar, ob Jesus die Abspaltung der Kirche vom Judentum oder die Schaffung einer Erneuerungsbewegung innerhalb des Judentums beabsichtigte. Was auch immer Jesu Absichten bezüglich der institutionellen Religion waren, klar ist, dass Jesus sich das Zusammensein der Menschen in einer Gemeinschaft wünschte. Im Matthäusevangelium sagt Jesus: "Denn wo zwei oder drei in meinem Namen versammelt sind, da bin ich mitten unter ihnen" (Matthäus 18,20). Die Kirche entwickelte sich zu einem Ort, an dem sich Christen wöchentlich trafen, um sich den Unterweisungen der Apostel zu widmen, Gemeinschaft zu pflegen, das Brot zu brechen (eine Anspielung auf frühe sakramentale Praktiken), zu beten, zu loben und ihre Finanzen gerecht an Bedürftige zu verteilen (siehe Apostelgeschichte 242-47). Mit der Zeit organisierten sich Kirchen und Kirchengruppen nach Bedarf, obwohl kein Konsens über die Einzelheiten der Verwaltungsstruktur herrschte. Obwohl sich Kirchen (und später auch Konfessionen) bei der Formulierung ihrer Identität auf die Heilige Schrift berufen, haben sich Kirchen an verschiedenen Orten und zu verschiedenen Zeiten unterschiedlich entwickelt, und dies ist auch heute noch der Fall.

Im vierten Jahrhundert kam es zu einem tiefgreifenden Wandel der Kirchen, nachdem Kaiser Konstantin das Christentum legalisierte. Bald darauf wurde das Christentum zur dominierenden Religion im Römischen Reich. Dies hatte positive und negative Auswirkungen. Positiv war, dass Christen die Kirche, einschließlich ihrer Lehren und ihrer Gottesdienstpraxis, öffentlich weiterentwickeln konnten und nicht länger gesellschaftliche Außenseiter waren. Negativ war hingegen, dass die Kirche exponentiell an Größe, Ansehen und Macht wuchs – ein deutlicher Unterschied zu der zuvor manchmal verfolgten Versammlung von Gläubigen. Die Debatte über die langfristigen Auswirkungen der religiösen Dominanz der Kirche auf die westliche Zivilisation hält an. Hat ihre Dominanz ebenso viel oder mehr Leid und Schmerz verursacht, als sie gelindert hat? Ich stelle mir gerne vor, dass sie mehr Heilung als Schaden bewirkt hat. Wenn Christen sich jedoch des potenziellen Schadens, den Kirchen anrichten, nicht bewusst sind (oder ihn leugnen), sind sie dazu verdammt, mehr Menschen zu schaden als zu heilen. Westliche Christen waren allzu oft besonders ignorant und ignorierten bewusst die spirituelle, soziokulturelle, politische, wirtschaftliche und militärische Verwüstung, die die Kirchen in östlichen und südlichen Ländern angerichtet haben. Im Mittelalter wurde die Kirche zu einem Imperium, ähnlich dem Römischen Reich, das die frühen Christen mehr als alles andere fürchteten. Ja, das Evangelium wurde verkündet, aber Christen müssen im Umgang mit Menschen außerhalb ihres Stammes, ihrer Kirche und ihres Landes mehr Bewusstsein, Empathie und Fairness zeigen.

Kennzeichen der Kirche

Alte Glaubensbekenntnisse beschrieben die Kirche, oder wahre Kirche, mit vier Merkmalen. Sie kennen vielleicht die Worte des Nicänischen Glaubensbekenntnisses: "Wir glauben an die eine, heilige, katholische und apostolische Kirche." Eins, heilig, katholisch (oder allgemein) und apostolisch – was bedeuten diese vier Merkmale? Erstens: Unter der Herrschaft Jesu gibt es eine Kirche. Zweitens: Diejenigen, die ihr angehören, sind heilig, nicht aufgrund ihrer eigenen Heiligkeit, sondern aufgrund der Heiligkeit, die Jesus ihnen verliehen hat. Drittens: Die Kirche ist katholisch oder allgemein in dem Sinne, dass sie für alle Menschen gedacht ist, ungeachtet ihrer Rasse, Ethnie, ihres Geschlechts, ihrer Klasse, Sprache, Nationalität, sexuellen Orientierung oder früheren Religionszugehörigkeit. Viertens: Die Kirche gilt als apostolisch, das heißt, sie folgt der Tradition der ersten Apostel oder Nachfolger Jesu.

Der Begriff "apostolisch" wurde für spätere Christen aus mehreren Gründen problematisch. Erstens: Als sich die römisch-katholische Kirche und die orthodoxen Kirchen im 11. Jahrhundert trennten, behaupteten beide, die einzige ununterbrochene Nachfolge kirchlicher Autorität zu besitzen, die von den ersten Aposteln herrührte und durch Handauflegen bei der Weihe eines Bischofs, Priesters oder Diakons weitergegeben wurde. Zweitens: Als sich die römisch-katholische Kirche und die Protestanten im 16. Jahrhundert trennten, behaupteten die Protestanten, die einzig wahre Nachfolge beziehe sich auf die Treue zu den *Lehren* der ersten Apostel und nicht auf die sukzessive Weihe von Bischöfen und Päpsten. Anders ausgedrückt: Protestanten betrachten die Kirche als apostolisch im Sinne einer kontinuierlichen Lehre und nicht einer kontinuierlichen Linie von Führern.

Protestanten etablierten keine formalen "Kennzeichen" der Kirche, doch zwei Merkmale wurden charakteristisch für die Reformation. Erstens die korrekte Verwaltung der Sakramente, da Protestanten der Ansicht waren, die römisch-katholischen Bräuche seien von den Lehren der Bibel abgewichen und hätten sich zu sehr auf die Riten und Rituale der kirchlichen Sakramente statt auf den Glauben verlassen. Zweitens die Verkündigung der Heiligen Schrift durch Predigten, insbesondere in volkssprachlichen Sprachen, die Laien verstehen konnten (bemerkenswerterweise wurden Predigten und Messen in römisch-katholischen Kirchen damals vollständig auf Latein gehalten). In beiden Fällen wurde die religiöse Autorität primär auf die Lehren der Heiligen Schrift gestützt und nicht auf die jahrhundertealten Lehren des Papsttums und der Lehrmeister der römisch-katholischen Kirche.

Sakramente: Besondere Gnadenmittel

Einer der größten Unterschiede zwischen der römisch-katholischen und der protestantischen Kirche ist die Rolle der Sakramente. Sakramente werden oft als äußere und sichtbare Zeichen innerer und spiritueller göttlicher Gnade beschrieben, die von Riten und Ritualen begleitet werden, die sich im Laufe der

Kirchengeschichte entwickelt haben. Die Sakramente gelten als besondere oder spezifische Gnadenmittel, im Gegensatz zu den zuvor besprochenen allgemeinen Gnadenmitteln (z. B. Gebet, Gottesdienst). Katholiken kennen sieben Sakramente: Taufe, Firmung, Eucharistie, Beichte, Krankensalbung, Priesterweihe und Ehe. Orthodoxe Christen akzeptieren diese Sakramente im Allgemeinen und nennen sie "heilige Mysterien". Wer die Sakramente empfängt, empfängt göttliche Gnade *ex opera operato* (lat.: "durch das geleistete Werk"), die sowohl zeitliche als auch ewige Segnungen bewirkt.

Protestanten lehnten den katholischen Sakramentalismus ab, da er die vermittelnde Rolle von Kirche, Priestern und Sakramenten zu sehr betonte und nicht den Glauben des Einzelnen. Stattdessen glaubten die meisten Protestanten, dass die Sakramente eher ein Zeichen (oder Symbol) der göttlichen Gnade seien und dass der Glaube der Menschen im Vordergrund stehen sollte, nicht die durchgeführten Riten und Rituale. Protestanten neigten dazu, nur die beiden Sakramente Taufe und Eucharistie (oder Kommunion, Abendmahl) anzuerkennen, da sie glaubten, dass diese die einzigen religiösen Praktiken darstellten, die eindeutig von Jesus eingesetzt wurden.

Unabhängig von der jeweiligen Sichtweise der Christen auf die Sakramente glauben alle, dass Gott weiterhin in ihrem Leben wirkt. Die Sakramente dienen als wichtige Erinnerung daran, wie Gott in der Vergangenheit durch das Leben, den Tod und die Auferstehung Jesu für ihre Erlösung gewirkt hat und wie er weiterhin wirkt, um Christen zu ermutigen, zu stärken und zu stärken. Die Sakramente stellen einen wichtigen Weg dar, durch den Gottes Heiliger Geist in und durch die Gläubigen wirkt, aber sie sind nicht der einzige Weg.

Wie verstehen wir die Sakramente heute? Christen geraten oft in Streit über die Sakramente: Gibt es sieben Sakramente, wie in der römisch-katholischen Kirche? Oder sind es zwei, wie in den protestantischen Kirchen? Anstatt sich an diesen Zahlenstreitigkeiten zu verzetteln, ist es hilfreich, auf die Definition eines Sakraments vom Anfang dieses Abschnitts zurückzukommen: "äußere und sichtbare Zeichen der inneren und geistigen göttlichen Gnade". Das Ziel der Sakramente ist immer, auf Gottes Gnade hinzuweisen. Gottes Gnade ist das Wichtigste, egal ob Kirchen sieben Sakramente, zwei Sakramente praktizieren oder den Gebrauch des Wortes "Sakrament" gänzlich ablehnen.

Ökumenische und interreligiöse Beziehungen

Kirchen sind oft eher für ihre schismatische Tendenz zur Spaltung bekannt als für ihr Streben nach Einheit. Das ist schade, denn Jesus hoffte, dass seine Jünger vereint blieben. In Johannes 17,11 betete Jesus: "Und nun bin ich nicht mehr in der Welt; sie aber sind in der Welt, und ich komme zu dir. Heiliger Vater, beschütze sie in deinem Namen, den du mir gegeben hast, damit auch sie eins seien, wie wir eins sind." Kirchenführer wie Willem Visser't Hooft sprachen von mindestens drei Möglichkeiten der Vereinigung der Christen: 1) Kirchenfusion, 2) Übereinstimmung in der Glaubenslehre und 3) Zusammenarbeit im kirchlichen Dienst. Seit der Wende zum 20. Jahrhundert wird mehr Wert auf die Ökumene (von griechisch *oikonomía* – "einen Haushalt führen") gelegt, also auf Möglichkeiten, wie die Christen stärker vereint werden können. Einige Kirchen haben sich zusammengeschlossen, und es haben sich Lehrvereinbarungen entwickelt, die breite Zustimmung fanden, beispielsweise die Lausanner Verpflichtung und das Lima-Dokument. Die Lausanner Verpflichtung wurde 1974 vom Ersten Internationalen Kongress für Weltevangelisation angenommen, und das Lima-Dokument, auch bekannt als "Taufe, Eucharistie und Amt" (BEM), wurde 1982 vom Ökumenischen Rat der Kirchen verabschiedet.

Die meisten ökumenischen Aktivitäten entstanden durch die Zusammenarbeit in der Seelsorge, sei es im Bereich der Sozialethik (z. B. Ökumenischer Rat der Kirchen, Nationaler Rat der Kirchen) oder in der Evangelisation und Mission (z. B. Weltweite Evangelische Allianz, Nationale Vereinigung der Evangelikalen). Dies sind bescheidene Ansätze, und dennoch ermutige ich Christen und Kirchen, sich mehr auf das Verbindende als auf das Trennende zu konzentrieren, insbesondere im Interesse der Zusammenarbeit in der Seelsorge.

Da die Welt sozusagen kleiner wird, wächst die Sorge um den Umgang mit Menschen anderen Glaubens und anderer Religionen. Historisch gesehen lag der Schwerpunkt vor allem auf der Evangelisierung. Gibt es aber auch andere Möglichkeiten für Christen, mit Menschen anderer Religionen umzugehen? Aus

Nächstenliebe ergibt sich für Christen die Pflicht, ihre Nächsten kennenzulernen, ihre Unterschiede zu verstehen und wertzuschätzen, auch wenn sie nicht von ihnen überzeugt sind. Gespräche mit Menschen anderen Glaubens könnten sogar als spirituelle Praxis angesehen werden, die Gläubige zu tieferer Reflexion über ihr Wissen und Verständnis von Gott führt.

Darüber hinaus täten Menschen aller Religionen gut daran, sich für Religionsfreiheit einzusetzen, Gewalt gegen Menschen aller Glaubensrichtungen, unabhängig von ihrem Wohnort, abzulehnen und sich für Gerechtigkeit und die Armen einzusetzen – Werte, denen alle Religionen zustimmen. Wenn Evangelisierung auf die eine oder andere Weise stattfindet, dann soll es so sein. Beziehungen zu anderen Religionen sollten jedoch nicht manipulative Methoden der Evangelisierung, repressive Politik, terroristische Praktiken oder militärische Unterdrückung fördern.

Abschließende Kommentare

Wenn du spirituell wachsen möchtest und dir unsicher bist, wie du das anstellen sollst, dann schließe dich mit Gleichgesinnten zusammen, sei es in der Kirche, in einer kleinen Gruppe oder im persönlichen Gespräch mit einer vertrauten Person, die dir als Freund und spiritueller Unterstützer vertraut. Wenn du möchtest, dass dein Zeugnis einen größeren Einfluss auf die Welt hat – spirituell und physisch, individuell und kollektiv –, dann ist es ratsam, christliche Gemeinschaften zu finden, in denen du dich organisieren und deine Wirksamkeit steigern kannst.

Obwohl es viele Möglichkeiten gibt, in die Kirche zu gehen, ist der Besuch einer Kirche ein guter Anfang! Besuchen Sie eine Kirche, die Ihnen gefällt, ganz gleich, welche Gründe Sie für diese Kirche interessieren. Kirchen sind weder veraltet noch irrelevant; sie sind das Volk Gottes für seine Mission in der Welt. Die Bibel legt nahe, dass allein der Besuch der Kirche sozusagen ein Mittel der Gnade ist, durch das Sie und andere im Glauben, in der Hoffnung und in der Liebe wachsen und gleichzeitig weitere Segnungen empfangen können, die Gott für Sie vorgesehen hat.

Kapitel 21
Priestertum der Gläubigen

Als ich aufwuchs, wusste ich nicht, dass christliche Kirchen Frauen Führungspositionen verbieten. In meiner Kirche gab es immer Rednerinnen, Evangelistinnen und Missionarinnen. Meine Tante Naomi wurde sogar ordinierte Pfarrerin meiner Konfession und war für mich ein Vorbild, sowohl in der christlichen Praxis als auch in der Predigt. Ihre Bibelkenntnisse und ihre leidenschaftlichen Predigten haben mich stets ermutigt.

Nachdem ich mein Zuhause verlassen hatte, um zu studieren, begann ich, eine große überkonfessionelle Kirche zu besuchen. Irgendwann bemerkte ich, dass der Pastor neben einer Frau auf der Kanzel stand, die ausführlich über ein Programm der Kirche sprach. Nach dem Gottesdienst fragte ich jemanden, warum der Pastor dort stand. Es musste für ihn anstrengend gewesen sein, neben der Frau zu stehen, da er nichts zu ihrem Vortrag beitrug. Mir wurde gesagt, dass Frauen nicht allein auf der Kanzel stehen und zur Gemeinde sprechen dürfen, wenn Männer anwesend sind. Ich erfuhr von den Richtlinien der Kirche, wie Männer in Familie, Kirche und Gesellschaft Führung übernehmen und Frauen sich unterordnen sollen.

Da ich die Legitimität von Frauen in Führungspositionen nie in Frage gestellt hatte, begann ich, die Heilige Schrift selbst zu studieren, und las im Laufe der Jahre einige christliche Bücher zu diesem Thema. Es war kein einfaches Thema, aber die biblischen und anderen Belege überzeugten mich davon, dass Führungskompetenzen von Männern und Frauen geteilt und nicht begrenzt sind. Dies gilt auch für die Führung in Ehe, Kirche und Gesellschaft. Natürlich war die Kirche meiner Jugend in Bezug auf die Stärkung von Frauen theoretisch besser als in der Praxis. Nachdem meine Tante Naomi nach über einem Vierteljahrhundert Missionarsarbeit auf den Philippinen in den Ruhestand gegangen war, fand sie nach ihrer Rückkehr in die USA keine Stelle als Pastorin. Schließlich musste Tante Naomi eine Gemeinde gründen, um ihren hauptamtlichen Dienst fortzusetzen, den sie bis zu ihrer Pensionierung leistete.

Kirchen und Christen üben ihre Dienste auf vielfältige Weise aus. Betrachten wir einige ihrer Dienste, meist im Dienst Gottes und anderer. Doch weder Kirchen noch Christen sind perfekt. Noch nicht! Doch es lassen sich deutliche Entwicklungslinien des Dienstes in der Kirchengeschichte erkennen. Daher ist es gut, einige seiner Entwicklungen zu betrachten.

Entwicklungen im kirchlichen Dienst

Die Kirche des ersten Jahrhunderts wurde von den zwölf Jüngern Jesu und anderen Aposteln wie Paulus geleitet. Nach und nach kamen Diakone hinzu, um einen umfassenderen Dienst unter den Gemeindemitgliedern und in der Gemeinde zu leisten. Da immer mehr Heiden zum Christentum konvertierten, war es notwendig, dass die Gemeinde durch Räte und Älteste repräsentiert wurde (z. B. Apostelgeschichte 15). Im Laufe der Zeit fungierten Älteste und Bischöfe, die Gemeinden in größeren geografischen Gebieten betreuten, als Hauptleiter der wachsenden Gemeinden.

In den folgenden Jahrhunderten war es den Kirchen aufgrund wiederkehrender Verfolgungen und anderer Herausforderungen des Lebens in der Antike (z. B. Kommunikation, Transport) nicht möglich, ausgedehnte Dienste zu organisieren. Älteste vertraten lokale Gemeinden, während Bischöfe immer größere Gebiete betreuten. Der Dienst wurde jedoch ebenso oder sogar noch stärker von Laien geleistet – der Mehrheit der nicht ordinierten Christen –, die Familie, Freunde und ihre Arbeitskollegen beeinflussten. Nachdem Konstantin im vierten Jahrhundert den Status der Kirchen änderte und das Christentum schließlich zur dominierenden Religion der westlichen Gesellschaft wurde und nicht mehr nur eine Minderheit darstellte, wurde der Dienst zunehmend von ordinierten Geistlichen und nicht mehr von Laien ausgeübt.

Alle sind Minister

Zur Zeit der Reformation wollten Protestanten wie Luther den Dienst stärker den Laien übertragen und argumentierten, dass alle Menschen Amtsträger seien. 1. Petrus 1,9 beschreibt die Kirche – alle wahren Gläubigen – als "ein auserwähltes Geschlecht, eine königliche Priesterschaft, ein heiliger Stamm, ein Volk, das sein Eigentum ist, damit ihr die Machttaten dessen verkündet, der euch aus der Finsternis zu seinem wunderbaren Licht berufen hat." Luther sagte, dass alle Christen zum Dienst berufen seien, und ermahnte die Gemeindemitglieder, sich im Dienst für die Menschen innerhalb und außerhalb der Kirche zu engagieren. Christen können zu vielen Berufen berufen sein, wenn auch nicht unbedingt zu kirchlichen Führungsaufgaben. Beispielsweise können Christen zu einer Tätigkeit als Geschäftsmann, Arbeiter, Hausfrau oder Hausmann berufen sein oder eine andere Tätigkeit ausüben, die nicht unmittelbar mit der Kirche verbunden ist. Luther glaubte weiterhin, dass bestimmte Christen von Gott in hauptamtliche oder formelle geistliche Ämter berufen wurden, die er als pastorales Amt bezeichnete. Diese pastoralen Leiter mussten jedoch die Laien sowohl für den Dienst als auch für die Ausübung des Amtes befähigen.

Einige protestantische Kirchen, die als "Low Church"-Traditionen bekannt sind, legen eher Wert auf den kongregationalen Charakter der Kirchenorganisation und -leitung und berufen und ordinieren ihre Pfarrer selbst. Der Begriff "kongregational" suggeriert, dass jede Kirchengemeinde eine unabhängige, selbstorganisierte Gruppe von Menschen ist. Gottesdienste sind in der Regel einfach und legen den Schwerpunkt auf biblische Predigten und Lehren sowie Musik und Gesang. Im Gegensatz dazu legen sogenannte "High Church"-Traditionen eher Wert auf formelle Ordinierungspraktiken, eine stark organisierte Kirchenstruktur und eine reichhaltige Liturgie. Gottesdienste sind in der Regel aufwändiger, möglicherweise mit Prozessionen, Gewändern (d. h. kirchenspezifische, teilweise sehr formelle Kleidung) und vorgeschriebenen Gebeten, zusätzlich zu biblischen Predigten und Lehren sowie Musik und Gesang.

Eine Möglichkeit, den Unterschied zwischen dem Christentum der "Low Church" und der "High Church" zu betrachten, besteht darin, darüber nachzudenken, was der Höhepunkt des Gottesdienstes ist. In eher "Low Church"-Gemeinden ist dies die Predigt, die oft dreißig Minuten oder länger dauert. In "High Church"-Gemeinden hingegen können Predigten nur etwa zehn Minuten dauern. Der Höhepunkt von Gottesdiensten in "High Church"-Gemeinden ist nicht die Predigt, sondern das

Ritual, meist die Eucharistie (auch Kommunion oder Messe genannt). In "Low Church"-Gemeinden hingegen findet die Kommunion oft nur etwa einmal im Monat oder Quartal statt. Eine kleine Anzahl protestantischer Kirchen hat keine ordinierten Pfarrer, sondern verlässt sich bei der Gestaltung des Gemeindelebens, der Gottesdienste und der Seelsorge auf Laien.

Im Laufe der Jahrhunderte haben Kirchen weltweit zunehmend betont, dass der Dienst von allen Christen geleistet werden muss und nicht nur von einigen wenigen, die zum Vollzeitdienst berufen sind. Natürlich braucht es Führungspersönlichkeiten, aber diese müssen andere dazu befähigen, dort zu dienen, wo sie leben, im Kreise ihrer Familie, Freunde, Arbeitskollegen und darüber hinaus.

Vielfalt christlicher Dienste

Manchmal wird der Dienst als *missio Dei* (lat.: "Mission Gottes") beschrieben. Ist Gott jedoch allein für den Dienst verantwortlich oder beauftragt er auch die Kirchenbesucher mit dem Dienst? Sicherlich ist es Gott, der letztlich für Wachstum, Wachstum und Erfolg jedes Dienstes sorgt. Doch die *missio Dei,* zusätzlich bedeutet, dass Christen ausgesandt werden, um anderen zu dienen. Welche Art von Dienst oder Diensten sollten sie leisten?

So wie Christen unterschiedliche Auffassungen christlicher Spiritualität vertreten, so haben sie auch unterschiedliche Auffassungen von ihrem Amt betont. Bedeutet das, dass Christen gespalten, entfremdet und hoffnungslos sind? Auch wenn man versucht sein könnte, diese Beschreibungen für zutreffend zu halten, ist das nicht der Fall. Manche Kirchenspaltungen sind tatsächlich sündhafter Natur; vielleicht sogar zu viele. Doch manche Unterschiede innerhalb der Kirche sind durchaus nachvollziehbar, einschließlich der Schwerpunkte im Amt. Der Apostel Paulus beschreibt die Kirche als einen Leib mit vielen Teilen, die alle unterschiedliche Funktionen erfüllen und dennoch für das gesamte Leben und den Dienst der Kirche wichtig sind (siehe Römer 12,3-8).

Manche Unterschiede in den Kirchen spiegeln multikulturelle, multiethnische, mehrsprachige und multinationale Gründe wider. H. Richard Niebuhr schrieb *The Social Sources of Denominationalism.* Auch wenn man seinen Schlussfolgerungen nicht in allen Punkten zustimmen muss, wies Niebuhr scharfsinnig darauf hin, wie soziale Faktoren Kirchen beeinflussen. Soziale Faktoren tragen zu unserem Verständnis bei, wie Kirchen entstehen, wachsen, schrumpfen, sich spalten und vereinen. Christen tun daher gut daran, sich bei der Gestaltung ihrer Kirchen und der Frage, wie sie die Menschen innerhalb und außerhalb der Kirche wirksam betreuen können, sowohl auf soziale als auch auf spirituelle Faktoren zu konzentrieren.

Ordination von Kirchenführern

Die religiöse Formalisierung pastoraler Kirchenleitung wird allgemein als Ordination bezeichnet. In der katholischen, orthodoxen und anglikanischen Tradition wird die Ordination als Sakrament betrachtet – als die heiligen Weihen. Von den in der römisch-katholischen Kirche zum Priesteramt berufenen Personen wird erwartet, dass sie Armut, Keuschheit und Gehorsam geloben und deshalb nicht heiraten. In der orthodoxen und anglikanischen Kirche ist die Heirat ihren Priestern gestattet. Bis zu einem gewissen Grad glaubt man, dass Priester anstelle von Christus handeln – *in persona Christi*. Aus diesem Grund dürfen in hochkirchlichen Kreisen nur Priester die Messe lesen. Sie stellen das Opfer Jesu im Ritual des Brotbrechens und des Teilens des Weines nach. Diese Auffassung vom Priestertum als Handeln *in persona Christi* hat die bedauerliche Folge, dass der Eindruck entsteht, nur Priester hätten Zugang zu Gott. In Wirklichkeit ist dies jedoch bei weitem nicht der Fall! Viele Menschen, die diesen christlichen Traditionen angehören, schätzen die Rolle des Priesters, bekräftigen jedoch gleichzeitig den direkten Zugang der Menschen zu Gott im Gebet. Die Rolle des Priesters ist jedoch nicht nur theologisch, sondern auch strukturell. Diese Kirchen haben meist eine hierarchische Struktur, in der die Priester von Bischöfen, vielleicht sogar Erzbischöfen, beaufsichtigt werden. In der römisch-katholischen Kirche liegt die höchste kirchliche Autorität beim Papst – eine religiöse Position, die sich in der Alten Kirche entwickelt hat.

Die meisten protestantischen Kirchen kennen die Ordination in irgendeiner Form, auch wenn sie nicht immer genau diese Formulierung verwenden. Gewöhnlich wird von denjenigen, die die Ordination anstreben, ein gewisses Gefühl göttlicher Berufung erwartet, doch die Kandidaten müssen eine Phase der Unterscheidung durchlaufen. Kirchen, ob lokal oder konfessionell gebunden, müssen die Berufung, die die Einzelnen in sich tragen, bestätigen. Pastoren werden daher nicht ohne die gemeinschaftliche Bestätigung der Kirchen ordiniert, die glauben, dass sie alle im Einklang mit der Führung des Heiligen Geistes Gottes handeln. Das Wort "Pastor" kommt vom lateinischen Wort für Hirte, einem Begriff, den Jesus zu Lebzeiten verwendete, um seinen Dienst zu beschreiben (Johannes 10,11). Ähnlich wie Priester sollen auch Pastoren in der Rolle Jesu handeln. Pastoren werden jedoch allgemein als Leiter einer Kirche angesehen, ohne die zusätzliche Symbolik des Handelns "in persona Christi".

Charakter eines Priesters, Pfarrers, Pastors

Jede Kirche und Konfession hat Charaktererwartungen an diejenigen, die dazu berufen sind, als Priester, Geistliche oder Pastor ordiniert zu werden. Manche Erwartungen sind streng, andere weniger. Kirchen ziehen zur Beurteilung des Charakters ordinierter Leiter häufig Bibelstellen aus 1. Timotheus 3 und Titus 1 zu Rate. In diesen Stellen wird von Kirchenleitern erwartet, dass sie aufrecht und heilig, diszipliniert und lehrend sind usw. Darüber hinaus sollen sie nur eine Frau haben, nicht dem Alkohol verfallen sein, gehorsame Kinder haben usw. Diese letztgenannten Charaktereigenschaften können verwirrend sein, insbesondere wenn man sie wörtlich nimmt. Was bedeutet es zum Beispiel, dass Ordinanden nur eine Frau haben sollen? Bedeutet es, dass sie nicht polygam leben dürfen? Bedeutet es, dass nur Männer ordiniert werden dürfen? Bedeutet es, dass nur verheiratete Männer ordiniert werden dürfen und nicht Männer, die nie verheiratet waren oder deren Frauen verstorben sind? Nur wenige Kirchen, wenn überhaupt, legen diese Verse so wörtlich aus, selbst wenn sie behaupten, die Heilige Schrift wörtlich auszulegen.

Unabhängig von den Erwartungen an die Ordinanden stellen Christen und Kirchen im Allgemeinen hohe Erwartungen an ihre Leiter. Daher dauert der Ordinierungsprozess in der Regel lange, bis sowohl die Ordinanden als auch die Kirchen sich ihrer Entscheidungen sicher sind. Doch so wie die Heilige Schrift hohe Erwartungen an die Kirchenleitung stellt, gibt es auch Versprechen von Gottes Hilfe bei der Erfüllung der Aufgaben der Kirchenleitung, die von den einzelnen Kirchen und Konfessionen festgelegt werden.

Ordination von Frauen

Sowohl historisch als auch heute weihen die meisten Kirchen und Konfessionen keine Frauen, zumindest nicht zu höheren Priestern, Pfarrern oder Pastoren. Diese Kirchen sehen in der Heiligen Schrift eine eindeutig hierarchische, patriarchalische oder, wie man manchmal sagt, komplementäre Sichtweise der Beziehung zwischen Mann und Frau. In dieser Sichtweise ergänzen sich Männer und Frauen in ihren jeweiligen Rollen als männliche Führungspersönlichkeiten und zustimmende Frauen. Diese hierarchische Sichtweise wird von katholischen Kirchen sowie vielen orthodoxen und protestantischen Kirchen weltweit vertreten.

Seit Mitte des 20. Jahrhunderts schätzen Christen und Kirchen jedoch zunehmend die Gaben, Talente und Fähigkeiten von Frauen. Dies führte dazu, dass sie sich wieder der Heiligen Schrift zuwandten, um die Ordination von Frauen neu zu überdenken. Infolgedessen glauben immer mehr Christen und Kirchen, dass die Heilige Schrift mehr Wert auf die gleichberechtigte Beziehung zwischen Mann und Frau legt als auf eine hierarchische Beziehung. Die Argumente für den Egalitarismus sind nicht immer dieselben. Einige behaupten beispielsweise, der Heilige Geist verleihe Gaben, Talente und Fähigkeiten für den Dienst, und daher enthalte die Heilige Schrift Beispiele von Frauen in Führungspositionen, wie etwa Debora und Priscilla. Debora war eine Richterin im Alten Testament, die das Volk Israel führte (Richter 4-5), und Priscilla war eine Missionarin, die gemeinsam mit ihrem Mann Aquila diente. Paulus sagte von beiden, sie seien "Mitarbeiter in Christus Jesus" (Römer 16,3). Darüber hinaus wird Maria Magdalena in vielen christlichen Traditionen als "Apostelin der Apostel" bezeichnet, da Jesus ihr nach seiner Auferstehung erstmals erschien und Maria beauftragte, den Aposteln Jesu Auferstehung zu verkünden. Alle vier Evangelien erzählen, wie Jesus Maria auswählte, um allen Menschen, Männern und Frauen, die Frohe Botschaft zu verkünden.

Andere argumentieren, die Unterwürfigkeit der Frau habe eher mit dem Sündenfall der Menschheit als mit der göttlichen Ordnung zu tun und Christen hätten lange daran gearbeitet, die damit verbundenen Herausforderungen (und Flüche) zu überwinden. Daher sollten sie auch die ausschließliche Führung durch Männer überwinden. Wieder andere argumentieren: "Es gibt nicht mehr Juden und Griechen, nicht Sklaven und Freie, nicht Mann und Frau; denn ihr seid alle eins in Christus Jesus" (Galater 3,28). So wie Christen die hierarchischen Beziehungen zwischen Juden und Griechen, zwischen Freien und Sklaven abgeschafft haben, sollten sie sie auch zwischen Männern und Frauen abschaffen.

Abschließende Kommentare

Ich wünschte, mehr Christen würden sich aktiv im kirchlichen Dienst engagieren – Männer und Frauen, Alte und Junge, Ausgebildete und Ungebildete, Ordinierte und Laien. Ein Teil des Problems liegt meiner Meinung nach darin, dass Christen die legitimen Formen des kirchlichen Dienstes nicht kennen, die nicht immer ausreichend als solcher anerkannt werden. Denken Sie beispielsweise an die Mithilfe bei der Instandhaltung einer kirchlichen Einrichtung, die ebenso wichtig ist wie die Gestaltung des kirchlichen Programms; an den Einsatz gegen ungerecht behandelte Gesetze oder Gesetze; an die Gastfreundschaft gegenüber Fremden oder Menschen, die in Kirche und Gesellschaft allzu oft vernachlässigt werden; an wohltätige Spenden für finanzielle, gesundheitliche und schulische Bedürfnisse. Die genannten Liebesbekundungen sind für das bibeltreue Gemeindeleben ebenso wichtig wie andere missionsorientierte Dienste.

Es gibt viele Möglichkeiten, sich geistlich zu engagieren, und vielleicht schränkt uns nur unsere Vorstellungskraft ein, was einzelne Christen und Kirchen gemeinsam tun können, um ihren Nächsten Liebe zu zeigen. Dienst bedeutet im Grunde "dienen" – sein Leben für andere zu leben, nicht nur für sich selbst. Dienst schließt alle Gläubigen ein und kann sowohl physisch als auch geistlich, individuell und gemeinschaftlich, Liebesbeweise sein. Christen sollten kreativ sein und sich vorstellen, wie sie ihren Platz in der Nächstenliebe wie sich selbst finden!

Kapitel 22
Das Problem der Heuchelei

Niemand mag Heuchler. Wir alle kennen sie! Zu ihnen gehören Freunde oder Nachbarn, die einen kritisieren, obwohl man weiß, dass sie sich ihrer Kritik noch mehr schuldig gemacht haben als man selbst. Zu Heuchlern gehören Eltern oder Geschwister, die sich über den kleinsten Fehler in der Beziehung zu ihnen aufregen, obwohl man selbst weiß, dass sie sich über diese Fehler noch viel schlimmer ärgern als man selbst. Zu ihnen gehören Politiker, die Regierungsentscheidungen und -ausgaben anprangern, wenn sie nicht an der Macht sind, und doch hinterlistig schweigen, wenn sie an der Macht sind und dieselben Entscheidungen und Ausgaben beschließen. Niemand mag Heuchler!

Bedauerlicherweise gibt es in Kirchen einige der schlimmsten Heuchler. Sie behaupten, ihren Nächsten wie sich selbst zu lieben, und doch gehören sie zu den Ersten, die andere aufgrund ihrer Rasse, Ethnie, ihres Geschlechts, ihrer sozialen Stellung, Bildung, politischen Einstellung oder Religionszugehörigkeit respektlos oder hasserfüllt beschimpfen. Christen verurteilen sexuelle Verfehlungen in der Gesellschaft und unter Politikern schnell, doch sie schweigen oder – schlimmer noch – verteidigen ungerechtfertigte sexuelle Übergriffe ihres Pfarrers oder der Parteiführung. Es ist natürlich ein prätentiöser Ausdruck von Stammesdenken, wenn Menschen im Allgemeinen und Christen im Besonderen die Fehler und Verfehlungen anderer verbittert verurteilen, während sie ihren Stamm vor ähnlichen oder schlimmeren Verfehlungen schützen. Zu diesem Stamm gehören natürlich Ehepartner, Familien, Freunde, Kirchen, Vereine, Staaten und Länder.

Wie oft haben Sie schon einen Christen oder eine Kirche sagen hören, sie missbilligten oder verurteilten bestimmte Überzeugungen, Werte und Handlungen, bis diese jemand aus ihrem Umfeld betrafen – den Ehepartner? Ein Kind? Ein Elternteil? Ein Freund? Ein Kirchenmitglied? Ein Vereinsmitglied? Ein Parteimitglied? Ein Land? Solche Menschen fühlen sich von früherer Missbilligung und Verurteilung befreit, da sie behaupten, ihre Umstände seien anders oder eine Lüge erkläre, warum sie sich nicht an dieselben Regeln halten müssten, nach denen sie andere missbilligen und verurteilen. Tatsächlich missbilligen und verurteilen sie andere möglicherweise weiterhin, trotz des erkennbaren Widerspruchs zu ihrer Ethik. Eine der Ironien der Heuchelei ist, dass man sie bei anderen leichter erkennt, als sie bei sich selbst zu erkennen und einzugestehen.

Was ist Heuchelei?

Heuchelei bedeutet, etwas zu sagen und zu tun, andere aber genau dafür zu verurteilen und zu diskriminieren. Es geht darum, die moralische Überlegenheit zu beanspruchen, obwohl man tatsächlich gegen dieselbe Moral verstößt. Heuchelei bedeutet auch, nach außen hin zu behaupten, etwas zu sein, zu tun oder zu haben, während man innerlich weiß, dass es nicht wahr ist. Heuchelei ist nicht zu unterscheiden von Lügen, um sich selbst (oder seinen Stamm) anmaßend zu profilieren oder andere herabzusetzen. Aus philosophischer Sicht könnte man sagen, dass Menschen sich logischer Widersprüche schuldig machen; aus biblischer Sicht sind sie der Heuchelei schuldig, die Sünde ist.

Die Heilige Schrift lehnt Heuchelei als Laster, also als sündige Tat ab. Insbesondere Jesus kritisierte Heuchelei. In seiner Bergpredigt sagte Jesus Folgendes:

> Richtet nicht, damit ihr nicht gerichtet werdet. Denn nach dem Urteil, mit dem ihr richtet, werdet ihr gerichtet werden, und nach dem Maß, mit dem ihr messt, wird euch zugemessen werden. Warum siehst du den Splitter im Auge deines Nächsten, aber den Balken in deinem eigenen Auge bemerkst du nicht? Oder wie kannst du zu deinem Nächsten sagen: Erlaube, ich will den Splitter aus deinem Auge ziehen, während der Balken in deinem eigenen Auge steckt? Du Heuchler, zieh zuerst den Balken aus deinem eigenen Auge, und dann wirst du klar sehen, um den Splitter aus dem Auge deines Nächsten zu ziehen (Matthäus 7,1-5).

Jesus sprach deutlich über das Problem, andere für etwas zu verurteilen, obwohl dieselben Menschen sich derselben (oder schlimmerer) Dinge schuldig gemacht haben. Die Passage legt nahe, dass diejenigen, die andere verurteilen, äußerst vorsichtig sein müssen, da sie selbst möglicherweise schuldiger sind als die, über die sie urteilen. Zudem werden andere, wenn sie schuldiger sind, schnell erkennen, dass sie heuchlerisch sind.

In vielerlei Hinsicht wirkte Jesus im Umgang mit Menschen bemerkenswert tolerant und vorurteilsfrei. Es gab jedoch eine bemerkenswerte Ausnahme, nämlich die Heuchelei von Führern im Allgemeinen und religiösen Führern im Besonderen zu verurteilen. Jesus verurteilte die Heuchelei der "Schriftgelehrten und Pharisäer" leidenschaftlich. Im Matthäusevangelium widmete er ihnen ein ganzes Kapitel seiner scharfen Kritik. Hier ein Auszug aus Jesu Kritik:

Aber wehe euch, Schriftgelehrte und Pharisäer, ihr Heuchler! Denn ihr schließt die Menschen aus vom Himmelreich. Denn ihr selbst geht nicht hinein, und wenn andere hineingehen wollen, hindert ihr sie daran (Matthäus 23,13).

Wehe euch, Schriftgelehrte und Pharisäer, ihr Heuchler! Denn ihr überquert Land und Meer, um einen einzigen zu bekehren, und macht aus dem Neubekehrten ein doppelt so großes Kind der Hölle wie ihr selbst (Matthäus 23,15).

Wehe euch, Schriftgelehrte und Pharisäer, ihr Heuchler! Ihr gebt den Zehnten von Minze, Dill und Kümmel und lasst das Wichtigste im Gesetz außer Acht: das Recht, die Barmherzigkeit und den Glauben. Diese hättet ihr tun sollen, ohne die übrigen zu vernachlässigen (Matthäus 23,23).

Jesus erkannte die Notwendigkeit an, religiöse Führer zu respektieren. Respekt vor ihrer Autorität verpflichtet jedoch nicht, ihrem unmoralischen Beispiel zu folgen. Jesus warnte davor, ihren überheblichen Vorbildern zu folgen. Er sagte: "Die Schriftgelehrten und die Pharisäer sitzen auf dem Stuhl des Mose. Was sie euch lehren, das tut und befolgt; aber handelt nicht nach ihrem Tun; denn sie tun nicht, was sie lehren" (Matthäus 23,3).

Jesus verstand, wie schlimm Heuchelei ist und wie ihre ungerechten Auswirkungen unter den Mächtigen (exponentiell?) zunahmen. Natürlich haben viele Menschen Macht, nicht nur religiöse Führer. Eltern haben Macht über ihre Kinder, und Heuchelei kann unterdrückende Auswirkungen auf sie haben. Lehrer haben Macht über ihre Schüler, und Heuchelei kann unterdrückende Auswirkungen auf sie haben. Arbeitgeber haben Macht über ihre Arbeitnehmer, und Heuchelei kann unterdrückende Auswirkungen auf sie haben. Präsidenten, Politiker und das Militär haben Macht über ein Land, und Heuchelei kann unterdrückende Auswirkungen auf das Land und manchmal auf die ganze Welt haben.

Heuchelei und Kirchen

Einer der häufigsten Gründe für die Kirchenvermeidung ist Heuchelei. Natürlich ist das nicht der einzige Grund für die Abneigung der Menschen gegenüber Kirchen, aber Umfrage um Umfrage bestätigt dies. Christen antworten darauf mit der Bemerkung, die Kritik an der Heuchelei sei unberechtigt. Sie seien nicht die Heuchler, entgegnen sie; vielmehr seien diejenigen, die Christen als Heuchler bezeichnen, die wahren Heuchler. Fake News, sagen sie! Diese fadenscheinige Ausrede ist jedoch selbst heuchlerisch, da sie die realistischen und einfühlsamen Bedenken der Menschen gegenüber Kirchen ignoriert. Erfordert Nächstenliebe nicht, dass wir ihren Fragen, Sorgen und ihrer Kritik tatsächlich zuhören?

Der alte Witz besagt natürlich, dass Menschen behaupten, Jesus zu lieben, aber nicht die Kirche: "Ich mag Jesus, aber seine Anhänger kann ich nicht ausstehen!" Unabhängig davon, ob wir diese Kritik akzeptieren, bleibt die Tatsache bestehen, dass viele Menschen nicht in die Kirche gehen, und das verständlicherweise aufgrund christlicher Heuchelei. Ich bin mein ganzes Leben lang in die Kirche gegangen und erinnere mich persönlich an Beispiele von Heuchelei, die Trauer, wenn nicht gar Empörung, hervorriefen. Meiner Erfahrung nach ließen Kirchen Pastoren (die mit Macht und Prestige) ihre sexuellen und finanziellen Verfehlungen durchgehen, während dieselben Kirchen andere mieden, die sich derselben Unmoral schuldig gemacht hatten. Scheidung war in Kirchen ein Gräuel, bis sich zu viele Gemeindemitglieder scheiden ließen. Danach war sie kein Thema mehr, abgesehen von der Empörung der Kirchenleute über Scheidungen und Geschiedene außerhalb der Gesellschaft. Menschen in der Kirche heirateten, ließen sich scheiden und heirateten mehrmals wieder. Tatsächlich schien es die größte Sünde zu sein, allein zu bleiben, und so heirateten Christen immer wieder, um sich anzupassen und nicht gesellschaftlicher Ächtung oder anzüglichen Gerüchten ausgesetzt zu sein. Landesweite Umfragen haben gezeigt, dass sich die Scheidungsrate von Christen – egal ob protestantisch, katholisch, liberal oder konservativ – kaum von der von Nichtkirchlichen unterscheidet. Wie können Kirchen also ihren selbstgerechten Anspruch, Verfechter ehelicher Werte zu sein, stichhaltig begründen?

Welche weiteren Bereiche der Heuchelei gibt es? Sind Christen heuchlerisch, wenn sie vorehelichen Sex außerhalb der Ehe verurteilen, bis sie eine Tochter haben, die schwanger wird, und diese dann akzeptieren und lieben? Sind Christen heuchlerisch, wenn sie Abtreibung verurteilen und behaupten, für das Leben zu sein, sich aber für die Todesstrafe, Krieg und Folter einsetzen und sich weigern, die öffentliche Gesundheitsversorgung für benachteiligte Neugeborene zu unterstützen? Sind Christen heuchlerisch, wenn sie die Entscheidung der Frau für eine Abtreibung ablehnen, aber dennoch die Entscheidung der Frau für eine Abtreibung in Fällen von Vergewaltigung oder Inzest befürworten, oder wenn sie die Entscheidung der Frau für eine künstliche Befruchtung befürworten, die in der Regel zur Vernichtung nicht genutzter befruchteter Embryonen führt? Sind Christen heuchlerisch, wenn sie homosexuelle Sexualität verurteilen, bis sie einen Bruder haben, der seine Homosexualität bekennt, ihn dann akzeptiert und liebt? Sind Christen heuchlerisch, wenn sie behaupten, sich um die Armen zu kümmern, sich aber weigern, etwas für sie zu tun – privat oder öffentlich, kirchlich oder staatlich – und behaupten, "Gott hilft denen, die sich selbst helfen" oder dass jeder "sich selbst aus dem Sumpf ziehen" müsse? Sind weiße Christen heuchlerisch, wenn sie behaupten, ihren Nächsten wie sich selbst zu lieben, und dann Menschen mit schwarzer oder brauner Hautfarbe karikieren, sie ausgrenzen und sich weigern, sie einzustellen, ihnen zu dienen oder auch nur neben ihnen zu sitzen? Sind Christen in den USA heuchlerisch, wenn sie fromm Bibelverse über die Aufnahme von Ausländern zitieren, aber behaupten, diese Verse würden nur für Ausländer mit legalen Aufenthaltspapieren gelten? Sind Christen heuchlerisch, wenn sie ihre täglichen Entscheidungen auf Grundlage meteorologischer Erkenntnisse treffen, dann aber Klimabeweise leugnen, wenn diese ihren finanziellen oder politischen Eigeninteressen zuwiderlaufen? Sind Christen heuchlerisch, wenn sie behaupten, ihre politische Partei, ihr Kandidat oder ihr Präsident sei von Gott eingesetzt und daher von sexuellen Eskapaden, finanziellen Gesetzesverstößen, ausländischer Subversion und verfassungswidrigen Vertuschungen verschont geblieben? Ist es nicht so, dass Gott weder Demokrat noch Republikaner ist?

Im selben Kapitel, in dem Jesus die Menschen davor warnte, andere einseitig zu verurteilen, sagte er auch, dass man Menschen an den Früchten ihrer Taten erkennen könne. In Matthäus 7,15-20 sagt Jesus:

> Hütet euch vor den falschen Propheten, die in Schafskleidern zu euch kommen, inwendig aber reißende Wölfe sind. An ihren Früchten werdet ihr sie erkennen. Liest man etwa Trauben von Dornen oder Feigen von Disteln? So bringt jeder gute Baum gute Früchte hervor, aber der schlechte Baum bringt schlechte Früchte hervor. Ein guter Baum kann keine schlechten Früchte hervorbringen, und ein schlechter Baum kann keine guten Früchte hervorbringen. Jeder Baum, der keine guten Früchte hervorbringt, wird abgehauen und ins Feuer geworfen. An ihren Früchten werdet ihr sie erkennen.

Nur weil Menschen behaupten, Christen zu sein oder für Gott zu sprechen, bedeutet das nicht, dass sie Jesus oder biblische Glaubenssätze und Werte wirklich vertreten. Daher müssen Christen bereit und offen für eine Selbsteinschätzung sein, das heißt, sich selbst und ihre Glaubensgemeinschaft ehrlich zu bewerten, damit sie nicht lieblos und unfruchtbar heuchlerisch leben.

Ethische Fragen sind zweifellos äußerst komplex. Ich kann gar nicht alle Dynamiken beschreiben, die mit Ungerechtigkeiten aufgrund von Vernachlässigung, Ausgrenzung, Diskriminierung, Unterdrückung, Verfolgung und Gewalt gegenüber anderen einhergehen, und auch nicht, ob Christen sich dagegen wehren *oder* ihnen Folge leisten. Nichtchristlichen Menschen erscheinen Christen jedoch in ihren Aussagen und Taten wenig konsequent. Christen im Allgemeinen und christliche Führungspersönlichkeiten im Besonderen sind oft Zielscheibe von Witzen. Oder sind die Witze von Komikern tatsächlich religiöse Verfolgung oder schämen sich Christen für ihre Heuchelei und fadenscheinigen Entschuldigungen?

Christen müssen sich selbst und ihre Kirchen genauer unter die Lupe nehmen. Sie sollten sich nicht in ihre verschiedenen Gruppen flüchten, um ihre Heuchelei zu beschwichtigen – sei es bei Familie, Freunden, in den sozialen Medien oder bei politischen Propagandisten. Wenn Menschen Christen für ihre Heuchelei kritisieren, müssen sie diese Vorwürfe empathisch und kritisch hinterfragen. Tun Sie Vorwürfe nicht einfach als von bösen Menschen, politischer Korrektheit oder Satan motiviert ab. Solche Motive mögen zwar eine Rolle spielen, aber das entbindet Christen nicht davon, liebevoll zu berücksichtigen, was ihre Nächsten sagen. Wenn wir wissen, wie sehr uns die Heuchelei anderer – der sogenannte "Splitter" in ihren Augen – missfällt, warum sollten wir dann den "Balken" in unseren eigenen Augen (Matthäus 7,3-5), der uns daran hindert, in unserer Beziehung zu Gott und zu unseren Mitmenschen zu gedeihen, rundweg ignorieren?

Gedanken und Gebete = Gewärmt und erfüllt werden?

Ein häufiger Satz, den man von Christen hört, ist, dass sie bei Katastrophen sagen, sie seien in Gedanken und Gebeten bei den Trauernden. Auch Politiker und andere Persönlichkeiten des öffentlichen Lebens sagen das in Katastrophenzeiten. Es ist nichts Falsches daran zu sagen, man sei in Gedanken und Gebeten bei anderen. Christen denken in der Regel an Menschen in Not und beten für sie. Dieser Satz ist jedoch zu einem Klischee geworden und unaufrichtig. Oft verstehen Zuhörer ihn als Ausrede, nichts für Menschen in Not zu tun. Wenn Menschen Christen sagen hören, sie seien in Gedanken und Gebeten bei den Leidenden, verstehen sie das als Ausrede, nichts für Bedürftige zu tun. Allzu oft werden die Worte von Christen so aufgefasst, als fehle ihnen die mitfühlende Fürsorge und das soziale Engagement, das sie eher mit Jesus als mit der Kirche verbinden. Wie viele Beweise fallen einem ein, um die Kritik der Menschen an Christen zu widerlegen, sie seien gegenüber denen, die "anders" seien als ihr Stamm, unempathisch und mitleidslos?

Im Jakobusbrief werden Menschen scharf kritisiert, die zwar hohe Überzeugungen haben, sich aber nicht um die konkreten Bedürfnisse der Menschen kümmern – sowohl physisch als auch spirituell, kollektiv wie individuell. Jakobus sagt:

Was nützt es, meine Brüder und Schwestern, wenn ihr sagt, ihr hättet Glauben, aber keine Werke vorzuweisen? Kann der Glaube euch retten? Wenn ein Bruder oder eine Schwester nackt ist und es ihnen an der täglichen Nahrung mangelt und einer von euch zu ihnen sagt: "Geht in Frieden, wärmt euch und esst euch satt!", ihr aber nicht für das Nötige sorgt, was nützt das? So ist auch der Glaube allein tot, wenn er keine Werke vorzuweisen hat (Jakobus 2,14-17).

Jakobus argumentiert nachdrücklich, dass es nicht ausreicht, theoretische Worte der Ermutigung auszusprechen – etwa "Haltet euch warm und esst euch satt" –, ohne sie durch praktische Taten zu untermauern. Solche Worte, warm und satt zu sein, klingen hohl, scheinheilig und heuchlerisch. Jakobus erinnert uns daran, dass Liebe konkrete Fürsorge für die körperlichen und physischen Bedürfnisse der Menschen sowie für ihre geistigen und ewigen Bedürfnisse beinhaltet. Jakobus behauptet sogar, dass mangelnde Fürsorge für die körperlichen und physischen Bedürfnisse der Menschen Zweifel an der Echtheit des eigenen Glaubens aufkommen lässt.

Luther mochte den Jakobusbrief nicht und betrachtete ihn als "Strohbrief". Aus seiner Sicht hatte das Buch zwar zeitlichen, aber keinen ewigen Wert. Luther sagte dies unter anderem, weil er sich gegen die Betonung guter Werke in der römisch-katholischen Kirche wandte und stattdessen dafür plädierte, dass Menschen allein durch Gnade und Glauben ewiges Leben erlangen. Gott tut alles, und wir tun nichts! Die meisten Christen der Kirchengeschichte halten Luthers Interpretation des Jakobusbriefs jedoch für übertrieben, was auch der Grund dafür ist, dass er ihn nicht aus dem Kanon der Heiligen Schrift entfernte. Die Zusammenarbeit der Menschen mit Gottes Gnade durch den Heiligen Geist stellt eine synergetische Zusammenarbeit dar, die sowohl die physische als auch die spirituelle Teilhabe der Menschen wertschätzt. In der Heiligen Schrift gibt es keinen Widerspruch zwischen den spirituellen Prioritäten von Glaube, Hoffnung und Liebe und den physischen Prioritäten der Fürsorge für die Bedürfnisse der Menschen hier und jetzt. Paulus sagt zum Beispiel: "Das Einzige, was zählt, ist der Glaube, der durch die Liebe tätig ist" (Galater 5,6). Glaube ist nicht inaktiv, passiv und ohne Anwendung im zeitlichen Leben; Sie ist aktiv und liebevoll und kümmert sich mitfühlend um alle Bedürfnisse der Menschen, so wie Jesus sich ganzheitlich um die Menschen kümmerte, denen er diente.

Abschließende Gedanken

Christen sollten Vorwürfe der Heuchelei ernst nehmen und ernst nehmen. Solche Kritik zu ignorieren oder leichtfertig zu argumentieren, dass ihre guten Taten ihre weniger guten Taten überwiegen, ist zweifellos Heuchelei. Christen sagen gerne, sie seien durch Gnade erlöst und noch nicht vollkommen – theoretisch. In der Praxis müssen sie jedoch darauf achten, nicht anmaßend, scheinheilig und heuchlerisch zu handeln.

Demut ist eine christliche Tugend, die andere Völker der Antike vor der Zeit Jesu Christi nicht anerkannten. Stattdessen betonten sie die Notwendigkeit, selbstbewusst im eigenen Interesse (oder im Interesse der eigenen Gemeinschaft) zu handeln; es spielte keine Rolle, ob andere darunter litten. Jesus lehrte jedoch einen anderen Weg – einen Weg der Wahrheit, des Lebens und des Mitgefühls, der sich von der Welt unterscheidet. Demut bedeutet natürlich nicht, weniger (oder gar nicht) an sich selbst zu denken, sondern realistisch über sich selbst nachzudenken und sich seiner Beziehung zu sich selbst, anderen und Gott bewusst zu sein. In Demut sollten sich Christen vor Heuchelei hüten und sie in ihrem Leben und in ihren Kirchen überwinden.

Teil Sechs
"Aber ewiges Leben haben"

Kapitel 23
Endzeit

Nach dem Sechstagekrieg (auch bekannt als der Palästinensische Krieg) von 1967, in dem das heutige Israel ganz Jerusalem eroberte, entfachten die Weltuntergangschristen ihre apokalyptischen Erwartungen an die baldige Wiederkehr Jesu neu. Jesus kommt! Jesus kommt wieder! Ich war damals ein Teenager und war fasziniert von den verheerenden Vorhersagen des Weltuntergangs, die von Wanderpredigern verbreitet wurden, sowie von Filmen (z. B. *The Thief in the Night*), Musik (z. B. *I wish We had all been ready*) und Büchern wie *The Late, Great Planet Earth* von Hal Lindsey mit Carole Carlson, in denen eine Wiederkehr Jesu innerhalb der nächsten fünf bis zehn Jahre vorhergesagt wurde. Nun, Jesus ist nicht zurückgekehrt, und Christen, die Jesu baldige Wiederkehr vorhersagen, tun dies schon seit sehr langer Zeit.

Die Heilige Schrift selbst deutet auf Jesu bevorstehende Wiederkunft und das Ende der Welt (griechisch *"eschaton"*, woher sich die Eschatologie ableitet) hin. Gegen Ende seiner eschatologischen Rede auf dem Ölberg sagte Jesus: "Wahrlich, ich sage euch: Dieses Geschlecht wird nicht vergehen, bis dies alles geschehen ist" (Matthäus 24,34). Im Neuen Testament mussten die biblischen Autoren mehrfach die Begeisterung (oder Enttäuschung) der Christen dämpfen, da Jesus noch nicht zurückgekehrt war, d. h. seine *Parusie* (griechisch "Kommen", "Ankunft") oder "Wiederkunft" erlebte.

Im Laufe der Kirchengeschichte glaubten zahlreiche Christen, in der Endzeit zu leben. So glaubten beispielsweise einige Kreuzfahrer, sie würden Gottes Reich einleiten, und Luther und Calvin glaubten, in den eschatologischen letzten Tagen zu leben. Zahlreiche Christen haben tatsächlich konkrete Daten vorhergesagt, auf die sie sich auf die Wiederkunft Jesu vorbereiteten. So sagte William Miller beispielsweise die Wiederkunft Jesu, den Advent, auf spektakuläre Weise für den 22. Oktober 1844 voraus. Als Jesus nicht wiederkehrte, erlebten Millers adventistische Anhänger eine "große Enttäuschung". Solche Fehlprognosen haben sich in der

Kirchengeschichte immer wieder bewahrheitet, auch im 21. Jahrhundert.

Jeder möchte die Zukunft kennen, und dieser Wunsch scheint besonders stark unter Christen zu sein, die glauben, besondere Einblicke in die Zukunft zu haben. Sie mögen sich sogar selbstgefällig fühlen, weil sie geheimes Wissen besitzen, da sie der Bestätigung ihrer eschatologischen Überzeugungen, Werte und Praktiken entgegensehen. Sie würden ihr geheimes Wissen am liebsten wahr werden lassen und damit Christen wie Nichtchristen demütigen, die ihre kataklysmischen Spekulationen über die bevorstehende Düsternis und den Untergang verspotteten.

Ironischerweise – oder tragischerweise – warnte Jesus seine Anhänger davor, über die zukünftige Endzeit zu spekulieren. In derselben Ölbergrede, die bereits erwähnt wurde, sagte er: "Von jenem Tag aber und von jener Stunde weiß niemand, weder die Engel im Himmel noch der Sohn, sondern allein der Vater... Seid also auch ihr bereit; denn der Menschensohn kommt zu einer Stunde, in der ihr es nicht wisst" (Matthäus 24, 36.44). Mit anderen Worten: Jesus empfahl seinen Anhängern, sich mehr auf Gerechtigkeit und Rechtschaffenheit zu konzentrieren und im Hier und Jetzt zu leben, anstatt über die Zukunft zu spekulieren.

Apokalyptische Literatur

Die Heilige Schrift enthält Schriften, die als apokalyptische Literatur bekannt sind. Ihr griechisches Wort *"Apokalypsis"* (Offenbarung) bezeichnet eine Gattung prophetischer Schriften über Gottes zukünftiges Handeln mit der Menschheit und der Welt. Die Offenbarung des Johannes enthält die apokalyptischste Literatur der Heiligen Schrift, aber auch andere Bücher enthalten vermutlich Prophezeiungen über die Endzeit, zum Beispiel Teile der Bücher Jesaja, Daniel, Joel und Sacharja. Wichtig ist auch, dass apokalyptische Literatur nicht nur in der Bibel vorkommt. Menschen verfassten zur gleichen Zeit auch in anderen Kulturen apokalyptische Texte. Es handelt sich um ein Genre – ähnlich wie Science-Fiction und historische Liebesromane. Wie ist apokalyptische Literatur zu interpretieren? Erfordert ihr Genre eine besondere Herangehensweise, um ihre Bedeutung zu verstehen?

Ich habe die vier Ratschläge von Shirley Guthrie Jr. über unsere Zukunft immer sehr geschätzt. Er sagt:

Wir dürfen nicht zu viel wissen wollen.

Die biblische Sprache über die Zukunft ist symbolisch.

Es gibt kein einheitliches biblisches Bild der Zukunft, sondern eine Entwicklung im Denken der Bibel.

Den besten Einblick in Gottes Vorsätze gewinnen wir, wenn wir uns anschauen, was Gott getan hat.

Erstens warnt Guthrie vor dem menschlichen Wunsch, über jedes mögliche Detail der Zukunft Bescheid zu wissen (oder darüber zu spekulieren), da dies zu einer Fixierung führen kann, die weder biblisch noch gesund für uns ist – weder persönlich noch sozial noch spirituell. Sicherlich führt diese Art der Fixierung zu der Kritik an Christen, sie seien zu himmlisch gesinnt, um irdischen Nutzen zu bringen.

Zweitens ist die Sprache der Bibel über die Zukunft trotz Anspielungen auf reale Orte der Vergangenheit und Gegenwart vor allem symbolisch. Bei der Unterscheidung, womit sich apokalyptische Literatur befasst und womit nicht, ist große Sorgfalt und Zurückhaltung geboten. Selbst diejenigen, die sich selbst als wörtlich bezeichnen, behaupten, diese Literatur sei voller symbolischer Bedeutung. So wurde beispielsweise in der Offenbarung des Johannes eine Unmenge theologischer und populärer christlicher Literatur über die Bedeutung der Hinweise auf ein oder mehrere Tiere, das Malzeichen des Tieres, einen falschen Propheten, die Hure Babylons, einen Drachen, Gog und Magog usw. verfasst. Es ist eine ausgedehnte Heimindustrie fiktionaler Schriften über die Endzeit entstanden, beispielsweise die Buchreihe "*Left Behind*" von Tim LaHaye und Jerry B. Jenkins, Kinderbücher und Filme, die populäre Spekulationen über symbolische Bedeutungen in der apokalyptischen Literatur befeuern.

Drittens offenbart uns die Heilige Schrift fortschreitend Informationen, auch über die Zukunft. Dasselbe gilt für die Aussagen der Heiligen Schrift über Himmel und Hölle, da die meisten dieser Lehren im Neuen Testament und nicht im Alten Testament erscheinen. Daher ist es wichtig, darauf zu achten, was die Schrift zu einem bestimmten Zeitpunkt sagt und wie spätere Schriften dazu beitragen, die Aussagen früherer biblischer Autoren zu konkretisieren oder zu übertreffen.

Viertens sollten Leser apokalyptischer Literatur ihre gegenwärtige Hoffnung nicht auf zukünftige Ereignisse stützen. Die

Heilige Schrift spricht an anderer Stelle deutlich darüber, was Gott in der Vergangenheit getan hat, insbesondere für die Erlösung der Menschen durch das Leben, den Tod und die Auferstehung Jesu. Die Heilige Schrift spricht auch darüber, wie Christen Jesu Lehren hier und heute glauben, wertschätzen und praktizieren sollen. Die gegenwärtigen Taten und Verheißungen Gottes sollten entscheidender zur Hoffnung in unserem gegenwärtigen Leben beitragen als unsichere Spekulationen über die Zukunft.

Buch der Offenbarung

Wie haben Christen das Buch der Offenbarung, die wichtigste Quelle der apokalyptischen Literatur, verstanden? In der Kirchengeschichte haben einige eine historische interpretierender Ansatz, wonach das Buch sich mehr mit historischen Ereignissen im weitesten Sinne befasst als mit der Vorhersage der Zukunft. Genauer gesagt besagt eine präteristische Interpretation (vom lateinischen *praeter* – "vergangen", "jenseits"), dass sich die Offenbarung auf historische Ereignisse bezieht, die im 1. Jahrhundert stattfanden. Beispielsweise war Palästina im 1. Jahrhundert von politischen Unruhen heimgesucht, und es war nicht ungewöhnlich, dass die Menschen das Ende der Welt als Erleichterung nach ihren gegenwärtigen Problemen erwarteten. Gelehrte, die diese Ansicht vertreten, vermuten, dass es sich bei dem in der Offenbarung des Johannes vorhergesagten "Tier" in Wirklichkeit um den unterdrückerischen Kaiser Cäsar Nero handelt, dessen Name, in Zahlen umgewandelt, die unheilvolle Zahl "666" ergibt (die Schriftsteller des 1. Jahrhunderts waren sehr an Numerologie interessiert und ordneten jeder Zahl des Alphabets einen numerischen Wert zu).

Eine futuristische Interpretation geht davon aus, dass die Offenbarung des Johannes eine mehr oder weniger chronologische Abfolge zukünftiger Weltereignisse liefert. Je intensiver man sich damit beschäftigt, desto besser kann man aktuelle Ereignisse interpretieren und voraussagen, was als Nächstes geschehen wird. Die meisten dramatischen eschatologischen Predigten, Filme, Lieder und Bücher verfolgen einen futuristischen Ansatz in der apokalyptischen Literatur.

Eine symbolische, allegorische oder idealistische Interpretation der Offenbarung besagt, dass es in der apokalyptischen Literatur nicht um historische Ereignisse der Vergangenheit oder Zukunft geht. Vielmehr vermittelt sie theologische Aussagen darüber, dass Gott letztlich die Welt beherrscht und dass Menschen im Allgemeinen und Christen im Besonderen inmitten der Prüfungen und Nöte des Lebens Hoffnung finden können.

Millenarismus

Manchmal werden verschiedene Ansichten der Eschatologie, insbesondere der Endzeit, anhand ihrer Ansichten zum Millennium (lat. "tausend Jahre") kategorisiert. Es ist eine Anspielung auf die tausendjährige Herrschaft Jesu auf Erden, die in Offenbarung 20 erwähnt wird. Handelt es sich dabei um eine buchstäbliche zukünftige Herrschaft oder um etwas anderes? Die christliche Eschatologie hängt maßgeblich von der Interpretation der Offenbarung ab, die den größten Anteil apokalyptischer Literatur in der Heiligen Schrift bietet.

Der Amillennialismus wurde zur vorherrschenden Ansicht in der antiken Kirche. Er besagte, dass Hinweise auf die Herrschaft Jesu symbolischer oder allegorischer Natur seien. Augustinus war ein Befürworter des Amillennialismus, und diese Ansicht war in der katholischen, orthodoxen und reformatorischen Kirche weit verbreitet. Die meisten glaubten, dass Jesus tatsächlich wiederkommen würde, wie er es in den Evangelien verheißen hatte. Doch die Offenbarung des Johannes enthält keine Chronologie zukünftiger Ereignisse.

Der Postmillenarismus entstand vor allem nach der Reformation und vertritt ebenfalls eine eher symbolische oder allegorische Interpretation der Offenbarung des Johannes. Manche Protestanten hofften, dass die Kirche, so wie sie durch Evangelisation und Mission wuchs, nach und nach Gottes Reich auf Erden errichten würde. Erst dann würde Jesus wiederkehren.

Der Prämillenarismus glaubt an die Wiederkunft Jesu und daran, dass die apokalyptische Literatur genügend prophetischen Inhalt bietet, um die Zeichen und den Zeitpunkt seiner Wiederkunft zu identifizieren. Millenaristen argumentieren manchmal, sie allein glaubten an die sichtbare und physische Wiederkunft Jesu und ihre Ansichten seien in der alten Kirche marginalisiert worden. Aber auch Amillenaristen und Postmillenaristen glauben an die sichtbare und physische Wiederkunft Jesu, vermeiden es jedoch, über aktuelle und zukünftige Ereignisse zu spekulieren.

Prämillenaristen sind sich jedoch uneinig über den genauen Zeitpunkt der Wiederkunft Jesu und darüber, wie die Christen auferstehen bzw. "entrückt" werden. Dies ist eine Anspielung auf 1. Thessalonicher 4,17, "Dann werden wir, die wir leben und übrig bleiben, zugleich mit ihnen in den Wolken entrückt werden, dem Herrn entgegen in die Luft; und so werden wir bei dem Herrn sein für immer." Wann wird diese "Entführung" (lat.: *raptus*) stattfinden? Wird es ein öffentliches oder geheimes Ereignis sein?

Adventisten plädierten für eine Entrückung nach der Trübsal, die öffentlich und siegreich sein sollte. Die Trübsal bezeichnet im Allgemeinen eine siebenjährige Periode weltweiten Schmerzes und Leidens, basierend auf der apokalyptischen Literatur in der Offenbarung und im Buch Daniel. Danach würde Jesus das tausendjährige Reich errichten. Adventisten glauben an die baldige Wiederkunft Jesu, erwarten diese aber nach einer schrecklichen Zeit der Trübsal und des göttlichen Zorns, die lebende Christen ertragen müssen. Daher müssen sich Christen auf kommende schwere Zeiten vorbereiten, im Wissen, dass nur Gott die endgültige Vollendung der Welt herbeiführen kann.

Im Gegensatz dazu plädierten Dispensationalisten für eine Entrückung vor der Trübsal, die heimlich und vor der siebenjährigen Periode weltweiten Schmerzes und Leidens stattfinden würde. Danach würde Jesus mit den heimlich Entrückten zurückkehren, um das tausendjährige Reich zu errichten. Dispensationalisten erwarten zudem eine Verschlechterung der Weltlage, die sich in "Kriegen und Kriegsgerüchten" (Matthäus 24,6) sowie "Erdbeben, Hungersnöten und Seuchen" (Lukas 21,11) manifestieren wird. Christen werden jedoch heimlich und auf dramatische Weise von der Erde verschwinden, und alle anderen werden "zurückgelassen" (Anspielung auf Matthäus 24,40-42).

Sogenannte Vertreter der mittleren Trübsal plädierten dafür, die Trübsal in zwei Hälften zu teilen: die erste Hälfte mit von Menschen verursachten Trübsalen und die zweite mit dem Ausgießen des göttlichen Zorns über die Welt. Da man nicht glaube, dass Gott Christen direkt bestraft, so die Argumentation, werde die Entrückung sie heimlich beseitigen, bevor schließlich das tausendjährige Reich errichtet werde. Es wird also eine heimliche

Entrückung geben; sie wird jedoch in der Mitte der sieben Jahre stattfinden. Die ersten dreieinhalb Jahre beinhalten Trübsal, die hauptsächlich von Menschen verursacht wird, während die letzten dreieinhalb Jahre den göttlichen Zorn beinhalten, den Gott direkt über die Zurückgebliebenen austeilt.

Ideen haben Konsequenzen

Was Christen über die Zukunft glauben, beeinflusst ihr Leben hier und heute. Prämillenaristen beispielsweise glauben nicht, dass alternative Millenarismus-Ansichten die Dringlichkeit der bevorstehenden Wiederkunft Jesu ausreichend betonen. Aus ihrer Sicht sollten Christen so viel wie möglich missionieren, da die Welt bis zur Wiederkunft Jesu nur noch schlimmer werden wird. Postmillenaristen halten Prämillenaristen für zu negativ und glauben nicht, dass Gottes Gnade ausreicht, um sowohl die heutige Gerechtigkeit als auch die Evangelisierung zu fördern. Daher könnten Prämillenaristen ihre von Gott gegebene Verantwortung für die physischen und sozialen Bedürfnisse der Menschen aufgeben und argumentieren, nur Jesus könne solche Dinge in Ordnung bringen, und warum sich also darum kümmern? Amillenaristen würden sagen, man könne nicht genau vorhersagen, ob das Leben in Zukunft besser oder schlechter wird, aber das entbindet einen nicht davon, sich jetzt um alle Bedürfnisse der Menschen zu kümmern – geistig und körperlich, individuell und sozial.

Literalistisch orientierte Ansätze zur Interpretation apokalyptischer Literatur versuchen manchmal, Jesu Wiederkunft zu erzwingen, indem sie die Erfüllung von Prophezeiungen propagieren, die ihrer Meinung nach zuerst eintreten müssen. Beispielsweise glauben einige Prämillenaristen, dass Israel arabisches Land zurückerobern, den Tempel in Jerusalem wiederaufbauen usw. muss. Um diese erwartete Erfüllung der Prophezeiungen zu erreichen, fördern sie möglicherweise Gewalt, Krieg und andere Gräueltaten, auch bekannt als christlicher Zionismus, der Israel "ob richtig oder falsch" unterstützt. Sie können auch von Verschwörungstheorien über eine "Eine-Welt-Ordnung" oder Anschuldigungen über den "Antichrist" besessen sein, was eine Anspielung auf Bibelstellen im 1. Johannesbrief ist (z. B. 2,18, 22). Bedauerlicherweise beschuldigen Protestanten seit der Reformation immer wieder katholische Päpste, der Antichrist zu sein. In jüngerer

Zeit beschuldigen Christen auch US-Präsidenten (meist aus gegnerischen politischen Parteien) des Antichristentums. Christen sollten sich jedoch vor der blinden Missachtung bekannter Gesetze – biblischer und internationaler – hüten, nur um über prophetische Anspielungen in der apokalyptischen Literatur zu spekulieren. Diese könnten eher von Machtpolitik, Wirtschaft und Nationalismus als von der Heiligen Schrift motiviert sein.

Abschließende Kommentare

Ich denke, das übergeordnete Thema der apokalyptischen Literatur ist Hoffnung, trotz der von Menschen verursachten Leiden und der möglichen Folgen des göttlichen Zorns. Für den Einzelnen kann das Leben unsicher und schrecklich sein. Auch für Gruppen (z. B. rassische, ethnische, sprachliche und nationale Gruppen) kann das Leben schrecklich sein. Darüber hinaus lässt sich Trübsal und Zorn oft kaum vermeiden, selbst für Christen. Als Menschen, die sich der Liebe zu Gott und ihrem Nächsten verpflichtet fühlen, sollten Christen danach streben, Schmerz und Leid aller Menschen im gegenwärtigen Moment zu lindern, anstatt sich auf den Schmerz und das Leid eines fernen Ereignisses zu fixieren.

Christen sollten sich vor eschatologischen Spekulanten in Acht nehmen, insbesondere vor denen, die die unbekümmerte Vermeidung zukünftigen Schmerzes und Leidens versprechen. Sie bereiten Christen nicht ausreichend auf die Leiden vor, vor denen Jesus seine Jünger warnte oder vor denen die meisten neutestamentlichen Autoren im Hinblick auf zukünftige Diskriminierung, Unterdrückung und Verfolgung warnten. Doch es ist nicht alles verloren; es gibt Hoffnung! Es besteht Hoffnung auf gegenwärtige Hilfe Gottes durch den Heiligen Geist, die Kirchen und andere treue Diener, und schließlich gibt es die selige Hoffnung auf ewiges Leben im Himmel, zusätzlich zu all den Wohltaten, die Gott den Menschen hier und jetzt verspricht.

Kapitel 24
Was ist mit denen, die nicht glauben?

Im Laufe der Jahre habe ich mir folgende Fragen gestellt: Was ist mit denen, die nicht glauben? Was wird ihr ewiges Schicksal sein? Was ist mit denen, die vor der Zeit Jesu gelebt haben? Was ist mit denen, die das Evangelium nie gehört haben oder es nie richtig erklärt bekommen haben?

Weitere Fragen stellen sich: Was ist mit Säuglingen, die sterben? Was ist das ewige Schicksal verstorbener Kinder, die möglicherweise noch nicht das Alter der Verantwortlichkeit (oder Vernunft) erreicht haben? Was ist mit den Verstorbenen, die geistig, emotional oder anderweitig körperlich beeinträchtigt waren, sodass es schwer vorstellbar ist, wie sie für ihre Entscheidungen glaubwürdig spirituell und moralisch zur Verantwortung gezogen werden können?

Es stellen sich noch weitere Fragen: Was ist mit denen, die sterben und andere religiöse Traditionen, andere Glaubensrichtungen vertreten? Und insbesondere mit denen, die tiefgläubig waren und eine vorbildliche Nächstenliebe bewiesen, so wie Jesus sie liebte, ohne dies als Christen zu tun?

Diese und weitere Fragen stellen sich nicht nur mir. Sie werden von vielen Menschen gestellt, sowohl innerhalb als auch außerhalb der christlichen Tradition. Dabei handelt es sich nicht um akademische Fragen; sie betreffen Menschen, die wir kennen – vielleicht Kinder, Eltern, Verwandte, angeheiratete Verwandte, Freunde, Nachbarn, Kollegen und mehr. Das sprichwörtliche "Schrumpfen der Welt" erinnert uns immer wieder daran, dass das Christentum nicht nur im engen Kontext hegemonialer christlicher Kulturen verstanden werden kann. Die Welt ist religiös vielfältig, sowohl innerhalb als auch außerhalb der Vereinigten Staaten, und daher sind all diese Fragen entscheidend, wenn es um das ewige Wohl derer geht, die man als "Unevangelisiert" bezeichnen könnte. Tatsächlich könnten sie die wichtigsten Fragen sein, die wir uns stellen, da jeder von uns wahrscheinlich Menschen kennt, die keine Christen sind, einer anderen religiösen Tradition angehören oder einfach nicht in die religiösen Kategorien passen, mit denen wir aufgewachsen sind.

Komplexe biblische Kultur

Damit wir nicht arrogant denken, unsere gegenwärtige Weltlage sei zu komplex, als dass die Heilige Schrift heute noch relevant wäre, sollten wir uns daran erinnern, dass die Autoren der Bibel über viele Jahrhunderte hinweg in vielen Ländern und Sprachen geschrieben haben und mit Menschen unterschiedlicher Rasse, Ethnie, Kultur, Sprache und Religion zu tun hatten. Die Autoren der Bibel waren sich der Vielfalt der soziokulturellen Welt, in der sie lebten, weder bewusst noch gleichgültig.

Natürlich gibt die Heilige Schrift keinen bestimmten Umgang mit den unterschiedlichen Völkern vor, mit denen die biblischen Autoren in Kontakt kamen. Manchmal leisteten sie Widerstand gegen "Andere", wie zum Beispiel israelitische Führer wie Josua und Esra, die die religiöse und ethnische Reinheit des Volkes Israel bewahren wollten. Manchmal setzten sich die biblischen Autoren mit den Herausforderungen einer wachsenden christlichen Bewegung auseinander, in der mehr Nichtjuden als Juden konvertierten. Manche ihrer Reaktionen auf die Herausforderungen der wachsenden Vielfalt dienen als Vorbilder für die heutige Zeit; andere waren weniger vorbildlich. Die Heilige Schrift dient daher als relevanter Ausgangspunkt, um über das ewige Schicksal aller Menschen nachzudenken, nicht nur der Christen.

Erlösung außerhalb des Christentums?

Im Allgemeinen betrachten Christen die sogenannten Nicht-Christen (oder Nicht-Christen) auf mindestens dreierlei Weise. Erstens besagt die exklusivistische Sichtweise, dass niemand erlöst werden kann, der nicht ausdrücklich Jesus als seinen Retter und Herrn benennt (z. B. Johannes 14,6; Römer 10,9-17). Diese restriktive Sichtweise der Erlösung war im Laufe der Jahrhunderte wahrscheinlich am stärksten im Christentum vertreten und hat möglicherweise soziokulturell dazu beigetragen, sich von religiösen Konkurrenten abzugrenzen, die in ihrem Verständnis von Erlösung, Erleuchtung und Selbstverwirklichung nicht so exklusiv waren.

Zweitens besagt die pluralistische Sichtweise, dass alle Religionen gleichwertig sind und daher jede Religion als Weg zur

Erlösung, Erleuchtung oder Selbstverwirklichung dient. Historisch gesehen wurde der Pluralismus von den meisten Christen abgelehnt, da sie glaubten, er schmälere die einzigartige Erlöserrolle Jesu Christi.

Drittens besagen verschiedene inklusive Ansichten, dass es ergänzend zu den klaren Lehren der Heiligen Schrift über die Erlösung alternative Wege geben könnte, durch die auch Nichtevangelisierte gerettet werden und ewiges Leben im Himmel erlangen können. Dabei handelt es sich um außergewöhnliche Heilsmittel im Gegensatz zu gewöhnlichen Heilsmitteln (oder Heilsordnungen). *Das Westminster Glaubensbekenntnis* (1646) spricht beispielsweise von der "gewöhnlichen Möglichkeit der Erlösung", schließt aber die außergewöhnliche Möglichkeit der Erlösung auf andere Weise nicht ausdrücklich aus. So schlug der katholische Theologe Karl Rahner vom Zweiten Vatikanischen Konzil vor, dass Gottes Erlösung auch Menschen erreichen könne, die außerhalb der Kirche ein gutes und aufrichtiges Leben führen – sogenannte "anonyme Christen". Welche inklusiven Ansichten vertreten Christen?

Inklusivistische Ansichten zur Erlösung

Die am weitesten verbreitete inklusive Sichtweise besagt, dass die Heilige Schrift Wege aufzeigt, wie Menschen gerettet werden können, auch wenn sie den Namen Jesu nicht kennen oder nennen. So sagt beispielsweise der Apostel Paulus, dass diejenigen, die die Gesetze des Alten Testaments nicht kennen, nach ihrem instinktiven Gehorsam oder ihrem moralischen Gewissen beurteilt werden und nicht nach dem Gesetz. Paulus sagt:

> Wenn Heiden, die das Gesetz nicht kennen, instinktiv tun, was das Gesetz verlangt, sind sie, obwohl sie das Gesetz nicht kennen, sich selbst ein Gesetz. Sie zeigen, dass die Forderungen des Gesetzes in ihr Herz geschrieben sind, wovon auch ihr Gewissen Zeugnis ablegt; und ihre widersprüchlichen Gedanken werden sie anklagen oder vielleicht entschuldigen (Römer 2,14-15).

Da Gott "will, dass alle Menschen gerettet werden und zur Erkenntnis der Wahrheit gelangen" (1. Timotheus 2,4), kann er den Menschen dank außergewöhnlicher Gnade ihre Sünden vergeben und ihnen ewiges Leben schenken. Natürlich gibt es keine Garantie dafür, dass Gott außergewöhnliche Gnaden gewährt, aber biblische

Belege legen nahe, dass Menschen auf mehr Arten gerettet werden können, als wir uns normalerweise vorstellen.

Andere Christen argumentieren, dass Gott Menschen nach dem Tod die Möglichkeit geben kann, die Erlösung anzunehmen oder abzulehnen. Diese postmortale Sichtweise der Evangelisierung ergibt sich aus Versen, die nahelegen, dass Jesus nach seinem Tod den Ungläubigen predigte. Beispielsweise berichtet 1. Petrus davon, wie Jesus "den Geistern im Gefängnis" predigte, die zur Zeit Noahs lebten (3,19). 1. Petrus fährt fort: "Deshalb wurde das Evangelium auch den Toten verkündigt, damit sie, die im Fleisch gerichtet wurden wie alle Menschen, im Geist leben wie Gott" (4,6). Sogar Jesus sagte: "Wahrlich, wahrlich, ich sage euch: Die Stunde kommt und ist schon da, in der die Toten die Stimme des Sohnes Gottes hören werden, und die sie hören, werden leben" (Johannes 5,25). Biblische Belege deuten also darauf hin, dass es für Menschen nach ihrem Tod eine Möglichkeit geben könnte, auf das Evangelium der Erlösung zu reagieren, wenn die Umstände sie in diesem Leben daran gehindert haben, es zu hören. Auch hier gilt, dass die Menschen nicht damit rechnen sollten, nach ihrem Tod noch auf das Evangelium reagieren zu können, doch die Heilige Schrift schließt diese sogenannte "zweite Chance" nicht aus.

Wieder andere Christen glauben, dass Gott in diesem Leben auf wundersame Weise Menschen, Engel, Träume oder andere Umstände schenkt, die denen helfen, die sich aufrichtig eine richtige Beziehung zu Gott wünschen, auch wenn sie das Evangelium Jesu noch nie zuvor gehört haben. Die Heilige Schrift berichtet beispielsweise von mehreren wundersamen Wegen, auf denen das Evangelium den Menschen verkündet wurde. Apostelgeschichte 8,26-40 erzählt, wie Philippus von einem Engel geleitet wurde, um einen äthiopischen Eunuchen zu evangelisieren. Apostelgeschichte 10,1-48 erzählt, wie der Heide Kornelius eine Vision hatte und vom Geist geleitete Boten empfing, die ihm halfen, vom Apostel Petrus bekehrt zu werden. Glaubt man daran, dass Wunder auch heute noch geschehen, dann können auch heute Wunder geschehen, die Menschen evangelisieren, die zuvor vom Evangelium ferngeblieben waren. Missionare erzählen sogar Anekdoten von gottesfürchtigen Nichtchristen, deren Glaube durch den Kontakt mit Missionaren, Engeln oder anderen außergewöhnlichen Gesandten Gottes gestärkt wurde.

Meiner Meinung nach beweist keines dieser Beispiele für Inklusivismus an sich, dass Gott alternative, außergewöhnliche Wege zur Erlösung bietet. Doch es gibt genügend biblische Belege, die Menschen – Christen wie Nichtchristen – innehalten lassen, wenn es darum geht, Menschen automatisch von der Erlösung und dem ewigen Leben im Himmel auszuschließen, nur weil sie die Botschaft des Evangeliums nicht ausdrücklich angenommen und Jesus nicht ausdrücklich als ihren Retter und Herrn genannt haben. Mit anderen Worten: Es gibt Hoffnung für diejenigen Menschen – Millionen und Milliarden –, die in diesem Leben aus welchen Gründen auch immer das Evangelium nicht gehört haben und daran gehindert wurden. Diese inklusivistischen Ansichten legen nahe, dass Gott kein willkürlicher Gott ist, der Menschen je nach Ort, Zeit und Umständen, in denen sie lebten, willkürlich rettet und verdammt.

Natürlich glauben einige Christen, dass Gott vor der Erschaffung der Welt bestimmt hat, wer gerettet und wer verdammt wird. Dies ist jedoch nicht die Mehrheitsmeinung. Die Mehrheit der Christen glaubt, dass Gott von den Menschen als Voraussetzung für ihre Erlösung eine Entscheidung erwartet. Obwohl Menschen nicht durch gewöhnliche Heilsordnungen gerettet werden können, können sie durch außergewöhnliche Wege gerettet werden, die ihr Gewissen berücksichtigen, durch postmortale Möglichkeiten zur Evangelisierung oder durch wundersame Mittel, durch die alle gerettet werden können.

Tod der Unschuldigen
Was ist mit Säuglingen, die sterben, oder mit Menschen, die geistig, emotional oder anderweitig beeinträchtigt sind, sodass sie keine Möglichkeit haben, auf die Botschaft Jesu zu reagieren? Unter Christen herrscht in diesen Fragen kein Konsens. Manchmal werden Ansichten von Kirchen oder Konfessionen eher angenommen als formell übernommen. Wie dem auch sei, es gibt verschiedene Ansichten darüber, wie Gott mit unschuldigen Babys und auch mit Menschen umgeht, die scheinbar nicht das gleiche Potenzial wie andere haben, selbst über die Erlösung zu entscheiden.

Christen, die glauben, dass Gott die Erwählung (und Verdammnis) der Menschen vor Erschaffung der Welt vorherbestimmt hat, würden sich hinsichtlich des Todes von Säuglingen auf Gottes Souveränität und Barmherzigkeit berufen.

Aus dieser Perspektive gelten keine Bedingungen in diesem Leben für den ewigen Status der Menschen, und daher hätte der vorzeitige Tod von Säuglingen keinen Einfluss auf Gottes Vorherbestimmung, obwohl Christen sicherlich über den tragischen Tod eines jeden Menschen trauern würden.

Eine Variante dieser Sichtweise geht von der Vorstellung aus, dass Gott über "mittleres Wissen" verfügt. Das heißt, Gott kennt sowohl die gegenwärtige Welt als auch eine unendliche Zahl möglicher alternativer Existenzen und die Entscheidungen, die sie in jeder dieser Existenzen treffen würden. Basierend auf diesem mittleren Wissen (von kontrafaktischen Annahmen über mögliche alternative Existenzen) kann Gott Menschen, einschließlich Säuglinge, aufgrund von Entscheidungen in diesen möglichen alternativen Existenzen retten und nicht unbedingt aufgrund der Situation, die sie in dieser Welt erleben. Obwohl dies eine faszinierende Theologie ist, fehlt den Menschen Gottes mittleres Wissen, und sie müssen sich daher mit dem begnügen, was über diese Welt bekannt ist, anstatt mit dem Unbekannten in einer unendlichen Zahl möglicher alternativer Existenzen.

Christen, die eine sogenannte hohe Wertschätzung der Sakramente haben, glauben, dass das Sakrament der Taufe einem unschuldigen Kind, das stirbt, ewiges Leben garantiert. Doch was ist mit den Ungetauften? Katholiken sprechen manchmal vom Limbus als Schwellendasein für ungetaufte Kinder, obwohl es sich dabei um eine inoffizielle Lehre der Kirche handelt. Limbus wird typischerweise als schattenhafter Ort beschrieben, nicht als Ort der Bestrafung. Katholische Gelehrte haben in jüngster Zeit die Hoffnung, wenn auch nicht die Gewissheit, betont, dass ungetaufte Kinder in den Himmel und nicht in den Limbus kommen.

In der Praxis glauben viele Christen, dass Gott Säuglinge niemals zur Hölle verdammen würde, nur weil sie so jung starben und noch nicht die Möglichkeit hatten, selbst über das Evangelium der Erlösung zu entscheiden. Diese Aussage ist jedoch keine offizielle Doktrin, die Christen und Kirchen im Allgemeinen vertreten. Wie dem auch sei, Säuglinge (und Kleinkinder), die sterben, erhalten vermutlich eine Freikarte in den Himmel, da sie nie die Möglichkeit hatten, ein Alter geistiger und moralischer Verantwortlichkeit (oder ein Alter der Vernunft) zu erreichen.

Ebenso wird angenommen, dass auch diejenigen, die geistig, emotional oder anderweitig in ihrer Entscheidungsfindung beeinträchtigt sind, ewiges Leben im Himmel erhalten. Christen und Kirchen sprechen sogar noch weniger über diese Menschen – diese Unschuldigen –, die wir regelmäßig unter uns antreffen.

Man könnte sich fragen, ob es nicht viele Menschen gibt, die aus dem einen oder anderen Grund nie das Alter der Verantwortlichkeit erreichen. Aufgrund der Umstände eines Menschen in Bezug auf Geburtsort, kulturellen Hintergrund und religiöse Zugehörigkeit kann man sich fragen, ob es in diesem Leben, selbst als Erwachsene, viele Menschen geben wird, die nie die Verantwortlichkeit erreichen. Angesichts der vielfältigen Herausforderungen, denen Menschen ausgesetzt sind, können wir hoffen, dass Gott eher einfühlsam als ausgrenzend, eher barmherzig als verdammend ist.

Abschließende Kommentare

Ich unterscheide gerne zwischen einem "Glaubensartikel" und einem "Hoffnungsartikel". Ich hoffe, dass niemand in der Ewigkeit leiden muss, weil er sich weigert, sich zu demütigen, Buße zu tun und an Jesus als seinen Retter und Herrn zu glauben. Ich denke, es gibt genügend biblische Belege dafür, dass Gott den Menschen so viele Chancen gibt, wie nötig sind, um gerettet zu werden, ungeachtet der außergewöhnlichen Umstände, durch die dies geschehen könnte. Ebenso denke ich, dass es genügend biblische Belege dafür gibt, dass sich nicht jeder bekehren wird – weder in der Vergangenheit, Gegenwart noch Zukunft. So sei es. Es ist sozusagen das Risiko, das Gott eingegangen ist, indem er den Menschen Entscheidungsfreiheit gab, die notwendig war für die Freiheit zu lieben und in Beziehung zu Gott und zu anderen zu stehen.

Da ich nur das gegenwärtige Leben betrachten kann und nicht über das Wissen und Verständnis verfüge, das ich mir für die Zukunft erhoffe, denke ich, dass Gott möchte, dass wir hier und jetzt weiterhin das Evangelium verkünden. Seine Vorteile helfen uns jetzt ebenso wie für das ewige Leben. Schließlich dient die Erlösung dem Wohlergehen der Menschen in diesem Leben ebenso wie dem Leben danach.

Kapitel 25
Himmel und Hölle

Ich erinnere mich deutlich an zwei Gelegenheiten in meinem Leben, bei denen mir jemand die Frage stellte: "Wie ist der Himmel?" Sicherlich haben mir auch andere diese Frage gestellt, vor allem im Theologieunterricht. Aber ich erinnere mich vor allem an zwei solcher Gelegenheiten: Die erste war der inzwischen verstorbene Dr. Marvin Karasek, einer meiner Universitätsberater, und die zweite meine damals fünfjährige Tochter Heidi.

Dr. Karasek fragte mich einmal, was ich im Leben machen wolle. Ich sagte ihm, ich wolle Religion studieren und unterrichten. Dr. Karasek und ich hatten ein gutes Verhältnis, und er zog mich – gutmütig – über das Christentum auf, obwohl sein Humor eine respektlose Note hatte. Einmal fragte er, warum jemand in den Himmel kommen und die Ewigkeit auf Wolken sitzen und Harfe spielen wolle. Ich scherzte zurück und meinte, er schaue zu viele Zeichentrickfilme. Dann fragte er mich, wie ich mir den Himmel vorstelle. Da ich ahnte, dass ihm meine Antwort nicht gefallen würde, sagte ich, er solle an sein Lieblingsding im Leben denken und sich vorstellen, es im Himmel ständig zu erleben. Dr. Karasek klatschte in die Hände und sagte vergnügt: "Sex rund um die Uhr!"

Ich erinnere mich, wie Heidi auf dem Weg zum Camp im Yosemite-Nationalpark neben mir im Van saß. Während wir aus dem Fenster schauten und die wunderschöne Berglandschaft genoss, fragte sie, wie der Himmel wohl sei. Anstatt zu antworten – wie es Lehrer oft tun – fragte ich sie, wie sie sich den Himmel vorstelle. Heidi sagte: "Ich finde, er sieht aus wie die Erde, nur besser." Ich erinnere mich, dass sie damals sehr beeindruckt war. Tatsächlich habe ich von meiner vierjährigen Tochter etwas gelernt, denn ich glaube, Heidi hat den Himmel viel besser beschrieben als ich als Studentin.

Die Wahrheit ist, dass wir nicht wirklich wissen, wie der Himmel sein wird. Doch die Heilige Schrift versichert uns, dass er – neben anderen von Gott versprochenen Wohltaten – unsere Erwartungen übertreffen wird. Mir haben die Worte des Paulus schon immer gefallen und ich stelle sie mir auf den Himmel bezogen vor: "Sondern wie geschrieben steht: Was kein Auge gesehen und kein Ohr gehört und in keines Menschen Herz gekommen ist, was Gott denen bereitet hat, die ihn lieben", was höchstwahrscheinlich auf Jesaja 64,4 (1. Korinther 2,9) anspielt. Die Beschreibungen des Himmels in der Heiligen Schrift sind überwiegend symbolisch und regen unsere Vorstellungskraft über die Wunderbarkeit eines himmlischen Daseins und unsere Beziehungen dort an.

Biblische Sprache über Himmel und Hölle

Es ist ironisch – und vielleicht heuchlerisch –, wenn manche Christen vehement behaupten, die Hölle müsse buchstäblich als ewiges Feuer, Schwefel und Zähneknirschen betrachtet werden. Für sie ist ein anderer Glaube ein Zeichen von Schwäche in Bezug auf die Heilige Schrift, das göttliche Gericht und die ewige Verdammnis. Doch wenn man sie nach dem Himmel fragt, sagen dieselben Christen vielleicht, die biblischen Beschreibungen seien nur eine Vorahnung kommender Güter. Schließlich beschreibt die biblische Sprache im Buch der Offenbarung den Himmel – das "neue Jerusalem" – als eine würfelförmige Stadt mit einer Kantenlänge von etwa 2.400 Kilometern und über 60 Meter dicken Mauern, erbaut aus Gold und Edelsteinen. So ansprechend diese Himmelsbilder für manche auch sein mögen, andere wünschen sich vielleicht auch Felder und Flüsse, Berge und Meere, bequeme Sofas und weiche Betten. Mit anderen Worten: Die meisten von uns fühlen sich in ihrer Vorstellung vom Himmel nicht durch die biblische Sprache eingeschränkt!

Warum also fühlen sich Menschen, darunter auch Christen, beleidigt, wenn man die Hölle nicht wörtlich in biblischer Sprache beschreibt? So wird die Hölle beispielsweise manchmal als ein Ort des Weinens und Zähneknirschens, als bodenloser Abgrund, Feuerofen, unauslöschliches Feuer, ewiges Feuer, ewige Qual und keine Ruhe bei Tag und Nacht beschrieben. Sie wird auch als Ort der Finsternis oder schwarze Finsternis bezeichnet, was weniger schlimm erscheint. Doch all diese Bilder sollen ausdrücken, dass man sie um jeden Preis meiden sollte!

Was also sollten wir über die Hölle denken? Meiner Meinung nach hängt es davon ab, was man von biblischen Bildern des Himmels hält. Wenn man die wörtliche Vorstellung vom Himmel als einem Ort aus Gold und Juwelen mag (und keine weichen Sofas, Betten oder sanften Grasflächen am Fluss), dann wird man wahrscheinlich auch die wörtliche Vorstellung von der Hölle als ewiges Feuer, Schwefel und Zähneknirschen mögen. Wer die Himmelsbilder jedoch eher symbolisch betrachtet, muss sich damit zufrieden geben, die Hölle als einen Ort zu betrachten, den man um jeden Preis meiden sollte, aber nicht unbedingt mit einer wörtlichen Sichtweise.

Liegt die Hölle "unter uns", wie in 2. Petrus 2,4 angedeutet? (Ist der Himmel "über uns", wie in Apostelgeschichte 1,9 und 1. Thessalonicher 4,16-17 angedeutet?) Die meisten Christen glauben nicht, dass man die Hölle findet, wenn man ein tiefes Loch gräbt. Die räumliche Sprache in der Heiligen Schrift zur Beschreibung von Hölle (und Himmel) wird meist als symbolisch und nicht als geologisch oder astrologisch verstanden. Vielmehr werden Hölle und Himmel letztlich als spirituelle und nicht als physische Dimensionen betrachtet.

Gerechtigkeit des Himmels und der Hölle

Die Heilige Schrift spricht immer wieder vom Jüngsten Gericht. Sie sagt nicht genau, wie dieses Gericht ausfallen wird, aber es wird gerecht und so barmherzig wie möglich über das ewige Schicksal der Menschen entscheiden. Ohne Gericht könnte die Gerechtigkeit jedoch die vielen Ungerechtigkeiten, die uns gegenwärtig begegnen, nicht überwinden. Die Menschen freuen sich kaum auf die Gerechtigkeit für diejenigen, die in diesem Leben buchstäblich mit Mord, Diskriminierung, Unterdrückung und Ausbeutung davongekommen sind. Schwerer fällt ihnen der Gedanke, dass Gott Menschen für passive Gleichgültigkeit gegenüber Gott oder für mangelnden Glauben zur Rechenschaft ziehen wird. So schwer es für die Menschen auch zu begreifen ist, die Heilige Schrift sagt, dass Gott die Herzen, das Gewissen und andere Aspekte ihres geistigen Zustands kennt, sodass ihnen kein Unrecht aufgrund von Umständen außerhalb ihrer Kontrolle (z. B. wo sie lebten, wann sie lebten und was sie über Gott wussten) widerfährt.

Sind die Konzepte von Himmel und Hölle gerecht? Wie kann beispielsweise ein Christ, der behauptet, liebevoll zu sein, freudig in den Himmel kommen, obwohl er weiß, dass andere verdammt sind? Sagte der Apostel Paulus nicht, er wäre bereit, verflucht zu werden, damit seine jüdischen Mitmenschen gerettet werden könnten (Römer 9,3)? Natürlich ist das, wonach Paulus sich sehnte, menschlich nicht möglich, denn die Handlungen und Einstellungen der Menschen können nicht die Erlösung anderer verdienen, geschweige denn sich selbst. Darüber hinaus kann man Christen nicht als egoistisch betrachten, weil sie ewiges Leben, den Himmel und eine persönliche Beziehung zu Gott wollen. Die Heilige Schrift sagt, dass der Mensch für die Beziehung zu Gott und zu anderen geschaffen wurde. Daher ist es nicht egoistischer, sich danach zu sehnen, als wenn er atmen, trinken und essen möchte.

Was ist mit der Hölle? Ist sie gerecht? Warum sollten Menschen ewig für Sünden leiden, die sie zu Lebzeiten begangen haben? Theoretisch macht eine Sünde einen Menschen zur ewigen Verdammnis schuldig. Obwohl dies theoretisch zutreffen mag, trivialisiert es alles, was die Heilige Schrift über Gerechtigkeit und Rechtfertigung, über Sühne und das Einswerden mit Gott sagt. Menschen kommen in die Hölle, weil sie es wollen, und nicht, weil Gott sie ungerechtfertigt dorthin schickt. Mir hat schon immer gefallen, was C.S. Lewis über die Hölle sagte: Gott gibt den Menschen so viele Chancen wie nötig, um Buße zu tun und zu glauben, selbst nach dem Tod. In seinem Roman *The Problem of Pain* sagt Lewis: "Ich glaube bereitwillig, dass die Verdammten in gewissem Sinne erfolgreiche Rebellen sind, bis zum Ende; dass die Pforten der Hölle von innen verschlossen sind." In gewissem Sinne stellt die Existenz der Hölle einen Akt der Barmherzigkeit Gottes dar, da sie eine ewige Wohnstätte für diejenigen bietet, die keine Gemeinschaft mit Gott wünschen – und vielleicht nie wünschen werden.

Grade der Belohnung und Bestrafung?

Gibt es abgestufte Belohnung im Himmel und abgestufte Strafen in der Hölle? Die Heilige Schrift sagt überraschend viel über beides, und verschiedene kirchliche Traditionen sprechen – in der einen oder anderen Form – vom Anhäufen von Schätzen im Himmel und von zunehmenden Strafen in der Hölle. Obwohl Christen die Vorstellung zunehmender Strafen, insbesondere für die schlimmsten Tyrannen der Geschichte, vielleicht gutheißen, lehnen sie die Vorstellung vom Anhäufen von Schätzen im Himmel meist ab. Biblische Hinweise auf das Anhäufen von "Schätzen im Himmel" haben eher mit der heutigen Prioritätensetzung der Menschen zu tun

– der Konzentration auf himmlische statt irdische Dinge – und nicht mit einer ewigen Altersvorsorge (Matthäus 6,19-21). Der Konsistenz halber sollte man nicht über Abstufungen der Strafe in der Hölle sprechen, wenn man nicht auch über Abstufungen der Belohnung im Himmel spricht.

Christen haben keinen Grund, das Gericht zu fürchten. Obwohl es eine Zeit der Erinnerung und des Lernens sein mag, ist das Gericht die Zeit, in der Jesu Sühne für diejenigen wirksam wird, die geglaubt, bereut, getauft und mit Gott versöhnt wurden. Menschen werden nicht aufgrund ihrer guten Taten oder Verdienste erlöst. Das ist unmöglich, doch mit Gott ist alles möglich. Beim Gericht erhalten Christen endgültige Vergebung für ihre Sünden und erben gemeinsam mit anderen Geretteten das ewige Leben im Himmel bei Gott.

Zwischenzustand?

Was passiert nach dem Tod? Was erlebt man? Christen vertreten dazu unterschiedliche Ansichten. Für Sie mag diese Frage jetzt unwichtig erscheinen, aber für jeden, der einen geliebten Menschen verloren hat – insbesondere jemanden, der unerwartet oder viel zu früh starb –, wird sie wichtiger, schon allein wegen der Trauer.

Viele Christen glauben an einen Zwischenzustand nach dem Tod, in dem der Mensch weiterlebt, bevor die endgültige Auferstehung, das Gericht und die Bestimmung seines ewigen Schicksals stattfinden. Manche betrachten diesen Zwischenzustand als eine Art Seelenschlaf, in dem Menschen in einer Art Bewusstlosigkeit verharren. Andere betrachten ihn als körperlose Seelen oder Geister, die geisterhaft bis zum Ende der Zeiten existieren. Wieder andere Christen glauben, dass eine Trennung der Gerechten von den Ungerechten stattfindet und sie einen Vorgeschmack auf himmlische Belohnung und höllische Strafe erhalten. Bekenntnisse zur "Gemeinschaft der Heiligen" können als die verstorbenen Christen verstanden werden, an die sich noch Lebende wenden können, um die Fürbitte der Heiligen für die noch auf Erden Lebenden zu Gott zu erbitten.

Beachten Sie, dass der katholische Glaube an das Fegefeuer einen Ort darstellt, an den Gläubige gehen, bevor sie das ewige Leben im Himmel erlangen. Es wird nicht als zweite Chance auf Erlösung angesehen. Vielmehr ist das Fegefeuer der Ort nach dem Tod, an den nach katholischer Auffassung Gläubige gehen – Menschen, die in diesem Leben kein heiliges Leben geführt haben und einen Prozess der spirituellen und moralischen Läuterung (d. h. Reinigung) durchlaufen müssen, bevor sie das ewige Leben erlangen.

Nicht alle Christen glauben jedoch, dass es einen Zwischenzustand gibt, in den Gläubige nach dem Tod gelangen. Sie glauben, dass Menschen mit ihrem Tod sofort die Grenzen von Raum und Zeit verlassen und vor den ewigen Gott versetzt werden. Es gibt also keinen Zwischenzustand. Nach dem Tod erscheinen sie unmittelbar vor Gott zum Gericht.

Für Christen bedeutet das Gericht den Moment, in dem sie Herrlichkeit, ewiges Leben und den Himmel erlangen – nicht aufgrund ihrer Heilswürdigkeit, sondern aufgrund der Erlösung, die ihnen durch Jesus geschenkt wurde. Wie im Leben werden auch im Himmel Erkenntnis, Liebe und Gemeinschaft wachsen. Es wird kein statisches Dasein sein, sondern ein lebendiges, blühendes Dasein der Liebe mit ganzem Herzen, ganzer Seele, ganzem Verstand und ganzer Kraft.

Abschließende Kommentare

Freue ich mich darauf, in den Himmel zu kommen? Auf jeden Fall! Glaube ich, dass es ein Ort sein wird, an dem man den ganzen Tag auf Wolken Harfe spielen und Gott anbeten kann? Nein, ich glaube, der Himmel wird ein dynamischer Ort sein, an dem Herz, Seele, Geist und Kraft ständig wachsen und die Beziehungen zu Gott und zu anderen gedeihen. Könnte er ein Ort sein, an dem man sich an die Vergangenheit erinnert? Vielleicht, aber wenn es passiert, wird das Endergebnis eher positiv, lehrreich und konstruktiv sein als negativ.

Wird es eine Hölle geben? Meiner Meinung nach ja; ich glaube auch, dass Gott den Menschen so viele Chancen gibt, wie nötig sind, um gerettet zu werden. Wie das geschehen wird, kann ich nicht sagen, aber die Heilige Schrift legt immer wieder nahe, dass Gott eher willkommen heißt als verdammt. Werden manche vielleicht nie Buße tun und glauben? Auch hier deutet die Heilige Schrift darauf hin, dass dies der Fall sein wird und dass die Hölle tatsächlich ein Ort der Trauer und der Qual sein wird. Ich denke auch, dass die größte Qual durch die ewige Trennung von Gott verursacht wird. Aber es wird ihre Entscheidung sein, in der Hölle zu sein, und nicht eine unergründliche Entscheidung Gottes. Deshalb ist es so wichtig, dass wir die richtigen Entscheidungen treffen, sowohl dafür, wie wir unser Leben hier und jetzt auf Liebe gründen, als auch dafür, wie wir durch den Glauben auf ewiges Leben hoffen: "Denn so sehr hat Gott die Welt geliebt, dass er seinen eingeborenen Sohn gab, damit jeder, der an ihn glaubt, nicht verloren geht, sondern ewiges Leben hat" (Johannes 3,16).

Epilog

Johannes 3,16 war ein großartiger Vers für den Anfang eines Buches über das Christentum! Er legt nahe, dass Jesus jeden willkommen heißt und denen, die an ihn glauben, ewiges Leben schenkt. Die Passage verdeutlicht außerdem, dass es Jesus nicht darum ging, Menschen zu verurteilen. Im Gegenteil: Jesus möchte Menschen annehmen, heilen und ihnen helfen, zu gedeihen – geistig und körperlich, individuell und kollektiv.

Darüber hinaus dient Johannes 3,16 als hilfreicher Ausgangspunkt, um über das gesamte Christentum zu sprechen. Ich sprach über Gott – sein Wesen, seine Existenz und seine Liebe. Ich sprach über die Schöpfung, die Menschheit und die missliche Lage, in der sie sich aufgrund von Sünde, Unwissenheit, Elend und Knechtschaft befindet. Ich sprach über Jesus, die Sühne, den Heiligen Geist und darüber, wie Menschen Gottes gnädiges Angebot der Vergebung, der Versöhnung mit Gott und der Wiederherstellung in das göttliche Bild, nach dem sie geschaffen wurden, annehmen oder ablehnen können.

Im Hinblick auf das christliche Leben habe ich darüber gesprochen, dass Erlösung nicht nur für die Ewigkeit ist. Sie betrifft auch unser Leben hier und jetzt. Die Beschäftigung mit christlichen Glaubenssätzen, Werten und Praktiken zeigt, dass die Heilige Schrift vor allem davon handelt, wie wir in diesem Leben ein erfülltes Leben führen können. Darüber hinaus spricht sie davon, wie wir uns für Gerechtigkeit und Rechtfertigung einsetzen sollen und dass Liebe konkret bei Problemen wie Vernachlässigung, Ausgrenzung, Unterdrückung und Verfolgung sowie bei Schuld, Scham und zerbrochenen Beziehungen helfen soll.

Wenn Sie Johannes 3,16 auf Plakatwänden, Getränkebechern oder Plakaten bei Sportveranstaltungen sehen, werden Sie nicht mehr reflexartig darauf reagieren. Stattdessen werden Sie informiert und hoffentlich positiv reagieren. Johannes 3,16 kann Ihnen als Schlüssel zu großartigen Gedanken, einem großartigen Leben und natürlich zu einer großartigen Ewigkeit dienen.

Glaube, Hoffnung und Liebe

Nach der Lektüre dieses Buches finden Sie vielleicht Gründe, an Gott zu glauben, die Sie bisher nie in Betracht gezogen haben. Ja, Gott existiert. Es ist eine Frage des Glaubens, nicht rationaler und empirischer Argumentation. Solche Argumentation kann Ihnen helfen zu glauben oder Ihre Überzeugungen besser zu verstehen und zu kommunizieren. Letztendlich müssen Menschen jedoch eine Entscheidung darüber treffen, was sie von Jesus und seiner Botschaft glauben. Werden Sie es annehmen und ihm Ihr Leben anvertrauen? Oder werden Sie es ablehnen und vielleicht behaupten, "spirituell, aber nicht religiös" zu sein? Letzteres ist heutzutage zu einem Klischee geworden und kann die wichtigste Entscheidung Ihres Lebens nicht ersetzen.

Es gibt auch viele Gründe zur Hoffnung. Sicherlich gibt es Grund zur Hoffnung auf ewiges Leben. Im gesamten Buch steht die Erlösung für die gesegnete Hoffnung, die alle Menschen aufgrund des Sühnewerks von Jesu Leben, Tod und Auferstehung haben. Doch die Hoffnung des Christentums gilt auch der Gegenwart! So wie Jesus sich um die Armen kümmerte, Gefangenen die Freilassung verkündete, Blinde heilte und Unterdrückte befreite, sollen Christen sich genauso enthusiastisch einsetzen. Die biblische Lehre setzt sich für diejenigen ein, die ungerecht behandelt werden, und begegnet ihnen mit Mitgefühl. Rassismus, Sexismus, Klassismus und andere Formen der Bigotterie sollten nicht existieren. Christen sollten im Kampf gegen Ungerechtigkeit in der Welt an vorderster Front stehen und auf keinen Fall selbst dafür verantwortlich sein!

Natürlich soll das Buch den Lesern Gründe zur Liebe geben – Gott mit ganzem Herzen, ganzer Seele, ganzem Verstand und ganzer Kraft zu lieben. Sie sollen auch ihren Nächsten lieben wie sich selbst. Sich selbst zu lieben ist nicht götzendienerisch, hochmütig oder eigennützig; Gott hat uns dazu berufen. Wenn wir uns selbst nicht angemessen lieben, ist dann unsere Liebe zu anderen nicht unangebracht? In dem Buch habe ich darüber gesprochen, dass die Liebe die wichtigste Eigenschaft Gottes ist. Ebenso möchte Gott, dass die Menschen umfassend und tief lieben. Und Gottes Heiliger Geist hilft uns, dieses höchste Ziel, dieses größte Gebot, zu erreichen. Auch wenn es abgedroschen klingt, ist Liebe der Kern guter Beziehungen, und letztendlich ist sie das Wichtigste im Leben – unsere Beziehungen! Vielleicht sind Sie jetzt eher geneigt, sich auf die Liebe zu konzentrieren und sie zum obersten Anliegen all Ihrer Beziehungen zu machen, auch Ihrer Beziehung zu Gott.

Was kommt als Nächstes?

Als Reaktion auf die Predigt Johannes des Täufers fragten Büßer: "Was sollen wir denn tun?" (Lukas 3,10). Überraschenderweise gab Johannes nicht die erwarteten Antworten, wie etwa zu beten, die Bibel zu lesen oder den Gottesdienst zu besuchen. Stattdessen forderte Johannes sie auf, konkrete, gerechtigkeitsorientierte Dinge zu tun, zum Beispiel nicht zu betrügen und nicht zu schikanieren. Oft haben Menschen, sowohl Nichtchristen als auch Christen, religiöse Erwartungen darüber, was sie tun oder lassen sollen – Erwartungen, die eher ihren persönlichen und soziokulturellen Hintergrund als die Bibel widerspiegeln. Schließlich kann das aufmerksame Studium der Bibel tatsächlich dazu führen, dass man sich anders verhält als typisch christlich!

Die Menschen müssen sich der Herausforderung bewusst sein, Theorie und Praxis zu vereinen. Im religiösen Kontext umfasst diese Verbindung von Glauben und Werten (Theorie) mit Handeln (Praxis) mehrere Dimensionen: spirituell und physisch, individuell und kollektiv. Theoretische und praktische Aspekte beeinflussen die Entscheidung der Menschen, gerettet zu werden (oder Gottes Geschenk der Erlösung abzulehnen); sie haben auch damit zu tun, wie sie hier und jetzt leben möchten. Daher müssen die Menschen – durch Gottes Gnade – selbst entscheiden, wer sie sein, denken, sprechen und handeln wollen.

Johannes 3,16 fordert die Menschen zumindest zu einer Entscheidung auf. Typischerweise wird diese Entscheidung im Sinne einer Bekehrung gesehen – im Glauben, in der Buße, in der Taufe und darin, ein gehorsamer Jünger Jesu zu werden. Ich empfehle, die Entscheidung, an Jesus zu glauben, nicht aufzuschieben, sofern sie es nicht bereits getan haben.

Für diejenigen, die zum Christentum konvertieren, ist es außerdem wichtig, unausgereifte und halbherzige Ansichten zu vermeiden. Johannes 3,16 ist ein guter Ausgangspunkt, um etwas über Jesus, die Heilige Schrift und die Kirche zu lernen, aber es kann nicht der Endpunkt sein. Johannes 3,16 weist auf ein viel umfassenderes religiöses Verständnis hin, ein offeneres und weniger verurteilendes Verständnis des Evangeliums Jesu, als es oft praktiziert wird. Es geht um ein Christentum, dem Gerechtigkeit und Rechtfertigung ebenso am Herzen liegen, das die Armen – in ihren vielfältigen Erscheinungsformen – liebt und sich allen Menschen in der Welt zuwendet, die vernachlässigt, ausgegrenzt, unterdrückt und verfolgt werden.

Ich hoffe, dass dieses Buch dazu beigetragen hat, das Verständnis der Menschen für Jesus, für die Erlösung und für ein gerechtigkeits- und liebesorientiertes christliches Leben zu erweitern. Darüber hinaus hoffe ich, dass die Leser bei ihren Entscheidungen höchste Verantwortung übernehmen, sowohl bei der Annahme Jesu als ihren Retter und Herrn als auch bei der Lebensführung, die Jesu Leben und Lehren widerspiegelt.

www.ingramcontent.com/pod-product-compliance
Lightning Source LLC
Chambersburg PA
CBHW051820090426
42736CB00011B/1579